계명교양총서 72

역사

헤로도토스 지음 | 배은숙 편역

역사

펴낸날 2021년 1월 26일 – 초판1쇄 발행
2025년 1월 23일 – 초판2쇄 발행

지은이 헤로도토스
편역자 배은숙
펴낸이 신일희

펴낸곳 계명대학교출판부
42601 대구광역시 달서구 달구벌대로 1095
전화 053) 580-6233 팩스 053) 580-6235
http://www.kmupress.com
등 록 1970.9.1.(신고번호 제347-1998-1호)
ISBN 979-11-6516-062-3 03900
값 11,000원

계명교양총서 72

역사

헤로도토스 지음 | 배은숙 편역

트라키아
비잔티움
폰토스
도리스코스
에이온
세스토스
헬레스폰토스
아비도스
타소스
펠레
테르마
마케도니아
아드리아 해
아토스
크세르크세스 해협
3차침입
페르시아
테살리아
에게해
미틸레네
사르디스
에우보이아
아르테미시온
이오니아
키오스
테르모필라이
에레트리아
포키스
테바이
미칼레
사모스
보이오티아
델피
에리트라이
마라톤
밀레토스
플라타이아
아테네
메가라
아티카
살라미스
2차침입
코린토스
델로스
할리카르나소스
아르고스
낙소스
파로스
1차침입
펠로폰네소스
스파르타
라코니아
크레타

편역자 서문

헤로도토스(Herodotos 기원전 484?-425?)의 『역사(Historiai)』는 동서양의 충돌인 그리스-페르시아 전쟁에 관한 책이다. 이 전쟁이 우리에게 널리 알려진 것은 영화 <300>을 통해서였다. 이 영화는 1998년에 나온 프랭크 밀러(Frank Miller)의 만화 <300>을 2006년 잭 스나이더(Zack Snyder) 감독이 영화화한 것이다. 이 영화는 우리나라에 2007년 3월 13일에 개봉되었고, 총 290만여 명이 관람했다. 영화의 주제는 그리스가 패배한 기원전 480년의 테르모필라이 전투이다. 이것은 페르시아가 그리스를 세 번째로 침입했을 때 테르모필라이에서 스파르타군 총사령관 레오니다스 왕과 스파르타 군인 300명이 전사한 전투이다.

페르시아의 후손인 이란이 영화 제작자들에게 공개 사과를 요구할 정도로 이 영화는 서구 중심적인 시각에서 그려졌다. 남성미 넘치는 스파르타 전사와 비교하면 페르시아 전사들은 흉측한 몰골을 하고 있었다. 용감하고 리더십 있는 스파르타의 레오니다스 왕과 달리 페르시아의 크세르크세스 왕은 삼각팬티에 많은 장식물을 달고 욕심만 앞서는 지배자의 모습이었다. 편파적인 역사의식을 불어넣는 영화였다. 이 영화는 역사적 객관성을 결여함으로써 많은 사람을 격분시켰으나 그만큼 그리스-페르시아 전쟁에 관심을 불러오는 데는 크게 공헌했다.

헤로도토스의 『역사』는 기원전 546년부터 기원전 479년까지의 사건을 다루고 있다. 페르시아는 키루스 왕 때 메디아, 리디아, 바빌로니아, 박트리아를 포함하는 거대한 제국으로 성장했다. 중동 지역을 장악한 페르시아의 다음 수순은 지중해, 에게해로 진출하는 것이었다. 다리우스 왕은 자국의 지배지역 내의 반란에 아테네가 원정군을 보낸 것에 대한 응징을 핑계로 그리스로의 영토 팽창을 꾀했다. 영토의 크기나 군대의 규모로 보아 페르시아가 승리하는 것이 당연했다. 하지만 페르시아군은 1차 침입에서 아토스에서 함선들이 폭풍우로 난파되는 불운을 겪은 뒤 퇴각했다. 2차로 침입한 페르시아군도 마라톤 전투(기원전 490년)에서 패배했다.

페르시아의 크세르크세스 왕은 부왕 다리우스에 대한 복수와 그리스 장악이라는 열망을 품었다. 그는 과거보다 더 많은 병력을 이끌고 그리스로의 세 번째 침입을 감행했다. 그의 열망은 테르모필라이에서 승리하고, 아테네를 장악하면서 이루어지는 듯했다. 하지만 페르시아는 살라미스 해전(기원전 480년)과 플라타이아 전투(기원전 479년)에서 패배하여 퇴각함으로써 그리스를 장악하지 못했다.

헤로도토스는 그리스인과 이방인의 위대한 행위와 업적을 잊지 않기 위해서 『역사』를 쓴다고 밝혔다. 그는 그리스-페르시아 전쟁에서 그리스가 승리한 것은 동방의 전제정에 대한 그리스 민주정의 승리라고 파악했다. 그는 자신이 그리스인이고, 친아테네적인 입장이지만 민족적, 편파적인 견해를 취하지 않았다. 그는 자신이 들었던 바의 모든 것들을 그대로 보고함으로써 독자들 스스로 판단하도록 했다. 독자들이 과거의 사실들을 분석, 판단함으로써 현재 삶에 지침이 되는 교훈을 얻게끔 했다.

헤로도토스의 『역사』는 단순한 전쟁사가 아니라 해당 지역의 역사, 문화, 민속, 인종에 관한 방대한 자료를 담고 있어 학문적 경계를 초월하는 기록이다. 독자마다 다른 관심 사항들을 모두 포용할 수 있는 책이다. 또 전쟁을 벌이는 다양한 인간 군상들을 통해 인간의 심리와 삶의 지혜를 알 수 있는 책이다. 용어나 지명이 우리에게 익숙하지 않지만 인간 탐구에 관심 있는 대학생이라면 한 번 읽어볼 필요가 있다.

2020년 12월

편역자 배은숙

차례

일러두기

Ⅰ. 다음은 영문 번역본으로서 참고한 책이다.

Godley, A. D., trans., *Herodotos*, Loeb Classical Library 117, Cambridge: Harvard University Press, 1920.

Ⅱ. 다음은 한글 번역본으로서 참고한 책이다.

헤로도토스 지음, 박현태 옮김, 『헤로도토스 역사』, 서울: 동서문화사, 2008.

헤로도토스 지음, 천병희 옮김, 『역사』, 파주: 도서출판 숲, 2009.

Ⅲ. 가독성을 높이기 위해 인명, 지명 등의 고유명사는 일반적으로 알려진 라틴어나 영어 명칭으로 통일할 것이다. 가령 다레이오스라는 그리스어 명칭 대신 다리우스라는 라틴어 명칭을 사용할 것이다. 또 아이귑토스 대신 이집트, 네일로스강 대신 나일강으로 표기할 것이다.

Ⅳ. 헤로도토스의 『역사』는 총 9권으로 구성되어 있고, 각 권에 뮤즈의 이름이 붙어 있다. 제1권은 역사의 여신인 클레이오(Kleio), 제2권은 서정시와 음악의 여신인 에우테르페(Euterpe), 제3권은 희극과 목가의 여신인 탈레이아(Thaleia), 제4권은 비극의 여신인 멜포메네(Melpomene), 제5권은 무용의 여신인 테릅시코레(Terpsichore), 제6권은 서정시와 춤의 여신인 에라토(Erato), 제7권은 찬가와 무언극의 여신인 폴림니아(Polymnia), 제8권은 천문의 여신인 우라니아(Urania), 제9권은 서사시의 여신인 칼리오페(Calliope)가 제목이다. 이 글에서는 가독성을 위해 뮤즈의 이름 대신 책의 내용을 드러낼 수 있는 제목으로 표기했다.

헤로도토스의 서문

이 글은 할리카르나소스 출신의 헤로도토스가 제출하는 탐구서이다. 글의 목적은 인간이 행한 일들이 시간이 지나면서 잊히는 것을 방지하고, 그리스인과 이방인의 위대하고도 경이로운 행위들이 그 영광을 잃어가지 않도록 하며, 특히 이들이 서로 전쟁하게 된 원인이 무엇인지를 밝히는 데 있다.

한때 강력했던 많은 국가가 오늘날 작은 국가가 되었고, 나의 시대에 위대한 국가들이 과거에는 작은 국가였기 때문에, 결국은 인간의 번영이 영원히 지속할 수 없다는 것을 알기에 나는 큰 국가든 작은 국가든 모두 똑같이 언급할 것이다.

키루스 왕의 정복 활동

제 1 권

제1권 키루스 왕의 정복 활동

리디아 왕 크로이소스의 선조, 기게스 왕

크로이소스(기원전 595-?)는 리디아 출신으로 할리스강 서쪽의 모든 종족을 통치했다. 헤라클레스 가문의 후손들이 통치하던 리디아가 크로이소스 가문으로 넘어간 경위는 다음과 같다. 헤라클레스 가문의 마지막 왕은 칸다울레스였다. 이 칸다울레스가 아내를 너무 사랑하여 세상에서 가장 아름다운 여자가 자신의 아내라고 생각할 정도였다. 그는 다스킬로스의 아들 기게스에게 아내의 미모를 자랑했다. 왕은 경호원 중 기게스를 가장 총애했고, 가장 중요한 국사를 그에게 맡길 정도로 신임했다. 칸다울레스 왕이 기게스에게 말했다.

"기게스여! 내가 내 아내의 미모에 대해 말할 때 자네는 나의 말을 믿지 않는 것 같네. 사람은 귀보다 눈을 믿는 법이거든. 자네가 나의 아내의 나체를 보게. 그러면 나의 말을 믿을 걸세."

기게스는 기겁하면서 큰 소리로 거절했다.

"왕이시여! 그건 말도 안 되는 제안이십니다. 제가 어찌 여주인의 나체를 볼 수 있겠습니까? 인간에게는 오래전부터 배워야 하는 현명한 규칙이 있었는데, 그것은 자신의 것만 염두에 두어야 한다는 것입니다. 저는 왕비님이 모든 여자 중에 가장 아름답다고 믿습니다. 그러니 저에게 그런 부당한 요구를 하지 말아 주십시오."

기게스는 이로 인해 자신에게 어떤 나쁜 일이 닥치지 않을까 두려워 거절했다. 그러자 왕은 말했다.

"기게스여! 용기를 내게. 내가 자네나 내 아내를 시험해 보려는 것이 아닐세. 나는 자네가 내 아내를 본다는 것을 누구도 알지 못하도록 할 걸세. 나는 자네를 침실의 열린 문 뒤에 숨겨놓겠네. 내가 침실로 가면 아내가 뒤따라 들어올 걸세. 침실 입구에 의자가 하나 있네. 아내는 옷을 벗어 그 의자 위에 걸쳐 놓을 걸세. 그러면 자네는 여유롭게 내 아내를 볼 수 있을 걸세. 내 아내가 의자 있는 곳에서 침대로 오려고 자네에게 등을 보일 때 자네가 문으로 빠져나가면 내 아내는 보지 못할 걸세."

기게스는 더 이상 거절하지 못하고 승낙했다. 잠자리에 들 시간이 되었을 때 칸다울레스는 기게스를 침실로 데려갔다. 그의 아내도 곧 들어와서 의자에 옷을 벗어놓았다. 이를 기게스는 보고 있었다. 그녀가 침대로 가려고 등을 돌릴 때 기게스는 방을 빠져나왔다. 그러나 그녀는 방을 나가는 기게스를 흘긋 보았고, 이것이 왕이 꾸민 일이라고 생각했다. 그녀는 부끄러워 아무 소리도 내지 않았고, 알고 있다는 것을 드러내지도 않았다. 이유는 그녀가 칸다울레스에게 앙갚음하려고 작정했기 때문이다.

날이 밝자마자 그녀는 가장 믿을 만한 하인을 보내 기게스를 불러오라고 했다. 기게스는 지난밤에 했던 일을 왕비가 모른다고 생각하고 부름에 응했다. 기게스가 오자 왕비는 말했다.

"기게스여! 그대 앞에 두 가지 길이 있으니 그대가 어느 길로 갈지 결정하세요. 하나는 그대가 칸다울레스를 죽이고, 나와 리디아의 왕위를 가지는 것입니다. 다른 하나는 그대가 지금 당장 죽는 것입니다. 그래야 앞으로 칸다울레스의 명령에 무조건 복종하여 보지 말아야 할 것을 보는 일을 저지르지 않을 테니까요."

기게스는 너무 놀랐다. 그는 자신에게 그러한 선택을 강요하지 말아 달라고 간청했다. 그러나 그녀를 만류할 수 없자 그는 주인을 죽이든지, 다른 사람의 손에 죽든지 이 갈림길에서 사는 길을 선택했다. 기게스는 말했다.

"왕비님께서 나의 뜻과 반대로 나의 주인님을 죽이라고 하시니, 제가 어떻게 주인님을 죽일지를 알려주십시오."

왕비는 말했다.

"왕이 그대에게 나의 나체를 보여준 바로 그 장소에서 그를 해치우세요. 그가 잠들었을 때 공격하세요."

이렇게 그들은 음모를 꾸몄다. 그날 밤이 되었다. 기게스는 왕비를 따라 침실로 들어갔다. 기게스에게는 자신이 죽든가, 왕을 죽이든가 하는 방법 외에는 그 상황을 벗어날 길이 없었다. 왕비는 그에게 단도를 주면서 침실의 문 뒤에 숨어있게 했다. 기게스는 칸다울레스가 잠이 들었을 때 그를 죽이고, 왕비와 왕위를 차지했다.

기게스는 리디아의 왕이 되었고, 그의 왕위는 델포이의 신탁으로 인정받았다. 일부 리디아인이 칸다울레스에게 일어난 일에 분노하여 무기를 들었을 때 기게스를 지지하는 사람들은 나머지 리디아인과 합의를 보았다. 합의 내용은 만일 신탁이 기게스를 리디아의 왕이 될 운명으로 규정하면 그의 왕위를 인정하고, 그렇지 않으면 왕위는 헤라클레스 가문에게 돌려준다는 것이었다. 신탁이 운명으로 인정하자 기게스가 왕이 되었다. 그러나 신탁의 무녀인 피티아가 기게스의 5대손의 시기에 헤라클레스 가문이 복수할 것이라고 말했지만, 리디아인이나 이후의 왕들은 그 예언이 실행될 때까지 이에 대해 신경 쓰지 않았다.

행복한 사람에 관한 크로이소스와 솔론의 대화

크로이소스 왕은 기게스 왕으로부터 5대손이 되는 왕이다. 그의 시대에 그리스 전역에서 현자들이 최전성기에 있는 사르디스로 몰려왔다. 그 중에는 아테네인 솔론도 있었다. 그는 아테네인의 요구에 따라 아테네인을 위한 법을 제정해 주고, 세상의 견문을 넓히기 위해 여행하고 있었다. 크로이소스는 솔론을 궁정으로 불러 환대해 주었다. 그리고 3일인가, 4일인가 지난 후 그는 시종에게 솔론을 자신의 보물 창고로 데려가 보물들을 보여주고, 모두가 굉장하고 고귀한 것들임을 명기시키라고 했다. 솔론이 모든 것을 보고 나름대로 생각했다고 여겨졌을 때 크로이소스는 그를 불러 물었다.

> "아테네 손님이여! 우리는 당신의 지혜와 유랑에 대해 들어 알고 있소. 그래서 나는 그대에게 그대가 본 사람 중에 가장 행복한 사람이 누구인지 묻고 싶소."

크로이소스는 자신이 가장 행복한 사람이라고 믿었기에 이 같은 질문을 한 것이었다. 그러나 솔론은 아첨하지 않고 진실을 말했다.

> "왕이시여! 아테네인 텔로스가 가장 행복한 사람입니다."

크로이소스가 그렇게 생각하는 이유를 묻자 솔론이 대답했다.

"텔로스는 번영하는 국가 출신이고, 훌륭하고 기품이 있는 자식들을 두었습니다. 우리의 기준에서 볼 때 그의 생활은 넉넉했고, 그의 죽음 또한 가장 영광스러웠습니다. 아테네가 엘레우시스에서 이웃 국가와 싸울 때 그가 적을 패주시키는 데 도움을 주고는 장렬하게 전사했기 때문입니다. 아테네인은 그가 죽은 곳에 국비로 그를 매장해 주면서 그의 명예를 기렸습니다."

솔론이 텔로스가 행복한 사람인 이유를 길게 말하자 크로이소스는 그 다음으로 행복한 사람은 누구라고 생각하는지를 물었다. 그는 자신이 두 번째로 행복한 사람일 것이라고 기대했다. 솔론은 대답했다.

"클레오비스와 비톤입니다. 아르고스 출신인 그들은 살림도 넉넉하고, 체력도 아주 좋았습니다. 그들의 이야기는 다음과 같습니다. 아르고스에서 헤라 제례가 열렸을 때 그들의 어머니는 소가 끄는 수레를 타고 신전으로 가야 했습니다. 그러나 소가 들판에 있어서 제때 오지 못하자 두 젊은이가 멍에를 어깨에 메고 어머니를 태운 수레를 끌었습니다. 그들은 4.5스타디온(9km)을 끌어 신전에 도착했습니다. 그들은 이 일을 완수한 후 제례에 모인 사람들이 보는 앞에서 고귀한 죽음을 맞이했습니다. 이 일에서 신들은 인간에게 삶보다 죽음이 더 좋다는 것을 보여주고자 했습니다. 아르고스인은 그들을 가장 훌륭한 사람으로 칭송하면서 그들의 조각상을 델포이에 봉헌했습니다."

솔론이 두 번째도 다른 이들을 말하자 크로이소스는 화가 나서 말했다.

"아테네 손님이여! 나를 그런 평범한 사람들보다 가치가 없다고 여길 정도로 나의 행복을 무시하는 것이요?"

솔론은 대답했다.

"왕이시여! 인간이 70세를 산다고 할 때 윤달을 빼면 25,200일입니다. 격년으로 한 달씩 윤달을 더하면 70년 동안 35개월의 윤달이 추가되는데, 이것을 날로 계산하면 1,050일이 됩니다. 그러면 70년 동안 총 26,250일이 됩니다. 이 많은 날 동안 똑같은 일이 일어나는 날은 단 하루도 없습니다. 그래서 인간사는 우연의 산물입니다.

제가 보기에 전하께서는 막대한 부를 가지고 계시고, 많은 백성을 다스리십니다. 하지만 저는 전하께서 삶을 훌륭히 종결지었다는 말을 듣기 전까지는 전하의 물음에 답할 수 없습니다. 부유한 사람이라도 삶을 잘 종결짓지 못한다면 그날그날의 필요를 충족시키면서 살아가는 사람보다 더 행복하다고 할 수 없습니다. 부자이지만 불행한 사람도 많고, 형편이 넉넉하지 않으나 행운을 누리는 사람도 많습니다. 행운을 누리는 사람들은 신체에 결함이 없고, 질병이 없고, 시련을 겪지 않고, 자식 복이 있고, 훌륭한 외모를 가진 사람들입니다. 게다가 삶을 잘 마무리했다면 전하께서 찾고 계시는 행복한 사람이라고 부를 가치가 있습니다. 제가 보기에 가장 행복한 사람은 사는 동안 누리다가 훌륭하게 죽는 사람입니다."

이런 말을 하는 솔론이 마음에 들지 않았던 크로이소스는 그가 떠나도 신경 쓰지 않았다. 이유는 현재의 복을 무시하고 모든 일의 결말을 보라는 솔론이야말로 어리석은 바보라고 생각했기 때문이다.

크로이소스의 불행

솔론이 떠난 후 크로이소스에게 신의 무서운 벌이 내려졌다. 내가 생각하기에 아마도 그가 세상의 어느 사람보다 축복받은 사람이라고 여겼기 때문인 것 같다. 얼마 후 그는 아들에게 일어날 나쁜 일을 암시하는 꿈이 실현되는 상황을 겪었다. 크로이소스에게는 아들이 두 명 있었는데, 한 명은 언어장애인이었고, 다른 한 명인 아티스는 또래의 모든 아이보다 뛰어났다. 크로이소스는 이 아티스가 쇠창에 찔려 죽는 꿈을 꾸었다. 그는 잠에서 깨어 곰곰이 생각해보니 더없이 무서운 꿈이었다. 그는 아들의 결혼을 추진했다. 또 던지기용 창과 찌르기용 창을 비롯하여 전쟁에서 사용하는 모든 무기를 남자들의 방에서 치웠다. 벽에 걸린 무기가 아들의 머리에 떨어지지 않도록 하기 위해서였다.

크로이소스가 아들의 혼례식을 준비하고 있을 무렵, 부정한 손을 가진 불행한 프리기아의 왕족이 사르디스로 왔다. 이 남자는 크로이소스의 궁전에 와서 관습에 따라 자신을 정화해 주기를 간청했다. 크로이소스는 그가 원하는 대로 정화시켜 주었다. 정화 의식을 한 후 크로이소스는 그 남자에게 어디에서 왔으며, 누구인지를 물었다. 그 남자는 말했다.

"왕이시여! 저는 프리기아의 왕 미다스의 아들 고르디아스의 아들입니다. 저의 이름은 아드라스토스입니다. 저는 실수로 형제를 죽이고, 아버지에게 모든 재산을 박탈당한 채 추방되어 여기에 왔습니다."

크로이소스가 말했다.

"그대의 가문과 나는 친구이니 그대는 친구의 집에 온 것이네. 내 집에 머무르는 동안 부족함이 없도록 해 주겠네. 그대가 겪은 불운은 가능한 한 신경 쓰지 않는 것이 가장 좋을 걸세."

그렇게 해서 아드라스토스가 크로이소스의 궁전에 머물게 되었다. 이 무렵 미시아의 올림포스산에서 큰 멧돼지 한 마리가 나타났다. 이 멧돼지는 산에서 나와 미시아의 들판을 망쳐놓고 있었다. 미시아인이 이 동물을 잡으려고 여러 번 추격했지만 어떤 해도 가하지 못하고, 오히려 피해만 보고 있었다. 결국은 미시아인이 크로이소스에게 사자를 보내 전했다.

"왕이시여! 큰 멧돼지 한 마리가 우리 나라에 나타나서 농작물을 망치고 있나이다. 우리가 이 멧돼지를 잡으려고 아무리 노력해 보아도 이 동물을 죽일 수 없었습니다. 청컨대, 우리가 그 멧돼지를 우리 나라에서 쫓아버릴 수 있게 전하의 아드님과 건장한 젊은이, 사냥개를 우리에게 보내주십시오."

미시아인의 요구에 크로이소스는 꿈의 예시를 기억하고 대답했다.

"내 아들에 대해서는 더 이상 말하지 마시오. 나는 아들을 그대에게 보내지 않을 것이오. 갓 결혼한 내 아들은 결혼 생활에 푹 빠져 있소. 대신 내가 엄선한 리디아인과 사냥꾼들을 모두 보내주겠소. 그들에게 그대의 나라가 그 짐승을 몰아내는 데 가능한 모든 힘을 다하라고 일러두겠소."

크로이소스의 대답을 들은 미시아인은 만족해했다. 이때 크로이소스의 아들이 들어와서 미시아인의 요청 사항에 대해 들었다. 아들은 아버지가 자신을 미시아인과 함께 파견하는 것을 거절하자 말했다.

"아버지! 지난날에는 제가 전쟁터와 사냥터에 나가 승리하여 이름을 널리 알리는 것이 저에게 가장 고귀하고 명예로운 일이라고 여겼습니다. 그러나 이제는 아버지께서 제가 비겁자도, 겁쟁이도 아닌데도 전쟁터나 사냥터에 나가는 것을 모두 거절하십니다. 그런 제가 아고라를 오갈 때 사람들의 눈에 어떤 인물로 보이겠습니까? 사람들이 저를 어떻게 생각할 것이고, 갓 결혼한 저의 아내는 또 저를 어떻게 생각하겠습니까? 그러니 저를 사냥터로 보내시든지, 아니면 아버지께서 거절하는 것이 저에게 최선이라고 여기시는 합당한 이유를 제시해 주십시오."

크로이소스가 대답했다.

"아들아! 내가 이렇게 하는 이유는 네가 비겁하거나 어떤 결함이 있어서가 아니라 네가 쇠창에 찔려 단명하는 꿈을 꾸었기 때문이다. 내가 너의 결혼을 서두른 것도, 너를 이번 사냥에 보내지 않는 것도 다 그 꿈 때문이다. 나는 살아 있는 동안 너를 지켜 너의 죽음을 막고 싶구나."

아들이 말했다.

"아버지! 아버지께서 그런 꿈을 꾸셔서 저를 지켜주시려는 것을 누구도 비난하지 않을 것입니다. 그러나 아버지께서 생각하시지 못한 점, 그 꿈을 잘못 이해하신 점을 말씀드리는 것이 저의 의무입니다. 아버지께서는 제가 쇠창에 찔려 죽는 꿈을 꾸었다고 하셨습니다. 그런데 멧돼지가 손을 가지고 있습니까? 멧돼지가 아버지의 꿈에서처럼 창을 쥘 수 있습니까? 꿈에 제가 멧돼지의 엄니나 그와 같은 도구에 찔려 죽는다고 했다면 아버지께서 하시는 행동이 타당할 것입니다. 그러나 제가 창에 찔려 죽는다고 했는데도 사냥을 거절하시는 것은 정당하지 않습니다. 우리가 싸우는 상대는 사람이 아니므로 저를 가게 해 주십시오."

크로이소스가 말했다.

"아들아! 꿈에 대한 너의 해석이 더 맞는 것 같구나. 내가 생각을 바꿔 네가 사냥터로 가는 것을 허락하마."

크로이소스는 이렇게 말한 후 아드라스토스를 불러 말했다.

"아드라스토스여! 그대가 불운에 처했을 때 그대를 정화시키고, 나의 궁전에 받아들여 필요한 것을 준 사람이 나였네. 그대는 내가 베풀어준 호의를 갚을 의무가 있네. 내가 요청하건대, 그대가 사냥터로 가는 내 아들을 지켜주기를 바라네."

아드라스토스가 대답했다.

"왕이시여! 저는 다른 때 같으면 그런 모험에 동참하지 않습니다. 저처럼 불운한 사람은 행복한 또래들의 일에 동참하지 않아야 합니다. 하지만 전하께서 촉구하시고, 전하의 호의에 보답해야 하니 저는 기꺼이 사냥에 동참하겠습니다. 제가 전하의 아드님을 지켜 무사히 돌아오도록 하겠습니다."

아드라스토스는 이렇게 대답한 후 젊은이들과 사냥개들을 엄선하여 함께 출발했다. 그들은 올림포스산에 도착해서 큰 멧돼지를 찾아 나섰다. 마침내 멧돼지를 발견하자 그들은 포위한 채 멧돼지를 향해 창을 던졌다. 그때 살인죄를 정화받았던 아드라스토스가 멧돼지를 향해 던진 창이 빗나가 크로이소스의 아들을 맞혔다. 그렇게 아티스가 창에 맞아 죽었으니 꿈에서 말한 예언이 실현된 것이다. 사자가 사르디스에 있는 크로이소스에게 가서 멧돼지와 싸운 상황과 함께 왕의 아들의 죽음을 알렸다.

크로이소스는 아들의 죽음에 충격을 받았을 뿐 아니라 그 살인자가 자신이 살인죄를 정화해 준 사람이라는 사실에 울부짖었다. 얼마 후 리디아인이 시신을 운구해 왔고, 살인자가 그 뒤를 따라왔다. 아드라스토스는 시신 위에 손을 얹고, 이전의 불행을 언급하면서 자신을 죽여달라고 말했다. 자신을 정화시켜 준 사람을 파멸로 이끌었으니 자신은 살 가치가 없다는 것이었다. 이 말을 들은 크로이소스는 자신의 슬픔이 크지만, 아드라스토스에게 연민을 느꼈다. 그는 말했다.

"친구여! 그대가 스스로 죽음이 합당하다고 했으니 나는 이미 그대를 처벌한 것 같네. 그대가 뜻하지 않게 일을 저질렀으니, 그 일의 책임은 그대에게 있지 않네. 그 책임은 오래전에 내게 일어날 일을 경고하신 신에게 있네."

얼마 후 크로이소스는 격식에 맞게 아들의 장례식을 치렀다. 형을 죽이고 자신을 정화해 준 사람까지 파멸에 이르게 한 아드라스토스는 장례식이 끝나고, 사람들이 왕의 아들의 무덤에서 떠난 후 자살했다. 그는 자신이 세상에서 가장 불행한 사람이라고 여겼다.

크로이소스의 신탁

아들을 잃은 크로이소스는 2년 동안 깊은 슬픔에서 벗어나지 못했다. 이후 키루스 왕(기원전 559-530 재위)이 통치하는 페르시아의 국력이 날로 성장하자 그는 페르시아가 더 커지기 전에 이를 저지하려고 결심했다. 그는 즉각 델포이와 리디아의 신탁소에 사자를 보내 많은 제물을 봉헌하면서 "자신이 페르시아인에 대항할 군대를 파견해야 하는지, 그렇다면 동맹군도 모아야 하는지"를 물었다. 두 신탁소의 대답은 똑같았다. 신탁의 내용은 다음과 같았다.

> "만일 크로이소스가 페르시아인에 대항해 군대를 파견한다면 그는 거대한 제국을 멸망시킬 것이다."

신탁의 대답을 들은 크로이소스는 자신이 키루스의 거대한 왕국을 멸할 것이라 기대하여 크게 기뻐했다.

크로이소스는 델포이인에게 선물을 준 뒤 세 번째로 신탁을 구했다. 델포이의 신탁이 잘 맞는다는 것을 알고 있었던 그는 이를 활용하고 싶었다. 그는 자신의 왕국이 오랫동안 존속하는지를 물었다. 이에 대한 무녀 피티아의 대답은 다음과 같다.

> "메디아인이 노새를 왕으로 받들 때
> 발이 부드러운 리디아인이여!
> 자갈이 많은 헤르모스강을 따라 도망쳐라.
> 지체하지 말고.
> 겁쟁이라고 불리는 것을 부끄러워하지 말고."

크로이소스는 이 신탁을 듣고 더할 나위 없이 기뻐했다. 그는 메디아인이 노새를 왕으로 받드는 일이 없을 것이기 때문에 그와 그의 자손들이 왕위를 잃어버리는 일은 없을 것으로 생각했다.

아테네의 상황

크로이소스는 동맹국을 맺기 위해 그리스 국가 중 어느 국가가 가장 강력한지를 조사했다. 그는 스파르타와 아테네가 가장 강력하다는 것을 알아냈다. 또 당시 아테네가 참주인 페이시스트라토스 치하에 당파 싸움으로 분열되어 있다는 것도 알았다. 알크메오니다이의 아들인 메가클레스가 이끄는 해안당과 아리스톨라이데스의 아들 리쿠르고스가 이끄는 평지당이 반목하고 있었다. 이때 페이시스트라토스는 제3의 당을 만들어 참주가 되고자 했다. 그는 추종자들을 모아 산악당이라 칭하고, 다음과 같은 계략을 짰다.

페이시스트라토스는 자신의 몸과 노새에 상처를 내고, 아고라로 수레를 타고 갔다. 그곳에서 그는 시민들에게 말했다.

"아테네 시민들이여! 정적들이 시골로 가려던 나를 죽이려고 하여 나는 간신히 도망쳐 왔소. 나는 군대를 지휘하여 메가라에 대항한 전투에서 니사이아 항구를 장악했을 뿐 아니라 다른 공적도 많이 세웠소. 그러니 나의 신변을 보호할 경호원을 붙여주시오."

아테네인은 페이시스트라토스의 술수에 속아 넘어가 시민 중에서 경호원들을 뽑아 붙여주었다. 이 경호원들은 창이 아니라 곤봉을 든 부대였다. 그들은 나무로 된 곤봉을 가지고 페이시스트라토스를 따라다녔다. 이들이 페이시스트라토스와 함께 봉기하여 아크로폴리스를 장악했다. 아테네의 지배자가 된 그는 기존의 관직이나 법을 바꾸지 않고, 기존의 헌법에 따라 국가를 훌륭하게 다스렸다.

얼마 후 메가클레스의 당과 리쿠르고스의 당이 서로 연합하여 페이시스트라토스를 쫓아냈다. 페이시스트라토스는 처음으로 아테네의 지배자가 되었지만 굳게 뿌리를 내리기도 전에 독재권을 상실하고 말았다. 하지만 그를 몰아낸 정적들은 또다시 당파 싸움을 시작했다. 당파 싸움에 시달리던 메가클레스는 페이시스트라토스에게 자신의 딸과 결혼하면 아테네의 지배권을 주겠다는 전갈을 보냈다. 페이시스트라토스는 메가클레스가 제시한 조건에 동의했다.

페이시스트라토스는 협정에 따라 메가클레스의 딸과 결혼했다. 그에게는 이미 성인이 된 아들들이 있었고, 메가클레스의 알크메오니다이 가문이 저주받은 가문이라는 소문이 돌았다. 그는 새 아내에게서 자식을 낳고 싶지 않아 그녀와 잠자리를 하지 않았다. 그의 아내는 처음에 이 사실을 숨겼다가 나중에 어머니에게 털어놓았다. 그녀의 어머니는 남편인 메가클레스에게 이 사실을 말했다. 메가클레스는 페이시스트라토스에게 모욕을 당한 것에 분노했다. 화가 난 그는 자신의 정적과 화해했다. 일이 진행되는 상황을 알게 되자 페이시스트라토스는 아테네를 떠나 에레트리아로 갔다.

페이시스트라토스는 에레트리아에서 아들들과 의논했다. 지배권을 되찾아야 한다는 아들 히피아스의 의견이 채택되었다. 그들은 자신들에게 은혜를 입었던 국가들로부터 기부금을 받기 시작했다. 많은 국가가 거액을 냈고, 테바이가 낸 금액은 다른 국가들을 능가했다. 시간이 지나 귀국할 준비가 되었다. 페이시스트라토스 일당은 에레트리아로 추방된 지 11년 만에 아테네로 돌아올 수 있었다. 그는 세 번이나 아테네를 장악했다. 마침내 그는 아테네의 참주가 되었다. 이때 일부 아테네인은 전장에서 사망했고, 알크메오니다이 가문의 사람들을 포함한 일부는 아테네에서 추방당했다. 크로이소스는 이런 내부 문제가 아테네인을 억누르고 있다는 것을 알고 스파르타에 관심을 가졌다.

스파르타의 상황

크로이소스는 스파르타가 큰 고난을 극복하고, 전쟁에서 테게아를 장악할 정도로 강력하다는 것을 알았다. 그때까지 스파르타는 테게아에 항상 밀렸는데, 크로이소스 때 와서 우세해지기 시작했다. 그 경위는 다음과 같다.

스파르타는 테게아에게 매번 지자 델포이에 사절을 보내서 테게아와의 전쟁에서 이기려면 어느 신에게 기도해야 하는지를 물어보도록 했다. 무녀 피티아는 트로이 전쟁 때 그리스군 총사령관이었던 아가멤논의 아들 오레스테스의 유골을 스파르타로 가져오면 된다고 말했다. 스파르타는 오레스테스의 무덤을 찾으려고 했지만 찾을 수가 없었다. 스파르타는 델포이에 다시 사절을 보내 오레스테스가 묻힌 곳이 어디인지를 물었다. 이에 대한 무녀 피티아의 대답은 다음과 같았다.

"아르카디아의 평탄한 들판에 테게아라는 곳이 있구나.
그곳에는 강한 필연의 힘으로 두 개의 바람이 불고 있구나.
일격이 반격으로 이어지고, 비애 위에 비애가 더해지는구나.
생명을 낳는 대지에 아가멤논의 아들이 묻혀 있구나.
그대가 그를 집으로 가져가면 테게아의 주인이 되리라."

이 신탁을 듣고 스파르타인이 여기저기 모든 곳을 수색했는데도 도저히 무덤을 찾을 수가 없었다. 그러던 차에 '선행하는 자들' 중 한 명인 리카스가 오레스테스의 무덤을 발견했다. '선행하는 자들'이란 매년 기병으로 제대하는 자들 중에 뽑힌 5명을 말한다. 이들은 제대하는 해에 스파르타를 위해 여러 곳을 다녀야 했다.

리카스가 오레스테스의 무덤을 발견한 것은 운도 좋았고, 기지도 있었다. 당시 스파르타와 테게아가 자유롭게 왕래하고 있었는데, 리카스는 우연히 테게아의 대장간에 들렀다. 대장장이가 쇠를 두드리는 것을 본 그는 감탄하고 있었다. 그의 감탄 소리를 들은 대장장이가 말했다.

"스파르타에서 온 손님! 지금 내가 쇠를 다루는 것을 보고 놀라

시니 내가 본 것을 보게 되면 더 깜짝 놀랄 것이오. 내가 안마당에 우물을 만들려고 땅을 파 내려가니 길이가 7페키스(3.2m)에 달하는 관 하나가 있었소. 옛사람의 키가 지금보다 더 크다는 것이 믿기지 않아 관을 열어보았소. 그런데 시신이 관만큼 컸소. 나는 관의 길이를 재고는 다시 묻어버렸소."

대장장이가 자신이 본 것을 말하자 리카스는 그가 말한 것이 바로 신탁에서 말하는 오레스테스의 무덤이라고 판단했다. 대장장이가 사용하는 두 개의 풀무가 '두 개의 바람'이고, 망치와 모루가 '일격'과 '반격'이다. 쇠를 발견한 것이 인간에게 재앙이 되었으니, '비애 위에 비애가 더해지는구나'라는 문구는 대장장이가 쇠를 두드리는 것을 의미한다.

이렇게 판단한 리카스는 스파르타로 돌아가서 사람들에게 이 모든 이야기를 했다. 그러나 스파르타인은 그가 거짓말을 한다고 보고, 그에게 죄를 씌워 추방했다. 그는 테게아로 돌아가서 그 대장장이에게 자신의 불행을 말하고, 그의 안마당을 빌려달라고 했다. 대장장이가 처음에는 거절하다가 마침내 설득되어 리카스에게 빌려주었다. 리카스는 그곳으로 이사하자마자 무덤을 파서 유골을 모아 스파르타로 돌아갔다. 이후 두 나라가 싸울 때마다 스파르타가 우위에 서게 되었다. 크로이소스가 그리스 국가들을 조사할 때 스파르타가 펠로폰네소스 반도 대부분을 정복한 상태였다.

이런 사실을 알게 된 크로이소스는 사절들에게 선물을 들려 보내 스파르타와의 동맹을 요청했다. 스파르타인은 크로이소스가 받은 신탁을 이미 알고 있었기 때문에 동맹을 승인했다.

크로이소스 대 키루스

신탁의 뜻을 잘못 해석한 크로이소스는 키루스와 페르시아를 멸망시킬 것을 고대하면서 카파도키아로 진군했다. 그는 카파도키아의 프테리아라는 지역에 도착하여 인근의 작은 도시들을 모두 점령했다. 키루스 또한 군대를 모집하여 크로이소스에게 대항하기 위해 진군했다. 키루스는 전장에 도착하자 크로이소스 맞은편에 주둔했다. 프테리아 지역에서 양측 군대는 있는 힘을 다해 싸웠다. 전투는 치열했고, 양측 모두 사상자가 상당수 발생했다. 밤이 되자 어느 쪽도 승리하지 못한 채 서로 떨어졌다.

크로이소스는 자국 병력의 규모에 불만을 품었다. 실제로 그의 병력의 규모는 키루스의 병력보다 훨씬 적었다. 그래서 전투한 다음 날 키루스가 다시 공격을 시도하지 않자 사르디스로 가서 군대를 더 모집하고자 했다. 키루스는 리디아인이 재집결하기 전에 가능한 한 빨리 사르디스로 행군하는 것이 적절하다고 생각했다. 마침내 양쪽 군대가 사르디스 도시 앞의 나무 없는 넓은 평지에서 만났다.

키루스는 리디아인의 전투 대형을 보았을 때 그들의 기병대를 보고 두려워했다. 이에 그는 메디아군의 지휘관이었던 하르파고스의 책략을 받아들였다. 먼저 키루스는 군수품을 싣고 군대를 따르는 낙타들을 모두 징발해 등짐을 내리고, 그 위에 기병으로 무장한 병사들을 태웠다. 그는 무장한 낙타 부대원들에게 크로이소스의 기병대에 맞서 제일 선두에 서라고 명령했다. 낙타 부대 뒤에 보병대를 두었고, 이들 보병대 뒤에 기병대를 배치했다. 키루스가 낙타 부대를 적의 기병대와 대치시킨 이유는 말이 낙타를 두려워하고, 낙타 냄새를 맡는 것을 못 견뎌 하기 때문이었다. 이러한 책략의 의도는 크로이소스의 기병대를 무력화시키기 위한 것이었다. 실제로 전투가 시작되었을 때 말들이 낙타의 냄새를 맡으면서, 낙타의 실제 모습을 보자 방향을 틀어 도주해 버렸다. 이에 크로이소스의 모든 희망도 사라져버렸다. 리디아인은 패주하여 사르디스의 성곽 안으로 들어갔고, 페르시아군의 포위 공격을 받게 되었다.

사르디스는 지형이 가팔라서 공격당할 염려가 없는 난공불락의 도시였다. 하지만 함락 전날 페르시아인은 리디아인 한 명이 성벽 한쪽에서 내려와 굴러떨어진 투구를 주워 다시 올라가는 것을 보았다. 그 길로 페르시아인이 올라갔다. 이로써 사르디스는 함락되었고, 크로이소스는 포로로 잡혔다. 그는 14년간 통치했고, 14일간 포위되어 있었다. 신탁의 예언대로 그는 자신의 대제국을 멸망시켰다.

크로이소스의 최후

페르시아군은 크로이소스를 붙잡아 키루스에게 데려갔다. 키루스는 거대한 장작더미를 쌓게 하고, 그 위에 결박을 채운 크로이소스를 리디아 소년 14명과 함께 올라서게 했다. 키루스가 그를 승리의 제물로 신께 바치려는 의도가 있었는지 모른다. 아니면 어떤 서약을 이행하고자 했을지도 모른다. 그도 아니면 크로이소스가 신실하다는 이야기를 들었던 키루스가 그를 화장용 장작더미 위에서 산 채로 화장시켰을 때, 어떤 신이 그를 구해주는지를 보고자 했는지도 모른다. 어떤 이유든 키루스는 그런 행동을 하고 있었다.

크로이소스는 화장용 장작더미 위에 올라섰다. 이런 비참한 상황에서 그는 그 옛날

> "인간은 살아있는 한 누구도 행복하지 않다."

고 말한 솔론의 영감에 찬 말이 생각났다. 이 말이 생각나자 그는 오랜 침묵을 깨고 깊게 한숨을 쉬면서 "솔론"이라는 이름을 세 번 불렀다. 키루스가 이 말을 듣고, 통역관들에게 크로이소스가 그토록 애타게 부르는 이름이 누구인지를 물었다. 통역관들이 크로이소스에게 다가가 누구냐고 물었으나 그는 대답하지 않았다. 통역관들이 그에게 대답을 강요하자 그는 말

했다.

"내가 생각하기에 세상의 모든 왕이 천금을 주고서라도 만나서 그 이야기를 들어봐야 하는 사람입니다."

크로이소스가 말하는 바를 잘 이해하지 못했던 통역관들이 그것이 무슨 뜻이냐고 재차 물었다. 통역관들이 끈질기게 묻자 크로이소스는 말했다.

"아테네인인 솔론이 처음 리디아에 왔을 때 내가 온갖 재물을 다 보여주었습니다. 그런데 솔론은 마치 그 재물을 경멸하듯이 말했습니다. 그는 나에 대해 말했다기보다 일반적인 인간사에 관해, 특히 스스로 행복하다고 생각하는 인간들에 대해 말했습니다. 그렇게 솔론이 한 이야기가 그대로 다 맞아 들었습니다."

크로이소스가 이런 말을 하고 있을 때 화장용 장작더미에 불이 붙었고, 가장자리가 타오르고 있었다. 키루스는 통역관들에게 크로이소스가 한 말을 듣고 후회했다. 한 인간에 불과한 자신이 자신만큼 행운을 누렸던 다른 인간을 산 채로 불태우려 하고 있다고 생각한 것이다. 그는 인생의 응보가 두려웠고, 인간사의 무상함을 느꼈다. 키루스는 명령했다.

"될 수 있는 한 빨리 타오르는 불길을 끄고, 크로이소스와 그 소년들을 끌어내려라."

그러나 불길은 걷잡을 수 없이 타올랐다. 크로이소스는 키루스의 마음이 변한 것을 알았다. 모든 사람이 불을 끄고자 했지만, 불길을 잡을 수 없다는 것을 안 그는 "아폴론 신이여!"하고 크게 외쳤다. 그가 전에 아폴론 신에게 바친 제물이 흡족했다면 자신을 현재의 위기에서 구해달라고 기도했다고 한다. 그가 눈물을 흘리면서 신께 기도하자 구름도, 바람도 한 점 없는 맑은 하늘에 갑자기 구름이 모여들었다. 그리고 폭풍이 불고, 폭우가 심하게 쏟아져 장작더미의 불이 꺼졌다. 키루스는 크로이소스가 신의 총애를 받는 훌륭한 사람이라고 생각했다. 그는 크로이소스를 장작더미에서 내려오게 하더니 다음과 같이 물었다.

"크로이소스여! 어떤 사람이 당신을 부추겨 내 나라로 쳐들어오게 하여 나의 친구가 아니라 적이 되게 만들었는가?"

크로이소스가 대답했다.

"왕이시여! 제가 한 행동이 전하께는 덕이 되었고, 저에게는 해가 되었나이다. 제가 전쟁을 하도록 부추긴 책임은 그리스의 신들에게 있나이다. 평화보다 전쟁을 택할 어리석은 사람이 어디 있겠습니까? 평화로울 때는 아들이 아버지를 묻고, 전쟁이 일어나면 아버지가 아들을 묻습니다. 그러나 일이 이렇게 된 것도 신의 뜻인 것 같습니다."

크로이소스가 이렇게 말하자 키루스는 그의 결박을 풀어주고, 자신의 곁에 앉혀 최대한 정중하게 대접했다. 키루스와 그 곁에 있던 모든 사람은 크로이소스를 보고 감탄했다. 크로이소스는 깊은 생각에 잠겨 아무 말도 하지 않았다. 잠시 후 그는 고개를 돌려 페르시아군이 리디아의 수도 사르디스를 약탈하고 있는 것을 보고 말았다. 그는 말했다.

"왕이시여! 지금 제가 생각하고 있는 것을 말씀드려도 되겠습니까?"

키루스가 마음껏 말하라고 재촉하자 크로이소스가 물었다.

"저기 있는 많은 사람이 도대체 뭘 저리 열심히 합니까?"

키루스가 대답했다.

"저들이 그대의 도시를 약탈하여 그대의 재물을 가져가고 있지 않소."

이에 대해 크로이소스는 말했다.

"아닙니다. 저들이 가져가고 있는 것은 저의 도시도, 저의 재물도 아닙니다. 그것은 이제 더 이상 저의 것이 아닙니다. 그들이 약탈해가고 있는 것은 전하의 것입니다."

키루스는 크로이소스가 말한 것이 신경이 쓰여 주위의 사람들을 물리고, 그에게 현재 상황을 어떻게 하면 좋을지를 물었다. 크로이소스는 말했다.

"신께서 저를 전하의 종으로 삼으셨으니 전하께서 알아차리지 못한 것을 제가 보았다면 전하께 말씀드리는 것이 맞습니다. 페르시아인은 천성이 폭력적이고 가난합니다. 전하께서 그들을 저렇게 약탈하여 큰 재물을 가지도록 내버려 둔다면 전하께서는 저들 중 가장 많은 재산을 가진 자가 전하께 반란을 일으킬 수 있다는 것을 예상하셔야 합니다. 제가 한 말이 맞는다고 생각하시면 이렇게 하십시오. 전하의 근위병들을 모든 성문에 세워놓으십시오. 그들이 전리품을 가지고 나오는 자들에게 제우스 신께 10분의 1을 공납해야 한다고 하면서 일부 전리품을 빼앗게 하십시오. 전하께서 그들의 재물을 강제로 빼앗는다고 해도 신께 바치기 위한 것이니 저들은 전하를 원망하지 않을 것입니다. 오히려 전하의 행동이 정당하다고 여기며 전리품을 기꺼이 내어줄 것입니다."

키루스는 이 말을 듣고 이 조언이 훌륭하다고 여겨 크게 기뻐했다. 그는 근위병들에게 크로이소스가 말한 대로 하라고 명령했다. 키루스는 크로이소스에게 말했다.

"그대는 행동하는 것이나 말하는 것이 국왕답소. 그대가 원하는 것이 있다면 무엇이든지 말해보시오."

크로이소스가 말했다.

"왕이시여! 저는 신들 중 가장 존경했던 그리스 신께 저의 이 족쇄를 보내어 신을 잘 섬기는 자들을 속이는 것이 신다운 행동인지를 물어보고 싶습니다. 그렇게 해 주신다면 저에게 그보다 더 큰 영광은 없을 것입니다."

키루스가 물었다.

"도대체 신에게 무슨 불만이 있어서 그러한 요구를 하시오?"

이에 크로이소스는 자신이 열망했던 일들과 신탁의 대답, 특히 자신이 제물로 바쳤던 물건들과 자신이 페르시아를 공격하도록 부추겼던 신탁 등에 관한 이야기를 키루스에게 했다. 이야기를 마친 크로이소스는 요청했다.

"일이 이렇게 되도록 한 신을 책망할 기회를 저에게 주십시오."

그의 말을 들은 키루스가 웃으면서 대답했다.

"크로이소스여! 당연히 허락하지요. 앞으로 그대가 요청하는 일은 무엇이든지 나는 기꺼이 들어줄 것이오."

키루스의 허락을 받은 크로이소스는 델포이로 리디아인 사절단을 보내면서 다음과 같이 말했다.

"신전 문턱에 이 족쇄들을 내려놓고, 신에게 키루스 제국이 멸망할 것이라는 신탁으로 크로이소스를 부추겨 페르시아를 공격하도록 한 것이 부끄럽지 않느냐고 물어보아라. 또 족쇄를 보여주면서 이것이 키루스 왕국을 공격하여 얻은 첫 공물이라고 말하라. 그리스 신은 이런 식으로 배은망덕하게 행동하는 것이 부끄럽지 않느냐고도 물어보아라."

리디아의 사절단이 델포이에 왔을 때 그들은 무녀 피티아에게 지시받은 대로 말했다. 피티아는 다음과 같이 대답했다.

"누구도 정해진 자신의 운명을 피할 수 없다. 신도 그 운명을 피할 수 없다. 크로이소스는 5대 선조인 기게스의 죗값을 치른 것이다. 그 조상은 헤라클레스 가문의 경호원에 불과한데도 여인의 음모에 가담하여 주군을 죽이고, 주군 대신 자신에게 어울리지 않는 왕좌를 차지한 죄를 저질렀다.

아폴론 신의 바람은 크로이소스 대가 아니라 그의 아들 대에 사르디스를 멸망시키는 것이었다. 그러나 크로이소스의 운명을 바꿀 수는 없었다. 그래도 아폴론 신은 운명이 허락하는 한 그에게 호의를 베푸셨다. 그 신이 사르디스의 멸망 시점을 3년이나 늦추셨으니 말이다. 크로이소스는 3년이나 늦게 포로로 잡혔다는 사실을 알아야 하느니라. 장작더미에서 화형당하는 크로이소스를 구해준 것도 아폴론 신이니라. 그러니 크로이소스가 자신에게 내려진 신탁에 관해 불평하는 것은 잘못된 일이다.

아폴론 신이 크로이소스가 페르시아를 공격하면 거대한 제국을 멸망시킬 것이라고 그에게 예언해 주었다. 그가 계획이 잘 진행되기를 원한다면 다시 사절단을 보내서 신이 말하는 거대한 제국이 크로이소스의 제국인지, 키루스의 제국인지를 물었어야 했다. 크로이소스가 신이 말하는 바를 오해하고 더 물어보지도 않았다. 신이 아니라 크로이소스 자신을 책망해야 하지 않겠느냐?

크로이소스가 마지막 문제에 대한 신탁을 요청했을 때 아폴론 신이 그에게 한 노새에 관한 대답도 그는 오해했느니라. 노새는 암말과 수탕나귀 사이에서 태어난 잡종이다. 신이 말한 노새는 바로 키루스를 말하는 것이다. 키루스는 같은 종족이 아니라 다른 종족의 부모에게서 태어났느니라. 그의 어머니는 고귀한 가문의 출신이고, 아버지는 비천한 가문 출신이니라. 어머니는 메디아인으로서 메디아의 왕 아스티아게스의 딸이다. 아버지는 페르시아인으로서 메디아의 피지배 종족이다. 모든 점에서 아내보다 열등했지만 결혼했다. 그런데도 크로이소스는 메디아인이 노새를 왕으로 받들 일이 전혀 없다고 하면서 신탁을 무시하지 않았느냐?"

이것이 피티아가 리디아 사절단에게 해 준 대답이었다. 사절단은 사르디스에 와서 크로이소스에게 보고했다. 이 말을 들은 크로이소스는 비로소 모든 잘못이 신이 아니라 자신에게 있음을 인정했다.

키루스의 성장 과정

내가 다음으로 탐구할 일은 크로이소스를 멸망시킨 키루스가 어떤 인물이고, 페르시아가 어떻게 아시아의 지배자가 되었는가 하는 것이다. 메디아에 프라오르테스의 아들 데이오케스라는 영리한 자가 있었다. 그는 정직하고 공정하게 행동하면서도 권력욕을 가지고 있었다. 그가 올바른 재판을 하는 유일한 사람이라는 소문이 인근 지역에까지 퍼졌다. 찾아오는 사람의 수가 점점 늘고, 사람들이 자신에게 의존한다는 것을 인지한 데이오케스는 더 이상 재판하지 않겠다고 선언했다. 자신의 일을 제쳐두고 온종일 재판에 시간을 보내 봤자 자신에게는 아무런 이득이 없다는 이유에서였다. 이에 지지자들은 데이오케스를 왕으로 추대했다. 데이오케스는 통치권을 공고히 한 후 메디아 종족을 통일했다.

데이오케스가 53년간 통치한 후 그의 아들 프라오르테스가 제위를 계승했다. 그는 메디아만 통치하는 것에 만족하지 않고 페르시아를 공격해 복속시켰다. 페르시아인은 메디아에 복속된 최초의 종족이었다. 강력한 두 종족이 힘을 합쳐 아시아 종족을 차례로 복속시키고, 아시리아를 공격했다. 그는 재위 22년 만에 전사하고 말았다. 프라오르테스가 죽자 그의 아들인 키악사레스와 그의 손자인 아스티아게스가 차례로 제위를 계승했다.

아스티아게스에게는 만다네라는 딸이 있었다. 그는 딸이 상당히 많은 오줌을 누어 오줌이 자신의 국가를 삼키고, 아시아 전역에 범람하는 꿈을 꾸었다. 사제들에게 해몽을 들은 그는 만다네가 결혼할 나이가 되었을 때 딸을 자신의 집안에 어울리는 메디아인과 결혼시키지 않고, 캄비세스라는 페르시아인과 결혼시켰다. 캄비세스는 집안이 좋고 온화한 성품이지만 메디아의 중류층보다 훨씬 낮은 지위의 사람이었다.

만다네가 결혼한 첫해에 아스티아게스는 두 번째 꿈을 꾸었다. 그의 꿈에 딸의 음부에서 한 그루의 포도나무가 자라 아시아 전체를 뒤덮었다. 그는 해몽가들에게 꿈 이야기를 한 후 페르시아에 사람을 보내 임신 중인 딸을 데려오게 했다. 그녀가 도착하자마자 감시하다가 출산하면 바로 아이를 죽일 작정이었다. 해몽가들이 그의 꿈이 딸이 낳은 자식이 그를 대신해 왕이 될 것을 예시하는 꿈이라고 말했기 때문이다. 마침내 딸이 외손자 키루스를 낳자 아스티아게스는 친척 중 한 명이자 신뢰하는 부하인 하르파고스를 불렀다. 그는 하르파고스에게 말했다.

"만다네가 낳은 아이를 너의 집으로 데려가서 죽여라."

이에 하르파고스는 명령을 성실히 이행하겠다고 대답했다. 집으로 돌아온 하르파고스는 아내에게 상황을 전하면서 말했다.

> "나는 왕의 명령을 따를 수 없소. 이유는 이 아이가 나의 친족이고, 아스티아게스는 연로한 데다 남자 혈손이 없기 때문이오. 만일 그가 죽은 후 왕위가 그의 딸에게 넘어간다면 나의 목숨은 위태로울 것이오. 나의 안전을 위해서라면 이 아이를 죽여야 하지만 아이를 직접 죽이는 일은 내 사람이 아니라 아스티아게스의 사람이어야 할 것이오."

하르파고스는 아스티아게스의 소치기 중 한 사람을 불러 명령했다.

"아이가 빨리 죽도록 산속의 가장 후미진 곳에 버려라. 만약 아이를 살린다면 극형을 받을 것이다."

명령을 받은 소치기는 아이를 안고 자신의 오두막으로 갔다. 마침 해산을 앞두고 있던 그의 아내에게 자초지종을 말했다.

"하르파고스가 나를 보자마자 이 아이를 당장 산속의 야생동물이 득실거리는 곳에 버리고 오라고 명령했소. 이 일은 아스티아게스 왕이 내린 명령이고, 내가 거역하면 극형에 처할 것이라고 위협했소. 나는 어느 하인의 아들이겠거니 했소. 나는 이 아이가 누군지 알 길이 없었소. 다만 아이가 황금 장신구와 황금빛 옷을 걸치고 있는 것과 하르파고스의 집에서 크게 울부짖는 소리가 들리는 것을 보고 놀라기는 했소. 돌아오는 길에 나는 나를 도시 밖까지 배웅해 주던 하인에게서 내막을 듣게 되었소. 이 아이가 왕의 딸인 만다네와 그녀의 남편인 캄비세스의 아들이라는 것, 아스티아게스 왕이 이 아이를 죽이라고 명령한 것을 말이오."

말을 마친 소치기가 덮개를 벗겨 아이를 보여주었다. 아내는 아이가 우람하고 잘생긴 것을 보자 남편의 무릎을 붙잡고 아이를 버리지 말아 달라고 요청했다. 하지만 소치기는 하르파고스가 보낸 감시자가 자신이 어떻게 하는지를 지켜보고 있고, 불복종하면 죽일 것이기 때문에 어쩔 도리가 없다고 말했다. 이에 아내는 남편을 설득했다.

"만약 아이를 내다 버린 모습을 보여야 한다면 우리의 아이를 내다 버리세요. 제가 방금 아이를 낳았지만 사산했어요. 우리가 만다네의 아이를 우리 아이인 것처럼 길러요."

소치기는 아내의 말에 일리가 있다고 생각하고, 그녀가 말한 대로 실행에 옮겼다. 그가 죽이려고 데려온 아이를 아내에게 안겨 주고, 죽은 자신의 아이는 산속 후미진 곳에 버렸다. 하르파고스는 믿을 만한 근위병들을 보내 아이의 시신을 확인한 후 소치기의 진짜 아들을 매장해 주었다. 훗날 키루스라 불릴 아이는 소치기의 아내가 맡아 길렀다.

사내아이의 정체는 그가 열 살이 되었을 때 다음과 같은 일로 밝혀졌다. 아이는 마을 노상에서 또래 아이들과 놀고 있었다. 아이들은 놀이 삼아 소치기의 아이를 왕으로 뽑았다. 왕이 된 아이는 몇 명에게는 집을 짓게 하고, 몇몇은 근위병이 되게 했다. 그중 한 명은 비서로서 '왕의 눈'이 되게 하고, 다른 한 명은 보고사항을 전달하게 하는 등 각자에게 적절한 임무를 배당해 주었다. 그런데 같이 놀던 아이 중 아르템바레스라는 메디아의 저명인사의 아들이 있었다. 이 아이가 키루스에게 복종하기를 거부했다. 키루스는 다른 아이들에게 저명인사의 아들을 붙잡아오게 해서 매질을 했다. 그 아이는 자신의 신분에 맞지 않게 모욕을 당했다고 생각했다. 그래서 풀려나자마자 아버지에게 아스티아게스의 소치기의 아들에게 당한 일을 하소연했다. 화가 난 아르템바레스는 아들을 데리고 아스티아게스에게 갔다. 그는 왕에게 소치기의 아들에게 수모를 당했다고 고했다.

사정을 들은 아스티아게스는 아르템바레스의 아들의 원수를 갚아줄 요량으로 소치기와 그 아들을 데려오라고 했다. 두 사람이 오자 아스티아게스는 키루스의 눈을 응시하면서 말했다.

"어찌 너같이 하찮은 아이가 나의 중신의 아들에게 감히 행패를 부릴 수 있느냐?"

키루스가 대답했다.

"왕이시여! 제가 그렇게 한 것은 정당한 일이었사옵니다. 저 아이를 포함한 마을의 모든 아이가 저를 왕으로 뽑았나이다. 그들이 제가 왕으로서 가장 적합한 인물이라고 생각했기 때문입니다. 다른 아이들은 제가 시키는 대로 했는데, 저 아이만 복종하지 않고 저를 무시하다 그에 합당한 벌을 받은 것입니다. 이것 때문에 제가 벌을 받아야 한다면 기꺼이 받겠습니다."

키루스가 말하는 동안 아스티아게스는 그 아이가 누군지 알 것 같았다. 표정이 자신과 닮았고, 대답하는 태도가 자유민과 같았기 때문이다. 게다가 그 아이의 나이도 외손자를 버린 기간과 맞았다. 깜짝 놀란 아스티아게스는 아르템바레스에게 조치하겠다고 하면서 그를 돌려보내고, 신하에게 키루스를 데리고 나가라고 명령했다. 그는 소치기와 단둘이 남게 되자 소치기에게 저 아이를 어디에서 얻었고, 누가 주었느냐고 물었다. 소치기는 키루스가 자신의 아들이며, 아이의 어머니도 자신과 함께 살고 있다고 대답했다. 그러나 아스티아게스는 절망적인 상황에 스스로 빠지는 것은 어리석은 일이라고 하면서 근위병에게 그를 체포하라고 말했다. 끌려갈 처지가 되자 소치기는 그간의 상황을 모두 자백했다.

아스티아게스는 배신한 하르파고스에게 분노를 느껴 그를 불렀다. 아스티아게스는 그에게 어떻게 된 일인지를 물었다. 하르파고스는 왕의 명령을 따르면서도 아이의 살해자가 되지 않기 위해 소치기에게 아이를 죽이라고 했다고 대답했다. 명령을 수행하지 않은 것은 왕의 소치기인 것이다. 왕은 아이가 살아있으니 다행이라고 하면서 답례로 음식을 대접하고 싶다고 말했다. 그러면서 하르파고스에게 아들을 보내주면 돌아온 외손자의 친구로 삼겠다고 했다. 식사 초대에 우쭐해진 하르파고스는 집으로 돌아와 13세 정도인 아들에게 왕이 시키는 대로 하라고 당부한 후 왕에게 보냈다.

아스티아게스는 하르파고스의 아들이 도착하자 그의 목과 손발을 자르고, 살점은 굽거나 삶아 식탁에 내어놓았다. 자른 머리와 손발은 덮개를 씌운 바구니에 따로 놓았다. 이후 하르파고스가 와서 배불리 먹었을 때 아스티아게스가 물었다.

"하르파고스여! 식사를 맛있게 했소?"

하르파고스가 대답했다.

"왕이시여! 식사는 아주 훌륭했습니다."

그러자 아스티아게스는 바구니를 가져오게 하더니 하르파고스에게 말했다.

"하르파고스여! 바구니에서 마음에 드는 것을 집으시오."

하르파고스가 바구니의 덮개를 벗기자 아들 몸의 나머지 부분이 놓여 있는 것을 보았다. 하지만 그는 당황하지 않았다. 아스티아게스가 물었다.

"자네가 먹은 고기가 어느 짐승의 고기인지 아는가?"

하르파고스가 대답했다.

"왕이시여! 알고 있습니다. 왕께서 하시는 일은 무슨 일이든 기꺼이 받아들이겠습니다."

하르파고스는 남은 고기를 가지고 집으로 돌아갔다. 아마도 아들 몸의 남은 부분을 모두 수습하여 묻어주려고 했던 것 같다.

아스티아게스는 키루스를 생부인 캄비세스의 집으로 돌려보냈다. 키루스는 용감하고 동년배 중 가장 사랑받는 사람으로 성장했다. 하르파고스는 키루스에게 선물을 보냈다. 그는 아들의 죽음에 대해 아스티아게스에게 복수하고 싶었다. 그는 메디아의 주요 인사들과 개별적으로 접촉하여 아스티아게스를 폐위시키고 키루스를 왕으로 옹립하자고 설득했다. 이에 대한 준비 작업이 완성되자 그는 키루스에게 자신의 의도를 전했다. 그는 키루스가 페르시아인을 설득하여 메디아를 공격하면 아스티아게스의 영역을 모두 장악할 수 있다는 것, 메디아의 중신들이 먼저 아스티아게스에게 반기를 들기로 했다는 것을 알렸다.

메디아인의 지배에 불만을 품고 있었던 페르시아인은 키루스를 지도자로 하여 자유를 얻고자 했다. 아스티아게스는 키루스의 행동을 전해 듣고, 메디아 전군을 무장시켰다. 그리고 하르파고스에게 했던 일을 잊고, 그를 군사령관에 임명했다. 메디아인이 진군하여 페르시아인과 교전할 때 일부는 페르시아 측으로 도주했고, 대부분은 일부러 싸우지도 않고 도망갔다. 아스티아게스는 페르시아인과 열심히 싸웠으나 패하여 휘하의 군대도 잃고, 자신도 생포되었다. 이렇게 해서 아스티아게스는 35년간 통치한 주권을 잃었고, 메디아는 아스티아게스의 폭정으로 인해 페르시아에 굴복했다. 키루스는 아스티아게스에게 어떠한 위해도 가하지 않고, 죽을 때까지 자신의 곁에 붙들어 두었다. 이후 키루스는 크로이소스에게 승리함으로써 아시아의 지배권을 장악했다.

페르시아의 풍습

페르시아의 풍습은 다음과 같다. 신상을 세우거나 신전과 제단을 만드는 것은 그들의 관습이 아니다. 그들은 그러한 일을 하는 사람들을 어리석다고 여겼다. 내가 추측하기에는 그들이 그리스인처럼 신이 인간의 형상을 한 것이라고 믿지 않기 때문인 것 같다. 그러나 그들은 둥근 하늘 전체를 제우스라고 부르고, 산 위의 제일 높은 곳에서 희생제를 드린다. 그들은 해, 달, 대지, 불, 물, 바람에게도 제물을 바친다. 사제인 마고스 없이는 어떤 희생제도 드리지 않는 것이 페르시아의 관습이다. 제물을 바친 사람은 희생제 후 고기를 가져가 마음대로 처분한다.

페르시아인은 자신의 생일을 가장 축하한다. 그들은 생일에는 다른 날보다 더 많은 음식을 장만해야 한다고 생각한다. 부자들은 소, 말, 낙타, 당나귀를 통째로 구워낸다. 가난한 자들은 그보다 더 작은 동물들을 낸다. 또 이들은 술을 아주 좋아한다. 하지만 다른 사람이 보는 앞에서 구토하거나 방뇨하는 것은 허용되지 않는다. 술을 마시면서 중요한 안건을 논의하는 것이 그들의 관습이다. 어떤 결정을 내렸던 다음 날 술이 깨었을 때 회의를 했던 집의 주인이 논의한 것을 다시 제안한다. 술이 깬 상태에서도 찬성한 안건은 실행에 옮기고, 그렇지 않을 때 그 안건은 폐기된다. 술을 마시지 않은 상태에서 논의한 문제를 술에 취해서 다시 논의하기도 한다. 이러한 풍습은 예로부터 행해져 오던 것이므로 그들이 지킬 것이고, 나는 내 이야기로 돌아갈 것이다.

키루스의 바빌론 정복

키루스는 소아시아의 모든 종족을 정복한 후 아시리아로 향했다. 아시리아에는 큰 도시들이 많이 있지만 그중 가장 유명하고 강력한 도시는 바빌론이었다. 넓은 평야 지대에 있는 바빌론은 사각형으로서 각 변의 길이가 120스타디온(24km)이고, 도시 전체의 둘레는 480스타디온(96km)에 달했다. 바빌론은 크기도 하지만 우리가 알고 있는 어떤 도시보다 계획된 도시였다. 물이 깊고 넓은 해자가 도시를 에워싸고 있었다. 두께 50왕실페키스(263.2m), 높이 200페키스(93.6m)의 성벽도 있었다. 성벽 전체에 모두 100개의 성문이 나 있었다.

바빌론 도시는 둘로 나뉘어 있었는데, 이는 도시 한가운데 유프라테스강이 흐르고 있었기 때문이다. 크고 깊고 유속이 빠른 이 강은 아르메니아에서 시작하여 페르시아만으로 흘러 들어간다. 키루스는 바빌론으로 진격하다가 유프라테스강에 이르렀다. 그는 자신의 주력군을 강이 도시로 흘러 들어가는 곳에 배치했고, 다른 군대는 강이 도시에서 흘러나오는 배후에 배치했다. 그는 자신의 병사들에게 강을 건널 수 있을 정도가 되면 도시로 쳐들어오라고 명령했다. 그 자신은 비전투원들을 데리고 늪이 되어버린 인근 호수로 갔다. 그는 운하를 파서 강물이 호수로 흘러 들어가게 했다. 이렇게 강물이 빠지자 병사들은 강을 건널 수 있었다. 유프라테스강의 물이 빠져 남성의 넓적다리 중간밖에 오지 않자 페르시아군은 강을 건너 바빌론 도시 내부로 진격했다.

만일 바빌론인이 키루스의 의도를 미리 알았거나 짐작하고 있었다면 페르시아인을 도시로 들어오게 한 후 철저하게 섬멸했을 것이다. 바빌론인이 강으로 이어지는 모든 성문을 잠그고 강기슭을 따라 쌓아놓은 담 위에 올라갔다면 그들은 덫에 걸린 페르시아인을 모두 잡았을 것이다. 그러나 그들에게 페르시아군의 침입은 전혀 뜻밖의 일이었다. 도시가 워낙 커서 중앙에 사는 사람들은 도시 외곽지역에서 벌어지고 있는 일들을 아무것도 몰랐다. 마침 그날이 축제일이라 바빌론인은 춤을 추며 놀았다고 한다. 그들이 진상을 상세히 알게 되었을 때는 도시가 이미 함락된 후였다.

마사게타이 원정과 키루스의 전사

키루스는 아시리아를 정복하자 마사게타이도 정복하고 싶었다. 마사게타이인은 동쪽 아락세스강 건너 이세도네스인과 마주 보고 있었고, 인구도 많고 호전적이었다. 이들이 스키타이인이라고 하는 사람들도 있다. 당시 마사게타이는 왕이 죽고 그의 아내인 토미리스가 통치하고 있었다. 키루스는 사절을 보내 그녀를 자신의 아내로 삼고 싶다고 전했다. 하지만 토미리스는 그가 원하는 것이 자신이 아니라 자신의 왕국이라는 사실을 알았기 때문에 그의 청혼을 거절했다. 키루스는 자신의 뜻이 관철되지 않자 아락세스강으로 진격하여 마사게타이를 공격할 준비를 했다.

키루스는 아락세스강을 건넌 그날 밤 꿈을 꾸었다. 꿈에 히스타스페스의 장남의 양어깨에 날개가 돋아 한쪽 날개는 아시아를, 다른 쪽 날개는 유럽을 덮었다. 히스타스페스는 아케메네스 가문이고, 그의 아들 다리우스(기원전 550?-486)는 스무 살로서 참전하기에는 어려 페르시아에 남아 있었다. 키루스는 히스타스페스를 불러 말했다.

> "히스타스페스여! 그대의 아들이 나와 나의 왕국에 대한 모반을 꾸미고 있다는 것을 알게 되었소. 어젯밤 꿈에 그대의 장남이 양어깨에 날개가 돋았고, 한쪽 날개는 아시아에, 다른 쪽 날개는 유럽에 그늘을 드리웠소. 이 꿈을 보건대 그대의 아들이 나에 대한 음모를 꾸미고 있다고 생각할 수밖에 없소. 그러니 그대는 어서 페르시아로 돌아가서 내가 귀국할 때 그대의 아들을 내 앞에 데려오시오."

키루스는 다리우스가 자신에 대한 음모를 꾸미고 있다고 생각해서 그렇게 말했다. 하지만 신이 키루스에게 계시하고 싶었던 것은 그가 현재 있는 곳에서 최후를 맞이하고, 다리우스가 그 왕국을 물려받는다는 것이었다.

히스타스페스가 말했다.

"왕이시여! 저의 아들이 전하에 대한 음모를 꾸미고 있다는 꿈의 계시가 있었다면 제가 제 자식을 전하께 넘길 테니 전하 원하시는 대로 처분하소서."

이렇게 대답한 후 그는 키루스를 위해 아들 다리우스를 감시하려고 아락세스강을 건너 페르시아로 돌아갔다.

키루스는 아락세스강에서 하루 행군한 후 주둔지에 많은 음식과 비전투부대만 남겨놓고, 다시 아락세스강으로 철수했다. 그러자 마사게타이인 병력의 3분의 1이 키루스가 남겨둔 부대를 기습 공격하여 살해했다. 승리한 마사게타이군은 진수성찬을 보고, 술과 음식을 배불리 먹고 잠이 들었다. 그 후 페르시아군이 이들을 공격하여 다수를 살해하고, 많은 군인을 포로로 잡았다.

여왕 토미리스는 군대를 모두 모아 키루스에게 대적했다. 나는 이 전투가 그리스가 아닌 종족이 싸운 전투 중 가장 격렬한 전투였다고 생각한다. 처음에 양군은 서로 멀리서 화살을 쏘아댔고, 화살이 다 떨어지자 창과 검으로 백병전을 벌였다. 오랫동안 싸웠으나 어느 쪽도 물러서지 않았다고 전해진다. 그러나 최종적으로 마사게타이군이 이겼다. 페르시아군 대부분이 그 자리에서 섬멸되었고, 키루스 자신도 전사했다. 이는 그가 재위한 지 30년에서 1년이 모자란 해였다.

토미리스는 가죽 부대에 사람의 피를 가득 채웠다. 그녀는 페르시아 전사자들 사이에서 키루스의 시신을 찾았다. 마침내 시신을 찾아내자 그녀는 키루스의 머리를 잘라 가죽 부대에 담그며 "피를 실컷 마시게 해 주겠다."라고 조롱했다. 나는 키루스의 죽음에 관한 이야기를 많이 들었는데, 이 이야기가 가장 신빙성이 있는 것 같았다.

카비세스 왕의 이집트 원정

제 2 권

제2권 캄비세스 왕의 이집트 원정

이집트의 지형

키루스가 죽자 그의 아들인 캄비세스(기원전 530-522 재위)가 왕위를 계승했다. 그는 이집트 원정에 나섰다. 이집트인은 프삼메티코스가 왕이 되기 전까지 자신들이 이 세상에서 가장 오래된 종족이라고 생각했다. 프삼메티코스는 왕이 되자 어느 종족이 가장 오래된 종족인지 알고 싶어졌다. 조사 후 조사관들은 프리기아인이 가장 오래되었고, 그다음이 자신들이라고 생각했다.

사제들은 인간사에 관한 한 1년을 단위로 계산하고, 이를 계절에 따라 열두 부분으로 나눈 최초의 사람들이 이집트인이라는 데 동의했다. 이집트인은 이를 별을 보고 알았다고 한다. 내가 생각하기에 이집트의 계산법이 그리스의 것보다 더 합리적이다. 이유는 그리스인이 격년으로 윤달을 삽입하는데, 이집트인은 30일을 한 달로, 12개월을 1년으로 하고, 거기에 1년에 5일을 더하여 계절의 주기가 달력과 일치하는 구조를 만들었기 때문이다. 사제들은 12신의 이름을 처음 사용한 것도 이집트인이고, 이를 그리스인이 배워갔다고 주장했다. 신들에게 제단, 신상, 신전을 바치는 것도, 돌에 형상을 새기는 것도 이집트인이 처음으로 한 것이었다.

그리스인의 통념에 따르면, 카타락트 폭포와 도시 엘레판티네 북쪽에 있는 이집트 전체를 두 부분으로 나누어 하나는 리비아, 다른 하나는 아시아에 속하는 것으로 생각한다. 카타락트 폭포를 기점으로 하는 나일강은 이집트를 두 부분으로 나누며 바다로 흘러간다. 범람하는 나일강이 물을 대주는 모든 곳이 이집트이고, 엘레판티네 북쪽에서 나일강의 물을 마시는 모든 사람이 이집트인이다.

나일강의 수위가 높아질 때는 삼각주뿐 아니라 리비아 쪽으로, 아라비아 쪽으로 흘러 이틀의 거리에 있는 곳, 때로는 그 이상의 곳이 물에 잠긴다. 나는 사제나 다른 사람들로부터 이 강의 성질에 관해 어떠한 정보도 알아낼 수 없었다. 내가 그들에게서 알고 싶었던 것은 나일강이 하지부터 100일 동안 범람하다가 100일 후 물이 점점 빠져 다시 하지가 될 때까지 겨우내 수위가 낮은 이유였다. 내가 그들에게 어째서 나일강은 겨울이 우기인 다른 강들과 반대인지를 물었으나 어떤 이집트인도 이에 대한 정보를 주지 못했다. 나는 다른 모든 강과 달리 어째서 나일강에는 미풍이 불지 않는지도 알고 싶었다.

몇몇 그리스인이 자신들의 명석함을 과시하고 싶어서 나일강에 대해 세 가지 견해를 제시했다. 이 중 두 가지는 논할 가치가 없어 간단히 언급할 뿐이다. 첫 번째 이론은 지중해의 북서 계절풍 때문에 나일강의 강물이 바다로 흘러 들어가지 못하고 범람하게 된다는 것이다. 그러나 북서 계절풍이 불지 않을 때도 나일강은 여전히 범람했다. 만일 북서 계절풍이 범람의 원인이라면 이 계절풍이 부는 다른 강들에도 나일강과 같은 현상이, 그것도 더 심하게 나타나야 한다. 이유는 다른 강들이 나일강보다 더 작고 흐름도 더 약하기 때문이다. 그러나 시리아와 리비아에 있는 많은 강 중 어떤 강에도 나일강과 같은 현상이 일어나지 않는다.

두 번째 이론은 앞의 견해보다 더 경이롭게 들리기는 하지만 더 비과학적이다. 그에 따르면, 나일강이 전체 대지를 둘러싸고 흐르는 대양에서 흘러나오기 때문에 그런 현상이 일어난다는 것이다. 나는 대양의 존재에 대해 알지 못하고, 이 이론이 모호하고 불확실하므로 이를 반박할 수 없다.

세 번째 이론은 가장 개연성 있어 보이지만 진실과는 가장 거리가 멀다. 이 견해에 따르면, 나일강은 눈 녹은 물이 흘러내린 것이다. 나일강은 리비아에서 시작되어 에티오피아 한가운데를 지나 이집트로 흘러간다. 나일강이 가장 더운 지역에서 더 시원한 지역으로 흐르는데, 어째서 눈에서 시작된다고 할 수 있는가? 나일강이 눈에서 흐르지 않는다는 가장 원칙적이고도 합리적인 증거는 리비아와 에티오피아에서 불어오는 바람이 뜨겁다는 것이다. 두 번째 증거는 이 지역에 비도 오지 않고 서리도 끼지 않는다는 것이다. 눈이 온다면 5일 이내에 비가 내리는 것이 상례인데, 비가 오지 않으니 눈도 오지 않는다. 세 번째 증거는 이들 지역 사람들의 피부가 이 더위로 인해 검다는 것이다.

앞서 말한 이론들을 논박했으므로 이제 나일강이 여름철에 범람하는 이유에 대한 나의 견해를 제시해야 할 것이다. 겨울 동안 폭풍으로 인해 태양이 리비아 내륙으로 밀려난다. 이에 다른 강들은 겨울 폭풍으로 인해 비가 많이 오고 급류가 쏟아져 수량이 많아진다. 반면 나일강만 겨울에 비가 오지 않는 데다 태양이 강물을 빨아들이므로 수량이 줄어들 수밖에 없다. 수분을 끌어들인 태양은 여름철에 그 수분을 남쪽으로 방출한다.

이집트의 종교와 풍습

이집트인은 다른 어떤 종족보다 신앙심이 깊다. 거의 모든 신의 이름이 이집트에서 그리스로 들어왔다. 그리스 신들의 이름이 외국에서 들어왔다는 것은 내가 직접 조사해서 확인한 바이다. 그곳이 바로 이집트라고 나는 확신한다. 포세이돈, 디오스쿠로이, 헤라, 헤스티아, 테미스, 카리테스, 네레이데스 등을 제외한 그리스 신들 대부분은 이집트에 존재했다. 이집트인이 모르겠다고 한 신들은 그리스의 선주민인 펠라스고이인이 명명한 것이다. 다만 포세이돈은 리비아인에게서 유래했다. 리비아인이 처음 포세이돈이라는 이름을 알았고, 신으로 숭배했다.

신전 안에서 여자와 성관계를 하지 못하고, 성관계를 한 후에는 목욕하지 않고 신전에 들어갈 수 없다는 종교적 계율을 처음 만든 것도 이집트인이다. 이집트인과 그리스인을 제외하고 거의 모든 종족이 신전 내에서 성관계하고, 성관계 후에 목욕도 하지 않고 신전에 들어갔다. 그들은 인간도 다른 동물과 같은 존재라는 생각에서 그렇게 한다.

점괘에 관해 말하면, 이집트인은 그 예언 능력은 인간이 아니라 신의 능력에 속한다고 생각했다. 이집트에는 헤라클레스, 아폴론, 아테나, 아르테미스, 아레스, 제우스 신탁소가 있었다. 그들이 가장 숭상하는 것은 부토에 있는 레토의 신탁소였다.

이집트에서 죽은 자를 애도하고 매장하는 의식은 다음과 같다. 명망 있는 사람이 죽으면 그 집의 여인들이나 친척 여인들은 옷을 열고 가슴을 드러낸 채 가슴을 치면서 대열을 지어 시내를 천천히 돌아다닌다. 남자들도 같이 옷을 열어젖히고 가슴을 친다. 그다음 시신은 미라를 만드는 장소로 운반된다.

이집트에는 미라를 만드는 일을 하는 전문 기술자들이 있다. 그들은 시신을 운구해 온 사람들에게 실물과 비슷하게 색칠한 목제 미라 견본을 보여준다. 가장 좋은 것은 오시리스 신의 모습을 모방한 것이다. 이보다 값이 싼 두 번째 견본과 가장 조잡하여 값이 제일 싼 세 번째 견본을 보여준다. 흥정이 끝나면 의뢰자들은 돌아가고, 미라 기술자들은 미라를 제작하는 일에 착수한다.

정교하여 가장 값비싼 미라를 만드는 방법은 다음과 같다. 먼저 쇠갈고리로 콧구멍을 통해 뇌를 꺼내고, 나머지는 약물을 주입하여 녹여 빼낸다. 그다음 에티오피아산인 날카로운 돌로 옆구리를 절개하여 내장을 모두 꺼낸 후 배 안을 씻는다. 세척 후에는 야자유와 으깬 향료로 헹군다. 그다음 으깬 몰약, 계피, 다른 여러 향료로 시신의 배를 가득 채운 후 봉합한다. 이 시신을 양잿물에 70일 동안 담가둔다. 70일을 넘기면 절대 안 된다. 70일 후 시신을 씻고 고운 아마포를 잘라 만든 붕대로 전신을 감싸고, 그 위에 이집트인이 아교 대신 사용하는 고무를 바른다. 이 일이 끝나면 친척들이 시신을 가져가서 사람 모양의 목관에 안치한다. 그리고 관을 봉한 후 벽에 똑바로 세워둔다. 이것이 미라를 만드는 가장 비싼 방법이다.

비용을 아끼기 위해 중급의 것을 희망하는 사람들이 있는데, 그 방법은 다음과 같다. 삼나무에서 뽑아낸 기름을 주사기에 채워서 시신에 주입한다. 옆구리를 절개하거나 내장을 꺼내지도 않는다. 항문으로 기름을 주입하되, 도로 흘러나오지 않도록 마개로 막는다. 그리고 70일 동안 소다액에 담가두었다가 마지막 날 뱃속에 주입한 삼나무 기름을 뽑아낸다. 삼나무 기름의 효과는 위와 내장을 모두 녹여 몸 밖으로 빠져나오게 하는 것이다. 소다액은 살을 녹여버리므로 시신은 피부와 뼈만 남게 된다. 그리고 기술자들은 더 이상 시체에 손을 대지 않고 그대로 가족에게 인계한다.

세 번째로 더 가난한 사람들의 시신을 미라로 만드는 방법은 설사가 나는 약으로 내장을 씻어낸 다음 70일 동안 소다액에 담갔다가 건져서 가족에게 인도하는 것이다.

저명한 사람의 부인이나 미모의 여성, 명망 있는 부인이 죽었을 때는 시신을 곧바로 미라 기술자에게 넘기지 않는다. 죽은 지 3일 또는 4일이 지난 뒤에 미라 기술자에게 넘긴다. 목적은 미라 기술자가 시신을 강간하는 것을 방지하기 위해서이다. 과거 미라 기술자가 갓 죽은 여성의 시신을 강간하다가 동료 기술자의 고발로 붙잡힌 적이 있다는 이야기를 들었다.

이집트인 왕들의 역사

사제들이 나에게 한 이야기에 따르면, 민 왕이 이집트의 초대 왕이었다. 만일 나일강이 범람한다면 인근 지역은 완전히 수몰될 위험에 있었다. 그래서 초대 왕 민은 나일강 하류에 제방을 쌓았다. 물길을 차단하여 마른 땅이 된 곳에 도시를 조성했는데, 그것이 오늘날의 멤피스였다.

사제들은 파피루스 두루마리를 펴고, 민 왕의 뒤를 이은 국왕 330명의 이름을 읽어주었다. 수많은 세대를 거쳐 온 국왕 중 에티오피아인이 18명이었고, 이집트 출신 여왕이 1명 있었으며, 나머지는 모두 이집트 출신의 남자들이었다. 사제들의 말에 따르면, 다른 왕들은 빛나는 업적을 이루지 못했으나 유일한 예외는 모이리스 왕이었다. 그는 헤파이스토스 신전의 북쪽 문을 세웠고, 호수를 파내어 그 안에 피라미드를 건설한 업적으로 기억되는 인물이었다.

나는 업적이 없는 다른 왕들을 제쳐두고, 그들의 후계자인 세소스트리스 왕에 대해 말하고자 한다. 사제들에 따르면, 세소스트리스 왕은 처음으로 함대를 이끌고 아라비아만을 떠나 인도양 연안의 주민들을 모두 정복했다. 그는 수심이 얕아 더 이상 항해할 수 없는 해역에 이를 때까지 정복하여 나갔다고 한다. 함대 원정 후 왕은 이집트로 돌아와 대군을 모아 대륙을 횡단하며 진로를 가로막는 모든 종족을 장악했다.

세소스트리스 왕은 대륙을 장악하고 아시아에서 유럽으로 건너가 스키타이인과 트라키아인도 정복했다. 나는 이곳이 이집트 군대가 진군한 가장 먼 지점이라고 생각한다. 이유는 이들 지역에 정복 기념비가 있으나 그보다 더 먼 지역에서는 발견되지 않기 때문이다. 세소스트리스 왕이 정복한 지역에 세운 정복 기념비는 대부분 사라졌다. 그러나 나는 시리아의 팔레스타인 구역에서 몇 개 보았다. 거기에는 비문과 여성의 성기가 새겨져 있었다. 이오니아 지방에서도 남자 인물상이 새겨진 비석이 두 개 있었다. 둘 다 키가 4.5페키스(210.6cm)가 되었고, 오른손에는 창을, 왼손에는 활을 들고 있었다. 전투 장비도 일부는 이집트 방식이었고, 다른 일부는 에티오피아 방식이었다. 한쪽 어깨에서 가슴을 가로질러 다른 쪽 어깨로 이어지는 곳에 이집트 상형문자로 비문이 새겨져 있었다.

"나는 이 땅을 내 두 어깨의 힘으로 정복했노라!"

사제들에 따르면, 세소스트리스가 죽자 그의 아들 페로스가 왕위를 이어받았다. 그의 군사적 업적은 아무것도 없었다.

프로테우스 왕의 치세

페로스의 왕위를 계승한 사람은 그리스어로 프로테우스라는 멤피스 출신의 남자였다고 한다. 지금도 멤피스에는 헤파이스토스 신전 남쪽에 프로테우스의 아름다운 성역이 있다. 이 성역 안에는 '이국의 아프로디테'에게 바쳐진 신전이 있다. 이 신전은 틴다레오스의 딸 헬레네에게 바쳐진 신전일 것이다. 내가 그렇게 추측하는 이유는 헬레네가 한동안 프로테우스의 궁전에 머물렀다는 이야기를 들었기 때문이다.

내가 사제들에게 헬레네에 관해 묻자 사제들이 한 이야기는 다음과 같다. 알렉산드로스(트로이 왕자 파리스의 본명)는 스파르타에서 헬레네를 납치하여 고국으로 향하다가 에게해에서 폭풍을 만나 이집트 카노포스 항구로 표류해 들어왔다. 알렉산드로스의 노예들이 헬레네에 관한 일들을 떠들었고, 항구의 경비를 맡은 토니스에게도 이야기했다. 토니스는 멤피스의 프로테우스 왕에게 다음과 같은 전갈을 보냈다.

> "한 이방인이 이곳에 왔는데, 그 자는 트로이인으로서 그리스에서 악한 짓을 저지른 자입니다. 그 자는 자신을 환대해 준 사람의 아내를 유혹하고, 막대한 재물을 훔쳐 그 여성과 도망가던 중 폭풍으로 인해 이 왕국에 표류하게 되었습니다. 제가 그 자에게 벌을 내리지 않고 출항하게 할까요? 아니면 그 자가 가지고 있는 모든 것을 빼앗을까요?"

이에 대해 프로테우스 왕은 다음과 같이 답했다.

"자신을 환대해 준 사람에게 악한 짓을 저지른 그 자가 누구인지 모르지만, 그 자가 무슨 말을 하는지 듣고 싶으니 붙잡아서 내게 데려오너라."

왕의 회신을 받자 토니스는 알렉산드로스를 체포하고, 그의 함선들을 억류했다. 그리고 헬레네, 재물, 노예들과 함께 알렉산드로스를 멤피스로 보냈다. 그들이 왕 앞에 대령하자 왕은 알렉산드로스에게 누구인지, 어디에서 왔는지를 물었다. 알렉산드로스는 왕에게 선조들의 이름을 열거하고, 고국의 이름과 출항지를 말했다. 왕이 알렉산드로스에게 헬레네를 어디에서 데리고 왔는지를 묻자 알렉산드로스는 어물거리며 사실을 말하지 않았다. 그러자 알렉산드로스의 노예들이 그가 저지른 악행들의 자초지종을 이야기했다. 이를 모두 들은 프로테우스 왕은 다음과 같이 판결했다.

"알렉산드로스 그대는 자신에게 환대를 베풀어 준 그리스인에게 큰 악행을 저질렀소. 그대는 그 그리스인의 아내를 유혹하여 자신과 함께 도망치자고 부추겼소. 그것도 모자라 그리스인의 집을 약탈하여 재물을 훔쳤소. 나는 이 여인과 재물을 그대가 가져가게 할 수 없소. 그대를 환대한 그리스인이 와서 가져갈 때까지 내가 맡아두겠소. 그대와 그대의 일행들은 3일 안으로 내 나라를 떠나 다른 나라로 가시오. 그렇지 않으면 나는 그대를 적으로 간주할 것이오."

사제들에 따르면, 그 일로 헬레네가 프로테우스 궁전에 오게 되었다. 나는 헬레네 이야기를 호메로스도 알고 있었을 것으로 추측한다. 그가 『일리아드』에서 알렉산드로스가 헬레네를 데려가다가 표류하여 페니키아의 시돈을 포함한 여러 곳을 방랑했다고 적었기 때문이다. 다만 호메로스는 헬레네 억류 이야기가 자신의 서사시에 맞지 않아 의도적으로 생략했을 뿐이었다.

나는 사제들에게 트로이 전쟁에 관한 그리스인의 전승이 진짜인지를 묻자, 그들은 스파르타 왕 메넬라오스에게 직접 들어 알게 되었다면서 다음과 같이 말했다. 헬레네가 납치된 뒤 그리스 대군이 메넬라오스를 돕기 위해 트로이에 상륙한 다음 진지를 구축했다고 한다. 그들은 트로이에 사절단을 보냈고, 메넬라오스도 동행했다. 사절단은 헬레네와 알렉산드로스가 훔쳐 간 재물을 돌려주고, 죄에 대해 보상하라고 요구했다. 이에 대해 트로이인은 헬레네도, 재물도 모두 이집트에 있다고 말했다. 그들은 이집트 왕 프로테우스가 가지고 있는 것을 자신들이 보상할 이유는 없다고 말했다. 자신들이 우롱당하고 있다고 생각한 그리스인은 트로이를 포위 공격한 끝에 나라를 함락시켰다. 하지만 나라를 함락한 후에도 헬레네가 보이지 않고, 이전과 똑같이 이집트에 있다는 말을 듣게 되었다. 이에 그리스인은 이 말을 믿고, 메넬라오스 왕을 프로테우스 왕에게 보냈다. 이집트에 도착한 메넬라오스 왕은 나일강에서 멤피스까지 가서 왕에게 자초지종을 말했다. 그는 이집트로부터 엄청난 환대를 받고, 헬레네와 자신의 재물을 모두 돌려받았다고 한다.

이상이 이집트의 사제들이 한 이야기이다. 나는 헬레네에 관해 사제들이 한 말에 동의한다. 만일 헬레네가 트로이에 있었다면 알렉산드로스의 의사와 상관없이 그리스인에게 반환되었을 것이다. 트로이의 왕 프리아모스나 그 친척들이 헬레네를 알렉산드로스와 동거시키려고 반환하지 않음으로써 조국을 위험에 빠트릴 만큼 어리석지는 않기 때문이다. 프리아모스는 그리스군과의 전쟁으로 수많은 트로이인과 자신의 아들들도 전사하는 상황에서 헬레네가 자신의 아내였다고 해도 재앙을 피하려고 헬레네를 반환했을 것이다. 게다가 알렉산드로스는 왕위 계승권자가 아니어서 노왕 프리아모스를 대신해 전권을 휘두를 지위에 있지도 않았다. 그의 형이자 뛰어났던 헥토르가 프리아모스 사후 왕으로 옹립될 계획이었다. 헥토르가 자신과 트로이인에게 엄청난 재앙을 안겨 준 동생이 하라는 대로 헬레네를 붙잡아 두지는 않았을 것이다. 결국은 트로이인이 헬레네를 반환하려고 해도 반환할 헬레네가 없었고, 이런 사실을 말해도 그리스인은 믿지 않았다. 나는 트로이가 멸망한 것은 큰 악행에 대해서는 신의 처벌 또한 크다는 것을 인간에게 보여주려고 한 신의 섭리라고 생각한다.

람프시니토스 왕의 치세

사제들에 따르면, 프로테우스로부터 왕위를 이어받은 사람은 람프시니토스였다. 이 왕은 엄청난 은을 보유하고 있었는데, 이후의 어떤 왕도 이 점에서 그를 능가하기는커녕 그 근처에도 이르지 못했다고 한다. 왕은 이 재물을 안전하게 보관하고 싶어서 돌로 된 방을 지었다. 그 방의 한쪽 벽면은 궁전의 외벽과 맞닿아 있었다. 그런데 방을 만든 건축가가 욕심이 생겨 그 돌 중 하나를 두 사람이나 한 사람이 쉽게 뺄 수 있도록 해 놓았다. 방이 완공되자 왕은 그 안에 재물을 가득 채웠다. 얼마 후 그 건축가는 임종을 앞두게 되었다. 그는 두 아들을 불러 말했다.

> "아들들아! 내가 돌을 빼낼 수 있게 해 두었다. 너희는 앞으로 풍요로운 생활을 할 수 있을 것이다."

그는 왕의 방을 어떻게 지었는지, 어떻게 하면 돌을 뺄 수 있는지를 상세히 설명해 주었다. 그는 아들들이 자신의 말을 명심하면 왕의 재산 관리인인 것처럼 생활할 수 있다고 말했다. 그가 죽자 아들들은 지체하지 않고 일에 착수했다. 그들은 야밤에 궁전으로 가서 아버지가 말한 돌을 용케도 찾아냈다. 그들은 돌을 빼내 많은 재물을 가져갔다.

어느 날 왕은 돌로 된 방을 열어보고, 재물이 줄어든 것을 알고 깜짝 놀랐다. 그러나 봉인도 뜯기지 않고 그대로 있고, 방의 문도 닫혀 있었으므로 누구의 짓인지 알 수 없었다. 이후 두 번, 세 번 방문을 열어보았는데, 그때마다 재물이 줄어들어 있었다. 그 건축가의 아들들이 재물을 훔치는 일을 멈추지 않은 것이다. 왕은 다음과 같이 조치했다. 왕은 덫을 여러 개 만들어 재물이 들어 있는 상자 주위에 설치하게 했다.

도둑들은 예전처럼 와서 한 사람이 방으로 기어서 들어갔다. 그가 재물 상자 가까이에 가는 순간 그는 바로 덫에 걸렸다. 그는 자신이 처한 고통을 알자마자 큰 소리로 동생을 불렀다. 그는 현재 상황을 이야기하고, 지체하지 말고 빨리 들어와서 자신의 목을 베라고 했다. 자신이 발각되면 동생도 목숨을 잃게 되는 것은 당연하기 때문이다. 동생은 형의 말이 맞는다고 여겨 형의 목을 베었다. 그리고 그는 돌을 원래 위치에 넣은 후 형의 목을 가지고 집으로 돌아왔다.

날이 밝자 왕은 돌로 된 방으로 들어가 보았다. 왕은 들어온 흔적도, 나간 흔적도 없는데 머리 없는 도둑의 시신이 덫에 걸려 있는 것을 보고 놀랐다. 왕은 어찌할지를 고심하다 다음과 같이 했다. 그는 경비병들에게 도둑의 시신을 성문에 매달아 놓고, 시신을 보고 슬프게 울거나 애도하는 사람을 잡아 오라고 지시했다.

시신이 성문에 매달리자 도둑의 어머니는 매우 슬퍼하면서 살아남은 아들에게 말했다.

> "어떻게 해서든 형의 시신을 내려서 집으로 데려오너라. 만일 네가 나의 말대로 하지 않으면 나는 왕에게 가서 네가 왕의 재물을 훔쳤다고 고하겠다."

살아남은 아들은 어머니가 자신을 심하게 비난하고, 여러 번의 설득에도 마음을 바꾸지 않자 한 가지 꾀를 내었다. 그는 당나귀 몇 마리를 구했다. 그는 당나귀 등에 술을 가득 담은 가죽 부대를 싣고, 성문 밖으로 몰고 갔다. 그는 매달아 놓은 시신을 지키고 있던 경비병들에게 이르자, 두세 개의 가죽 부대의 끈을 풀어버렸다. 술이 쏟아져 나오자 그는 어느 당나귀의 등짐부터 손을 대야 하는지 모르겠다는 듯이 자신의 머리를 쥐어짜면서 울부짖었다. 경비병들은 많은 양의 술이 흘러나오는 것을 보고 이런 행운이 어디 있냐고 생각하면서 그릇을 가지고 쏟아져 나오는 술을 받기 시작했다. 살아남은 아들은 화를 내는 척하면서 욕설을 퍼부었다. 경비병들이 달래자 곧 화가 풀린 체하면서 당나귀를 길가로 몰고 가서 짐을 정리했다.

그는 경비병들과 몇 마디를 주고받는 동안 경비병 한 명이 한 농담이 웃기자 가죽 부대 하나를 그 경비병에게 주었다. 그들은 그 자리에서 서로 둘러앉아 술을 마시면서 그에게도 같이 마시자고 권했다. 그는 그러자고 하면서 그 자리에 앉았다. 경비병들이 취해서 그에게 친절하게 대하자 그는 그들에게 가죽 부대 하나를 더 주었다. 경비병들은 곧 만취 상태가 되어 잠을 이기지 못하고 그 자리에서 잠이 들어 버렸다. 이윽고 밤이 되자 그는 형의 시신을 끌어내렸다. 또 경비병들을 모욕하려는 생각으로 그들의 오른쪽 뺨의 수염을 깎아버렸다. 그는 형의 시신을 당나귀에 싣고 집으로 돌아왔다. 어머니의 소원을 이루어준 것이다.

왕은 도둑의 시신이 도둑맞았다는 것을 알게 되자 크게 노했다. 그는 이런 일을 저지른 자를 찾아내려고 혈안이 되어 나로서는 믿을 수 없지만, 다음과 같은 일을 했다고 한다. 왕은 자신의 딸을 사창가로 보내면서 명령했다.

> "어떤 남자라도 가리지 말고 손님으로 받되, 성관계를 하기 전에 그 남자들에게 반드시 일생 저지른 가장 사악하고, 가장 불경스러운 짓이 무엇인지를 말하게 하라. 만약에 누군가가 왕의 재물을 도둑질한 이야기를 하거든 도망가지 못하게 그 자를 붙잡아라."

왕의 딸은 왕이 시키는 대로 했다. 도둑은 우연히 그녀가 그런 일을 하는 내막을 알게 되었다. 그는 왕보다 자신이 더 영리하다는 것을 보여주고 싶었다. 그는 죽은 지 얼마 되지 않은 시신의 어깨에서 팔을 잘라낸 다음, 그 팔을 외투 속에 감추고 왕의 딸에게 갔다. 그는 왕의 딸에게 다른 사람에게 한 것과 똑같은 질문을 받자 말했다.

"내가 한 가장 사악한 짓은 왕의 재물이 있는 방에서 덫에 걸린 형의 목을 벤 것이고, 가장 영리한 짓은 왕의 경비병들을 취하게 하여 성문에 매달려 있는 형의 시체를 내려 가져간 일이다."

이 말을 들은 왕의 딸이 그 젊은이를 붙잡으려고 하자 그 젊은이는 어둠 속에서 시신의 팔을 내밀었다. 그녀는 그 젊은이의 팔인 줄 알고 꽉 잡았다. 그러나 도둑은 그녀에게 시신의 팔을 남겨두고, 문밖으로 빠져나갔다.

이 일도 왕의 귀에 들어가자 왕은 그 젊은이의 영리함과 대범함에 놀랐다. 결국에 왕은 전국에 선포했다.

"그 도둑이 자신 앞에 나타나면 죄를 사면하고, 큰 상을 내릴 것이다."

도둑이 왕의 포고를 믿고, 왕 앞에 나타났다. 람프시니토스는 그를 크게 칭찬하고, 세상에서 가장 영리한 자라고 하면서 자신의 딸과 결혼시켰다. 그 이유는 이집트인이 다른 종족보다 더 영리한데, 그 젊은이가 모든 이집트인을 능가한다고 생각했기 때문이다.

케오프스 왕의 치세

람프시니토스 왕의 통치 시기 이집트는 번성했다. 그러나 그 뒤를 이은 케오프스 치세에 이집트의 민생은 도탄에 빠졌다. 이 왕은 신전에 제물을 바치지 못하게 모든 신전을 폐쇄했다. 대신 모든 이집트인이 자신을 위해 일하도록 강요했다. 왕은 어떤 사람들에게는 아라비아 산맥에 있는 채석장에서 큰 돌을 캐어 나일강까지 운반하도록 했다. 그 돌들을 배에 실어 나일강 건너편으로 나르면 다른 사람들이 그 돌을 리비아 산맥으로 끌고 가야 했다. 한 번에 10만 명의 사람들이 3개월 동안 노역에 교대로 동원되었다. 돌덩이를 끌기 위한 길을 내는 노역은 10년 동안 계속되었다.

피라미드 자체를 건조하는 데는 20년이 걸렸다고 한다. 피라미드는 바닥이 사각형인데, 각 변의 길이는 8플레트론(246.4m)이고, 높이도 그 정도였다. 연마한 돌을 빈틈없이 이어 맞추어 피라미드를 만들었다. 길이가 30푸스(9.2m) 이하인 돌은 하나도 없었다. 피라미드는 다음과 같은 방법으로 건조되었다. 흉벽이라고도 하고, 제단의 계단이라고도 하는 것으로서 먼저 계단을 만들고, 그다음에 짧은 목재로 만든 지레를 사용하여 돌을 들어 올린다. 돌덩이를 먼저 땅바닥에서 제1단으로 올린다. 여기에서 다른 기중기에 또 다른 돌덩어리를 올려 제2단으로 쌓음으로써 계단의 수만큼 기중기가 장착되어 있을 수 있다. 아니면 기중기가 다루기 쉬울 경우 하나의 기중기에서 싣고 있던 돌덩어리를 내린 다음, 같은 기중기가 차례로 다음 계단으로 돌덩어리를 옮길 수 있다. 내가 두 가지 방법을 다 말하는 것은 두 가지 방법이 다 전해지고 있기 때문이다. 이렇게 해서 피라미드의 제일 꼭대기 부분을 완성하고 난 다음 그 아랫부분을 완성하고, 마지막으로 지면과 접하는 부분을 완료한다.

피라미드에는 노역자들에게 무, 양파, 마늘을 지급하기 위해 쓴 금액이 이집트 문자로 기록되어 있다. 통역인이 그 문자를 읽고 말해 준 숫자를 내가 정확히 기억하고 있다면 그 금액은 은 1,600탈란톤이었다. 그 기억이 맞는다면 공사용 철제 도구나 노역자들을 먹이고 입히기 위해 지출된 돈 또한 얼마나 많았겠는가! 피라미드를 건조하는 데만 20년이 걸렸으니 그 외에 돌덩어리를 캐어 운반하는 데 또 얼마나 많은 시간이 들었겠는가!

케오프스 왕은 돈이 궁해지자 자신의 딸을 사창가로 보내어 일정액의 돈-그 액수에 대해서는 사제들이 말해주지 않았다-을 조달하라고 명령할 정도로 사악했다. 그의 치세는 50년에 이르렀고, 그가 죽자 동생인 케프렌이 왕위를 계승했다. 이 왕도 선왕과 같은 인물로 피라미드를 건조했으나 규모 면에서 선왕만큼은 아니었다. 사제들에 따르면, 케프렌 다음의 이집트 왕은 케오프스 왕의 아들인 미케리노스였다. 그는 아버지가 한 일을 이어받지 않고, 신전들을 다시 개방하여 제물을 바칠 수 있도록 했다. 이제까지 극도로 핍박받던 백성들이 자유롭게 생업에 종사할 수 있도록 허락했고, 역대 왕 중 가장 공정하게 재판했다고 전해진다. 이러한 업적으로 인해 이집트인은 모든 왕 중 이 왕을 가장 찬미했다.

에티오피아인과 이집트인 왕들의 역사

미케리노스, 아수키스로 이어지던 왕위는 아니시스라는 시각장애인 왕에게 돌아갔다. 그의 치세 때 에티오피아 왕 사바코스가 이끄는 대군이 이집트로 쳐들어왔다고 한다. 이에 아니시스 왕은 늪지대로 도망쳤고, 에티오피아 왕이 50년 동안 이집트를 통치했다.

사제들에 따르면, 에티오피아 왕이 이집트에서 철수하게 된 경위는 다음과 같다. 어느 날 에티오피아 왕이 꿈을 꾸었는데, 꿈에 한 남자가 그의 머리맡에 서서 이집트 사제들을 모두 모이게 한 다음 그들의 몸통을 두 토막으로 자르라고 말했다. 꿈을 풀이한 내용은 왕이 신성을 모독하는 죄를 범해서 신이 왕과 인간에게 벌을 내리고자 한다는 것이었다. 왕은 벌을 받을 생각이 없고, 신탁이 제시한 이집트 통치 기간도 끝났으니 이집트를 떠날 때가 되었다고 말했다. 사바코스 왕이 에티오피아에 있을 때 에티오피아인이 신탁을 구했는데, 그때 신탁의 내용은 그가 50년 동안 이집트를 통치한다는 것이었다. 그 기간도 지났고, 꿈으로 인해 마음도 동요하고 있었으므로 사바코스 왕은 자진해서 이집트를 떠났다.

에티오피아 왕이 철수하자 아니시스 왕이 늪지대에서 돌아와 다시 이집트를 통치하기 시작했다. 그다음 왕위에 오른 사람은 헤파이스토스의 사제인 세토스였다. 전사 계급이 필요 없다고 생각한 그는 선왕이 전사들에게 하사한 토지를 몰수했다고 한다. 후에 아라비아와 아시리아의 대군이 이집트로 쳐들어왔을 때 이집트 전사들은 그를 돕지 않았다. 사제인 왕은 절망한 나머지 신전으로 들어가 신상에 자신이 당한 비운을 하소연했다. 그러다 그는 자신도 모르게 잠이 들었고, 꿈에 신이 원군을 보내줄 테니 아라비아 군대에 맞서 싸우라고 말했다. 왕은 격려하는 꿈을 믿고, 자신을 따르는 이집트인을 데리고 전장에 도착했다. 그들 중 전사는 한 명도 없었고, 대부분은 상공업자들이었다. 이집트군이 전장에 도착한 바로 그날, 밤에 들쥐 떼가 나타나 적군의 화살통, 화살, 방패의 손잡이까지 갉아 먹었다. 다음 날 적군은 무기도 없이 도주했기 때문에 이집트군의 공격을 받아 많은 전사자를 내었다.

여기까지의 기록은 이집트인과 그들의 사제들이 한 말에 의존한 것이다. 그들에 따르면, 이집트의 초대 왕에서부터 마지막 왕인 헤파이스토스의 사제 왕에 이르기까지 341세대를 헤아리고, 세대마다 왕과 대사제가 각각 한 명씩 있었다고 한다. 인간의 3세대가 100년이므로 300세대는 1만 년이 된다. 남은 41세대는 1,340년이 된다. 총 11,340년 동안 신이 인간의 모습으로 나타난 적은 단 한 차례도 없었다. 그런 일은 이전에도, 이후 이집트 왕들의 치세에도 일어나지 않았다고 한다.

지금까지 나는 이집트인이 말하는 것을 전했으나 앞으로는 다른 종족이 이집트의 역사에 대해 말하는 것을 전할 것이고, 내가 직접 본 것도 덧붙일 것이다. 헤파이스토스의 사제가 왕이 된 것을 끝으로 이집트에서는 일인 왕정이 종식되었다. 이집트인은 국토를 12개 지역으로 나누어 12명의 왕을 세웠다. 이들 12명의 왕은 서로 혼인으로 연결되었고, 서로의 나라를 탐하거나 범하는 일 없이 우호 관계를 유지하기로 협정을 맺고 통치했다. 그들이 이런 협정을 맺고 엄격하게 준수한 이유는 그들이 처음 왕위에 오를 때 신탁이 있었기 때문이다. 신탁에서 그들 중 누구든 헤파이스토스 신전에서 청동 잔으로 헌주하는 자가 이집트 전체의 왕이 될 것이라고 했다. 그래서 그들은 항상 공동으로 헌주했다.

12명의 왕은 협정을 충실히 준수했다. 그러나 얼마 뒤 헤파이스토스 신전에서 제물을 바치고 헌주하려 할 때 대사제가 수를 잘못 세어 헌주하는 황금 잔을 11개만 가져오는 일이 발생했다. 맨 뒤에 서 있던 프삼메티코스 왕은 잔이 없자 쓰고 있던 청동 투구를 내밀었다. 청동 투구에 술을 받아 헌주할 심산이었다. 다른 왕들도 청동 투구를 쓰고 있었고, 잔이 없는 상태에서 프삼메티코스는 아무 뜻 없이 청동 투구를 내밀었다. 하지만 다른 왕들은 청동 잔으로 헌주하는 자가 이집트 전체의 왕이 된다는 신탁을 기억해내 그의 행동을 저지했다. 그들은 상의한 결과 프삼메티코스가 아무 흑심 없이 한 행동이므로 그를 죽이는 것은 옳지 않다고 생각했다. 다만 행동의 책임을 물어 그의 권력 대부분을 박탈하고, 늪지대로 추방하기로 결의했다. 또 이후 그가 늪지대에서 나오거나 이집트의 다른 곳과 소통하는 것을 금지하기로 했다.

프삼메티코스는 11명의 왕의 결정에 억울함을 느끼고, 그들에게 복수하기로 결심했다. 그는 이집트에서 가장 신뢰성이 있는 도시 부토의 레토 신탁소로 사절을 보냈다. 사절이 전해 온 신탁의 내용은 바다에서 청동 인간들이 나타날 때 그의 복수가 이루어진다는 것이었다. 그는 청동 인간에 대한 신탁의 내용을 믿지 않았다. 얼마 후 이오니아인과 카리아인이 바다에서 해적 행위를 하다가 이집트로 표류해 오는 일이 발생했다. 청동 갑옷과 청동 투구로 무장한 그들이 해안에 상륙했을 때, 청동으로 무장한 사람들을 본 적이 없었던 어떤 이집트인이 프삼메티코스를 찾아가 바다에서 청동 인간들이 나타나 들판을 약탈하고 있다고 보고했다. 신탁이 실현되었음을 직감한 프삼메티코스는 이오니아인과 카리아인과 친교를 맺고, 자신의 편이 되어 달라고 설득했다. 이 설득이 성공하자 그는 자신을 따르는 이집트인과 원군의 도움으로 다른 왕들을 물리쳤다. 프삼메티코스는 54년 동안 이집트를 통치했다. 그중 29년은 시리아의 대도시 아조토스를 포위 공격하여 함락하는 데 들인 시간이었다.

프삼메티코스의 뒤를 이은 왕은 그의 아들 네코스였다. 그는 처음으로 홍해로 나가는 운하를 파기 시작했고, 후에 페르시아 왕 다리우스가 이 운하를 완성했다. 네코스가 16년 동안 통치한 뒤 사망하자 이집트의 왕위는 그의 아들 프삼미스에게 넘겨졌다. 그의 통치 기간은 고작 6년이었다. 그는 에티오피아를 공격하다 사망했고, 그의 아들 아프리에스가 뒤를 이었다. 그는 25년 동안 통치했고, 시돈을 공격하여 티로스 왕과 해전을 벌였다. 이윽고 그는 불행한 운명을 맞이했다. 아프리에스가 대군을 보내 키레네를 공격했으나 대패했다. 이때 이집트인은 반란을 일으켰다. 왕이 병사들을 사지로 내몬다는 것을 알면서도 출병시켰다는 이유에서였다. 이에 아프리에스는 신하인 아마시스를 반란군에게 보내 반란을 단념시키도록 했다. 반란군을 찾아간 아마시스가 그들을 설득하려고 할 때 한 이집트인이 그의 뒤로 다가가 투구를 씌워주며 그를 왕으로 추대한다고 말했다. 아마시스도 이 행동을 싫어하지 않는다는 것은 그가 왕으로 추대되자마자 아프리에스를 공격하려고 준비한 것에서 알 수 있다.

아프리에스 왕은 중신의 측근인 파타르베미스에게 아마시스를 생포해 오라고 명령했다. 아마시스에게 간 파타르베미스는 전쟁을 준비하는 그를 보고, 현 사태를 왕에게 되도록 빨리 보고하기 위해 돌아왔다. 파타르베미스가 아마시스를 동반하지 않고 나타나자 왕은 화를 내며 그의 귀와 코를 잘라버리라고 명령했다. 저명한 사람이 저리 비참하게 당하자 아직도 왕에게 충성하고 있던 다른 이집트인은 지체하지 않고 반란군의 편에 가담하여 아마시스와 합류했다.

이 소식을 듣자 아프리에스 왕은 용병들을 무장시켜 반란군 토벌 작전에 투입했다. 용병을 이끄는 아프리에스 왕과 전체 이집트인을 거느린 아마시스는 도시 모멤피스에서 만나 싸움을 벌였다. 용병들은 잘 싸웠으나 수적으로 열세여서 패배했고, 왕은 포로가 되었다. 왕은 이제 아마시스의 것이 된 도시 사이스의 궁전으로 압송되었다. 아마시스는 전임 왕을 왕궁에 머물게 하고 우대해 주었다. 하지만 이집트인이 자신들과 아마시스에게 원수인 자를 돌보아주는 것은 잘못이라고 항의하자 아마시스는 전임 왕 아프리에스를 이집트인에게 넘겨주었다. 이집트인은 그를 교살한 뒤 그의 가족 묘지에 묻어주었다.

아프리에스가 제거된 후 아마시스가 왕이 되었다. 처음에 이집트인은 명문가가 아닌 평민 출신인 그를 얕잡아보고 경의를 표하지 않았다. 하지만 그는 현명한 방법으로 민심을 얻었다. 아마시스가 소장한 수많은 보물 중 발을 씻는 데 사용하는 황금 대야가 하나 있었다. 아마시스도, 그와 함께 식사하는 사람들도 이 대야에 발을 씻곤 했다. 아마시스는 이 대야를 녹여 신상을 만들게 한 다음 도시에서 가장 적합하다고 생각하는 곳에 세워두었다. 그러자 이집트인은 이 신상을 숭상하며 열심히 경배했다. 이 행동을 알게 된 아마시스는 이집트인을 불러 모아 놓고, 이 신상이 그들이 토하고 오줌을 누고 발을 씻었던 대야로 만들었다는 것을 밝혔다. 그러면서 자신도 이전에는 이 대야와 마찬가지로 천대받던 평민에 불과했으나 지금은 왕이 되었으니 신상처럼 존경하고 숭배하라고 명령했다. 이런 방법으로 아마시스는 이집트인이 자신을 주인으로 섬기도록 설득했다. 아마시스 왕 치세 때 이집트는 전례 없이 번영했다.

"전하께서는 아마시스 왕에게 속으셨는지 모르시는군요. 아마시스 왕은 저에게 화려한 옷을 입혀 자신의 딸이라고 했지만, 저는 선왕 아프리에스의 딸입니다. 아마시스가 반란을 일으켜 살해한 바로 그의 주군 아프리에스 말입니다."

니테티스의 말 속에 깃든 아마시스의 악행에 분노한 키루스의 아들 캄비세스는 이집트 원정에 나섰다. 캄비세스가 이집트로 진격했을 때 아마시스 왕은 이미 죽고 없었다. 아마시스 왕의 치세 44년 동안 한 번도 불상사가 없었고, 시신도 미라로 잘 만들어져 자신이 만든 성역 안 묘실에 잘 안치되어 있었다.

페르시아와 이집트 간의 전쟁은 아마시스의 아들 프삼메니토스 왕의 치세까지 이어졌다. 사막을 건너온 페르시아군과 이집트군이 격전을 벌여 양군 모두 수많은 전사자를 냈으나 결국 이집트가 패주했다. 나는 그곳 사람들의 안내를 받아 전투가 벌어졌던 곳을 갔었는데, 기묘한 광경을 보았다. 전사자들의 뼈가 여기저기 흩어져 있었는데, 한쪽에는 페르시아인의 뼈, 다른 쪽에는 이집트인의 뼈가 따로 분리되어 있었다. 그런데 페르시아인의 두개골은 매우 물러서 조약돌 하나를 던져도 구멍이 나는 반면, 이집트인의 두개골은 단단해서 돌멩이를 던져도 부서지지 않았다. 그 지역 사람들이 이유를 말해주었는데, 나도 공감이 갔다. 이집트인은 어릴 때부터 머리를 깎기 때문에 두개골이 햇빛에 노출되어 차츰 단단해진다는 것이었다. 전 세계에서 이집트에 대머리가 가장 드문 것도 이 때문이었다. 페르시아인 두개골이 무른 이유는 이들이 어려서부터 두건을 써 두개골을 햇빛에 노출하지 않았기 때문이다.

프삼메니토스 왕은 캄비세스 앞으로 끌려갔다. 그 뒤 그는 캄비세스의 궁전에서 편안히 여생을 보낼 수 있었다. 만일 그가 반란을 꾸미지 않았다면 이집트를 돌려받아 총독으로 통치할 수도 있었다. 페르시아인은 왕가의 후손을 존중하는 관습을 가지고 있었기 때문이다. 하지만 프삼메니토스는 이집트인이 반란을 일으키도록 부추기다가 발각되었다. 캄비세스 앞으로 끌려온 그는 황소의 피를 마시고 그 자리에서 즉사했다.

캄비세스의 악행

캄비세스는 이집트 점령 후 암몬과 에티오피아 원정을 계획했다. 그는 원정군에서 5만 명을 떼어 암몬인을 정복하라고 명령하고, 자신은 나머지 군대를 이끌고 에티오피아로 갔다. 그러나 원정길의 5분의 1도 못 가서 식량이 바닥났다. 군수품 운반용 동물까지 잡아먹었지만 이마저도 오래가지 못했다. 이때라도 캄비세스가 상황을 파악하고 회군했더라면 처음의 실수를 바꾸어 현명하다는 말을 들었을 것이다. 하지만 그는 상황을 고려하지 않고 계속 진군을 명령했다. 병사들은 땅에 나 있는 것들을 모두 먹으면서 연명했다. 사막으로 들어가자 그들은 끔찍한 행동을 했다. 10명 중 1명을 제비뽑기로 뽑아 잡아먹은 것이다. 캄비세스는 이 소식을 듣자 에티오피아 원정을 포기하고 퇴각했다. 테바이에 도착했을 때는 이미 병사들 대부분을 잃은 뒤였다.

암몬 공격 또한 같은 운명이었다. 페르시아군은 암몬에 간 적도 없고, 돌아오지도 못했다. 암몬인은 그들이 사라진 이유에 대해 다음과 같이 전했다. 페르시아군이 오아시스에서 사막을 지나 암몬으로 가다가 중간쯤에서 점심을 먹고 있었다. 갑자기 강한 남풍이 모래더미와 함께 불어와 병사들을 묻어버렸고, 그렇게 사라져버렸다는 것이다.

이집트인의 말에 따르면, 캄비세스는 얼마 후 미쳤다고 한다. 이전부터 제정신이 아니었다고도 한다. 그가 저지른 첫 번째 악행은 부모가 같은 남동생 스메르디스를 죽인 일이다. 이유는 질투심 때문이었다. 캄비세스는 자다가 꿈을 꾸었다. 꿈에 페르시아에서 전령이 와서 남동생 스메르디스가 왕좌에 앉았는데, 그 머리가 하늘에 닿았다고 보고했다. 캄비세스는 남동생이 자신을 죽이고 왕위에 오르는 것은 아닌지 두려워 자신의 충신을 보내 남동생을 살해하라고 지시했다. 충신이 수사로 가서 스메르디스에게 함께 사냥하러 가자고 해서 죽였다고도 하고, 홍해에 빠트려 죽였다고도 한다.

캄비세스의 두 번째 악행은 그의 아내이자 부모가 같은 여동생을 죽인 일이다. 그녀의 죽음에 대해서는 두 가지 설이 있다. 그리스인의 설에 따르면, 캄비세스가 새끼 사자와 강아지를 싸우게 하고, 왕비와 함께 구경하고 있었다. 강아지가 질 것 같았을 때 형제간인 다른 강아지가 줄을 끊고 싸움에 가담하여 두 마리가 합세하여 새끼 사자를 이겼다. 이것을 보고 왕비가 울자 캄비세스는 우는 이유를 묻었다. 왕비는 말했다.

> "왕이시여! 강아지가 형제 강아지의 도움을 받는 것을 보고 죽은 스메르디스가 생각났습니다. 이제 전하에게는 도와줄 사람이 아무도 남아 있지 않아 슬퍼서 울었습니다."

그리스인에 따르면, 바로 이 대답 때문에 왕비는 캄비세스에게 살해되었다. 이집트인이 전하는 말은 달랐다. 캄비세스와 왕비가 식사하려고 식탁에 앉았을 때 왕비가 양상추 하나를 집어 들고 잎을 뜯어내더니, 잎을 떼어낸 양상추와 잎이 붙어 있는 양상추 중 어느 쪽이 보기 좋으냐고 물었다. 캄비세스는 잎이 있는 양상추가 더 좋다고 말했다. 왕비는 말했다.

> "제가 양상추의 잎을 떼어낸 것처럼 전하께서는 키루스의 집안을 민둥산으로 만들어 놓았습니다."

이 말에 화가 난 캄비세스가 임신한 왕비를 걷어찼고, 왕비는 유산하는 과정에 죽었다고 한다. 이것이 캄비세스가 가장 가까운 혈족에게 저지른 미친 행동이다. 캄비세스는 혈족 외의 다른 페르시아인에게도 악행을 저질렀다. 최상류층 귀족 12명을 이렇다 할 죄목도 없이 붙잡아 머리를 아래로 향하게 하여 생매장한 일도 있었다. 캄비세스는 페르시아인뿐만 아니라 동맹국 백성들에게도 이런 미친 행동을 많이 했다. 멤피스에 있을 때 그는 오래된 무덤을 파헤쳐 시체를 보기도 했다. 또 사제 외에는 출입이 금지된 카베이로이 신전에 들어가 신상을 조롱한 후 불태워버렸다.

이 모든 일을 볼 때 캄비세스는 완전히 실성했음이 분명하다고 나는 생각한다. 그렇지 않고서는 다른 사람들의 신앙이나 관습을 비웃는 일은 하지 않았을 것이다. 어느 나라나 세상의 모든 관습 중 가장 좋은 것을 자신의 관습으로 선택할 것이다. 그래서 모든 나라의 사람들은 자신들의 관습이 가장 훌륭하다고 생각한다. 이를 조롱의 대상으로 삼는 것은 미친 사람이 아니고서는 할 수 없는 행동이다.

캄비세스의 죽음과 다리우스의 즉위

캄비세스가 미친 행동을 하는 동안 마고스 사제 계급에 속하는 두 형제가 반란을 일으켰다. 그중 한 사람은 왕가의 일을 돌보는 집사 역할을 하던 사람이었다. 그는 많은 사람이 키루스의 아들이자 캄비세스의 남동생인 스메르디스가 아직 살아있다고 생각하는 것을 알고 반란을 꾀했다. 마고스 사제인 그의 계획은 자신의 형제 중 한 명이 키루스의 아들인 스메르디스와 꼭 닮은 데다 이름까지 같았는데, 그를 옹립하는 것이었다. 그는 이집트를 포함하여 전역에 전령을 보내 캄비세스가 아니라 키루스의 아들 스메르디스에게 복종하라고 통보했다.

캄비세스는 처음에 남동생 스메르디스를 죽이라는 명령을 충신이 이행하지 않았다고 생각했다. 하지만 충신은 절대 그런 일이 없다고, 스메르디스를 분명히 죽였다고 했다. 왕은 스메르디스에게 복종하라고 통보했던 전령을 불러 물었다.

"네가 키루스의 아들 스메르디스의 전령이라고 하니 묻겠다. 네가 스메르디스를 직접 만나 지시를 받았느냐? 아니면 가신 중 누군가의 명령을 받았느냐?"

전령이 말했다.

"저는 전하께서 이집트 원정을 떠나신 뒤로 이제까지 키루스의 아들 스메르디스를 한 번도 뵌 적이 없습니다. 저에게 명령을 내린 분은 마고스 사제이고, 전달하라고 명령하신 분이 키루스의 아들 스메르디스라고 전해 들었을 뿐입니다."

캄비세스는 반란을 일으킨 사람이 마고스 사제이고, 자신의 동생인 스메르디스라고 사칭했다는 사실을 알았다. 이에 그는 과거의 꿈이 모두 진실임을 자각했다. 그의 꿈에 전령이 와서 스메르디스가 왕좌에 앉았는데, 그의 머리가 하늘에 닿았다고 전한 것이다. 스메르디스가 스스로 왕좌에 앉은 것이 아니라 전령이 그렇다고 전했을 뿐이었다. 그는 자신이 아무 이유 없이 동생을 죽였다고 생각하고 슬픔에 잠겼다.

얼마 후 캄비세스는 수사에 있는 마고스를 치러 말에 올라탔다. 그런데 그가 말 등에 오르려고 할 때 칼집에서 칼이 빠져나와 칼날이 그의 허벅지를 찔렀다. 그는 이것이 치명적인 상처라고 생각했다. 실제로 뼈가 썩기 시작했고, 허벅지가 곪자 키루스의 아들 캄비세스는 재위 7년 5개월 만에 아들이나 딸 하나 없이 세상을 떠났다.

다음 왕은 키루스의 아들 스메르디스라고 사칭한 마고스 형제였다. 이들은 캄비세스가 죽은 뒤 아무 일도 없이 7개월 동안 제위에 있었다. 8개월째 되던 달 다음과 같은 일로 정체가 탄로 났다. 페르시아의 최상류층인 오타네스는 왕이 키루스의 아들 스메르디스라는 데 의문을 품고, 그 정체를 알아낸 최초의 인물이었다. 오타네스에게는 딸이 있었는데, 그 딸은 과거에 캄비세스의 아내였다가 지금은 가짜 스메르디스의 아내가 되었다. 가짜 스메르디스가 죽은 캄비세스의 아내들을 모두 자신의 아내로 삼았기 때문이다. 오타네스는 딸에게 사람을 보내 물었다.

"딸아! 너와 잠자리를 같이하는 자가 키루스의 아들 스메르디스냐? 아니면 다른 사람이냐?"

딸이 답신을 보내왔다.

"저는 이전에 키루스의 아들 스메르디스를 만난 적도 없고, 지금 남편으로 있는 자가 누구인지도 모르겠습니다."

오타네스는 딸에게 다시 사람을 보내어 당부했다.

"딸아! 그가 키루스의 아들 스메르디스가 아니라 내가 의심하는 사람이 맞는다면 너와 동침하고, 페르시아의 왕권을 장악한 대가를 치러야 한다. 반드시 벌을 받도록 해야 한다. 그러니 그가 너와 동침했을 때 잠이 들었다 싶으면 그의 귀를 만져보아라. 만약 그에게 귀가 있으면 너의 남편은 키루스의 아들 스메르디스라고 생각하면 된다. 만약 귀가 없으면 그는 마고스 사제인 스메르디스이다."

마고스 사제인 스메르디스는 키루스 재위 시에 어떤 중대한 죄를 저질러 그 벌로서 귀가 잘렸다. 오타네스의 딸은 마고스인 스메르디스와 동침했을 때 그가 깊게 잠이 든 틈을 타서 그의 귀를 만져보았다. 그에게 귀가 없다는 사실을 안 그녀는 날이 새자마자 아버지에게 사자를 보내 보고했다.

오타네스는 페르시아인 가운데 주요 인사이면서도 절친한 친구인 고브리아스와 아스파티네스에게 사건의 전말을 들려주었다. 세 사람은 각자 페르시아인 중 가장 믿을만한 사람을 한 명씩 끌어들이기로 했다. 오타네스는 인타프레네스를, 고브리아스는 메가비조스를, 아스파티네스는 히다르네스를 끌어들였다. 이렇게 6명이 되었다. 이때 히스타스페스의 아들 다리우스가 수사로 오자 그들은 그도 끌어들이기로 했다. 이렇게 7명이 된 그들은 서로 맹약을 교환하고 협의했다. 그들은 마고스를 습격하기로 했다.

그들이 왕궁의 문에 이르렀을 때 보초들은 7명을 통과시켰다. 보초들은 누구에게도, 어떠한 질문도 하지 않았다. 궁전 안뜰에 이르자 왕의 내시들이 볼일이 무엇인지를 물었다. 페르시아인 7명은 서로 격려의 말을 하며 단검을 빼 내시들을 찔렀다. 궁전 안에 있던 두 명의 마고스는 내시들이 지르는 소리를 듣고, 방어 태세를 취했다. 그들 중 한 명은 재빨리 벽에 걸린 활을 내리고, 다른 한 명은 창을 집어 들었다. 이렇게 양측이 서로 엉켜 싸웠다. 서로가 너무 가까이 있어서 활이 쓸모가 없었다. 창을 들고 있던 마고스가 창을 휘둘러 페르시아인 2명에게 상처를 입혔다. 활이 쓸모없음을 깨달은 다른 마고스는 마침 열려 있던 별실로 도망친 후 문을 닫으려고 했다. 이때 다리우스와 고브리아스가 뒤따라 별실로 들어갔고, 다리우스가 단검으로 마고스를 찔렀다. 나머지 5명이 또 다른 마고스의 목을 베었다.

닷새 후 페르시아인 7명이 사태를 논의하기 위해 모였다. 오타네스는 나라를 페르시아 백성들에게 넘겨야 한다고 주장했다. 그는 말했다.

"우리 중에 한 사람이 단독 지배권을 가지는 일이 더 이상 일어나서는 안 됩니다. 독재 정치가 기뻤던 적도, 좋았던 적도 없었습니다. 우리는 캄비세스의 무례함을 보았고, 마고스의 거만함을 겪지 않았습니까? 지배자가 어떤 처벌도 받지 않고 마음대로 할 수 있는 군주정을 훌륭한 제도라고 할 수 있습니까? 군주는 두 가지 악덕을 가지게 되는데, 하나는 무례함이고, 다른 하나는 시기심입니다. 군주는 모든 좋은 것을 가졌으므로 시기심에서 벗어나 있는 것 같지만 그는 훌륭한 사람들을 시기합니다.

다수가 지배하는 민주정은 우선 만인이 평등합니다. 둘째로 군주정이 하는 나쁜 짓을 하나도 하지 않습니다. 민주정은 추첨으로 관리를 결정하고, 권한에 책임도 주어지며, 모든 일을 공개적으로 논의합니다. 이제 우리가 군주정을 종결짓고, 민중을 드높입시다. 민중은 모든 일을 할 수 있습니다."

오타네스의 견해에 대해 메가비조스는 과두정을 주장했다. 그는 말했다.

"일인 지배체제에 반대하는 오타네스의 견해에는 나도 동의합니다. 그러나 민중에게 권력을 주어야 한다는 그의 판단은 최선의 것이 아닙니다. 쓸모없는 민중만큼 더 어리석고, 더 폭력적인 것은 없습니다. 독재자의 무례함을 피하려다가 무실서한 민중의 교만에 희생되는 일은 결코 용인될 수 없습니다. 페르시아가 나쁘게 되기를 원하는 사람들이 민주정을 찬성할 것입니다. 우리가 최상의 사람들을 선택하여 그들에게 국가를 맡깁시다. 최상의 사람들이 최상의 조언을 할 것입니다."

메가비조스가 그러한 주장을 하고 난 후 다리우스가 세 번째로 일어나 말했다.

"나는 메가비조스가 민주정에 대해서는 옳은 주장을 했다고 생각하나 과두정에 대해서는 그의 견해에 찬성하지 않습니다. 나는 민주정, 과두정, 군주정 중 군주정이 가장 우수하다고 생각합니다. 가장 훌륭한 한 사람이 통치하는 것보다 더 나은 체제는 없을 것입니다. 그는 완전한 지혜로 민중을 다스릴 것이고, 적을 패배시킬 계획과 같은 국가 기밀을 잘 유지할 수 있을 것입니다. 과두정에서는 많은 사람이 국가를 위해 공헌하려고 하다가 그들끼리 심하게 반목할 것입니다. 반목은 파당을 낳고, 파당은 살육을 낳으며, 살육은 군주정으로 돌아가게 만듭니다. 민중이 지배하면 국가에 사악한 일이 만연해집니다. 그러한 사악함을 중지시키는 한 사람이 부상합니다. 그 사람이 민중의 지도자, 즉 군주가 됩니다. 그래서 군주정이 최상의 정치체제입니다."

세 가지 의견이 제시되었는데, 7명 중 4명이 다리우스의 견해를 지지했다. 오타네스는 지배하기도, 지배받기도 싫다고 하여 국왕 후보로 참가하지 않겠다고 했다. 그를 제외한 나머지 6명은 공정하게 왕을 선출하는 방법을 의논했다. 그 결과 말을 타고 성 밖으로 나간 후에 해가 떴을 때 가장 먼저 우는 말의 주인이 왕이 되기로 합의했다.

다리우스에게는 오이바레스라는 명석한 마부가 있었다. 회의가 끝나자 다리우스는 그에게 말했다.

"오이바레스야! 우리가 말을 타고 성 밖으로 나가 해가 떴을 때 가장 먼저 우는 말의 주인이 왕이 되기로 합의했다. 만약 너에게 무언가 좋은 생각이 있으면 다른 사람이 아닌 내가 그 영광스러운 자리를 차지할 수 있게 해 다오."

오이바레스가 대답했다.

"주인님! 주인님께서 왕이 되시느냐 못 되시느냐가 그런 일에 달려 있다면 안심하십시오. 주인님이 아닌 다른 분이 왕이 되는 일은 없을 것입니다. 저에게 좋은 비책이 있습니다."

다리우스는 말했다.

"너에게 좋은 묘책이 있다면 지체하지 말고 당장 실행해라. 왕위를 정하는 행사가 내일 열리니까 말이다."

이 말을 듣고 오이바레스는 다음과 같이 했다. 밤이 되자 그는 다리우스의 수말이 가장 좋아하는 암말을 몰고, 성문 밖으로 나가 말뚝에 매었다. 그리고 다리우스의 수말을 그곳으로 끌고 가 한동안 암말 가까이에서 여러 바퀴 돌린 다음, 암말과 교미하게 했다.

날이 밝자 6명이 약속한 대로 말을 타고 나타났다. 그들이 성문 밖으로 나가 지난밤 오이바레스가 암말을 매어 놓았던 장소에 이르자 다리우스의 수말이 앞으로 달려가며 울었다. 말이 우는 그 순간 하늘에서 번개가 치고, 천둥소리가 들렸다. 마치 하늘이 다리우스가 왕으로 선출되었음을 알려주는 것 같았다. 이에 다른 사람들은 일제히 말에서 내려 다리우스 앞에 엎드렸다. 다리우스는 왕이 된 후 사모스를 공략했고, 반란을 일으킨 바빌론을 재점령했다.

제4권 다리우스 왕의 정복 활동

스키타이의 역사

다리우스는 바빌론을 장악한 후 스키타이 원정에 나섰다. 스키타이인에 따르면, 자신들은 세상에서 가장 젊은 종족으로서 다음과 같은 경위로 생겨났다. 그때까지 사람이 살지 않던 그들 지역에 타르기타오스라는 사람이 맨 먼저 태어났다. 나는 믿지 않지만, 그의 부모는 제우스 신과 강의 신인 보리스테네스의 딸이었다고 한다. 이 타르기타오스에게는 리폭사이스, 아르폭사이스, 콜락사이스라는 세 명의 아들이 있었다. 이들이 통치하던 시기에 모두 황금으로 된 쟁기, 멍에, 검, 잔이 하늘에서 떨어졌다. 맏이가 이 물건들을 보고 집으려고 다가갔으나 그 황금 물건들이 불타기 시작해 맏이는 물러났다. 둘째가 다가가자 황금 물건들은 전과 똑같이 불타기 시작했다. 이렇게 황금 물건들이 불타서 두 형이 물러났을 때 셋째인 막내가 다가가자 불이 꺼졌다. 막내가 그 황금 물건들을 집으로 가지고 돌아왔다. 이를 본 두 형은 왕권을 막내에게 넘겨주는 데 동의했다. 초대 왕 타르기타오스부터 다리우스가 이 나라로 쳐들어올 때까지 모두 합쳐 1,000년쯤 된다고 한다.

스키타이인은 자신과 자신의 북쪽 나라에 관해서 이렇게 말하지만 폰토스해(흑해)에 거주하는 그리스인이 전하는 이야기는 다음과 같다. 헤라클레스가 머리 셋에 몸 셋인 괴물 게리오네스의 소 떼를 몰고, 당시에는 아무도 살지 않았던 이 지역에 왔다고 한다. 현재는 스키타이인이 거주하고 있다. 헤라클레스가 스키타이라고 부르는 이 지역에 왔을 때 때마침 겨울

이어서 엄청나게 추웠다. 그는 사자 가죽을 덮어쓰고 잠을 잤다. 그동안 그의 암말들은 멍에를 지고 수레에 메여 풀을 뜯고 있었다. 그런데 한순간 암말들이 사라져버렸다.

잠에서 깬 헤라클레스가 암말들을 찾아서 온 나라를 헤매다가 마침내 힐라이엔이라는 곳에 이르렀다. 그곳의 한 동굴에서 엉덩이 위쪽은 여자이고, 그 아래는 뱀인 괴물을 발견했다. 헤라클레스는 그녀를 보고 놀랐지만 이내 자기 암말들을 못 보았느냐고 물었다. 그녀는 자신이 그 암말들을 데리고 있는데, 헤라클레스가 자신과 몸을 섞기 전에는 돌려주지 않겠다고 대답했다. 헤라클레스는 암말들을 돌려받아 빨리 떠나고 싶어서 그 조건에 동의했다. 하지만 그녀는 가능한 한 오래 헤라클레스와 함께 있고 싶어서 말들을 돌려주는 일을 자꾸 미뤘다. 마침내 그녀가 말들을 돌려주며 말했다.

"암말들이 내게 왔을 때 나는 당신을 위해 암말들을 안전하게 보관했어요. 당신은 그에 대한 보답을 나에게 해 주었어요. 내가 당신의 아들을 셋이나 가졌으니 말이에요. 이 아이들이 어른이 되었을 때 내가 해야 할 일을 말해주세요. 내가 아이들과 함께 이곳을 다스릴까요? 아니면 아이들을 당신에게 보낼까요?"

헤라클레스는 대답했다.

"당신이 봐서 아이들이 어른이 되었다고 여겨지면 내가 말하는 대로 하시오. 그러면 당신은 옳은 일을 하는 것이오. 아이들 가운데 이 활을 당기고, 이 허리띠를 이렇게 맬 수 있는 아이에게 이 나라를 주시오. 이 일을 하지 못한 아이들은 이 나라에서 추방하시오. 그래야 당신이 행복해지고, 내 뜻을 이행하는 것이 될 것이오."

헤라클레스는 두 개였던 자신의 활 중 하나를 잡아당기는 방법과 황금 잔이 달린 허리띠를 매는 방법을 보여주었다. 그리고 활과 허리띠를 그녀에게 주고 떠났다.

그녀의 아이들이 어른이 되자 그녀는 장남에게 아가티르소스, 차남에게는 겔로노스, 막내에게는 스키테스라는 이름을 지어주었다. 그녀는 헤라클레스가 지시한 것을 기억하고 있다가 실행했다. 장남과 차남은 부과된 임무를 완수하지 못해 나라에서 추방되었고, 막내는 이를 수행해 나라를 다스렸다. 스키타이인의 역대 왕들은 헤라클레스의 아들인 스키테스의 자손들이다. 스키타이인이 오늘날까지도 허리띠에 잔을 매달고 다니는 것도 그 때문이라고 한다.

또 다른 설이 있는데, 나에게는 이 설이 더 그럴듯하다. 유목민 스키타이인은 처음에 아시아에 살고 있었는데, 마사게타이인의 공격에 밀려 아락세스강을 건너 킴메리아 지방으로 들어왔다고 한다. 지금 스키타이인이 사는 지역은 옛날 킴메리아인의 땅이었다고 한다. 킴메리아인은 스키타이인이 밀려오자 회의를 열었다. 의견이 둘로 나뉘어 팽팽하게 맞섰는데, 그중 왕족의 견해가 더 명예로운 것이었다. 백성들의 의견은 이 땅에서 철수하자는 것, 생명을 잃을 위험한 일을 할 필요가 없다는 것이었다. 왕족의 견해는 침입하는 적과 끝까지 싸워 나라를 지키자는 것이었다.

왕족과 백성은 서로 양보하지 않았다. 백성들은 싸우지 않고 나라를 적에게 주고 철수하기를 바랐고, 왕족은 도망가지 않고 백성들과 함께 이 땅에서 죽기로 결의했다. 왕족은 지금까지 고국에서 누린 온갖 풍요로운 생활과 망명했을 때 겪게 될 고난을 고려하지 않을 수 없었다. 그들은 두 편으로 나뉘어 서로를 죽일 때까지 싸웠다고 한다. 백성들은 싸우다 죽은 왕족을 테라스 강변에 묻어주고 나서 고국을 떠났다고 한다. 이후 스키타이인이 와서 아무도 없는 땅을 점령했다고 한다.

스키타이의 풍습

다리우스가 군대를 이끌고 갔던 폰토스해에는 스키타이인을 제외하고 무지한 종족이 많이 살고 있었다. 폰토스 연안에 거주하는 종족 중 스키타이인과 아나카르시스인을 제외하면 태생이 고귀하다고 할 종족이 하나도 없고, 현명하다고 할 종족은 찾아볼 수 없다. 나는 모든 점에서 스키타이인을 자랑스러워하지 않으나 인간사에서 가장 중요한 것을 발견했다는 점에서는 감복한다. 가장 중요한 것이란 자신들을 공격하는 자들은 누구도 자신들에게서 벗어날 수 없게 만들고, 자신들이 붙잡히고 싶지 않으면 누구도 자신들을 붙잡을 수 없는 방법을 고안한 것이다. 도시도, 성벽도 짓지 않았고, 말을 타고 화살을 쏘는 유목민이고, 농경이 아니라 목축으로 살아가고, 마차 위에서 기거하는 그들을 어찌 물리칠 수 있으며, 누가 감히 그들에게 맞서겠는가?

스키타이인의 전쟁 관습은 다음과 같다. 스키타이인은 자신들이 맨 처음 죽인 적의 피를 마신다. 그들은 전투에서 죽인 적병의 머리를 모두 왕에게 바친다. 머리를 가지고 가면 전리품 분배에 참여할 수 있지만 그렇지 않으면 참여 자격이 없다. 스키타이인은 적병의 머리 가죽을 다음과 같이 벗겨낸다. 먼저 양쪽 귀에 둥글게 칼집을 낸 후 머리를 잡고 흔들어 두개골을 빼낸다. 소의 갈비뼈로 두피에서 살점을 떼어내고, 두피를 손으로 문지르면 손수건처럼 부드럽게 된다. 스키타이인은 이것을 자신이 타고 다니는 말의 고삐에 매달고 다니면서 자랑한다. 이런 가죽을 많이 가진 자가 가장 용감한 전사로 여겨지기 때문이다.

스키타이에는 예언가들이 많다. 그들은 버드나무 가지를 이용해 다음과 같은 방법으로 예언한다. 그들은 버드나무 가지들의 커다란 묶음을 가져와 땅에 풀어놓는다. 가지들을 하나씩 풀면서 예언한다. 그들은 예언하는 동안 가지들을 다시 모아 한데 묶고, 다시 풀어놓는다. 이것이 스키타이인의 전통적인 예언법이다.

스키타이인의 왕은 병들면 가장 명망 있는 예언가들을 3명 부른다. 예언가들은 앞에서 말한 대로 예언한다. 그들은 스키타이인 중 한 명을 지목하고, 그가 왕의 화로 앞에서 거짓 맹세를 했다고 말한다. 스키타이인은 가장 중대한 맹세를 할 때 왕의 화로 앞에서 맹세하는 것이 관습이기 때문이다. 예언가들이 거짓 맹세를 했다고 지목한 자가 붙잡혀 끌려온다. 예언가들은 그가 거짓 맹세를 해서 왕이 병들었다고 말하면서 그를 심문한다. 죄를 덮어쓴 자는 자신은 거짓 맹세를 하지 않았다고 하면서 억울함을 호소한다. 그 자가 죄를 부인하면 왕은 전보다 두 배나 더 많은 예언가를 부른다. 이들이 점을 보았을 때 그 자가 거짓 맹세를 했다는 것으로 점괘가 나오면 그 자의 유죄는 입증된 것이다. 그러면 그 자는 당장 목이 베어지고, 그 자의 재산은 처음 예언한 예언가 3명이 서로 나누어 가진다. 그러나 만일 나중에 온 예언가들이 그 자에게 죄가 없다고 하면 왕은 다른 예언가들을 부른다. 예언가들 대다수가 그 자에게 죄가 없다고 하면 처음 예언한 예언가 3명이 처형된다.

왕이 죽고 한 해가 지나면 다음과 같은 의식을 행한다. 왕의 시종들 가운데 왕이 가장 신뢰하던 젊은이 50명과 가장 우수한 말 50필을 교살한다. 그들은 순수한 스키타이인이다. 그들의 내장을 꺼내고, 시신을 깨끗이 씻은 다음 왕겨를 채워 다시 봉합한다. 교살된 젊은이 50명의 시체는 각각 말 등에 앉힌다. 시체는 척추를 따라 목까지 곧은 말뚝으로 박아 놓는다. 이런 말을 탄 시체를 왕의 주변에 빙 둘러 세운 다음 사람들은 떠난다.

다리우스의 스키타이 원정

다리우스는 스키타이인을 공격할 준비를 하면서 사방으로 사절들을 보내 어떤 나라에는 보병들을, 또 어떤 나라에는 함선들을 보내라고 했다.

다른 나라에는 트라키아의 보스포로스 해협에 다리를 놓으라고 명령했다. 다리우스는 모든 준비가 완료되자 군대를 이끌고 수사에서 출발했다.

오이오바조스라는 페르시아인이 아들 셋이 모두 종군하게 되었으니 한 명만이라도 자기 곁에 남아 있게 해 달라고 다리우스에게 간청했다. 그러자 다리우스는 대답했다.

> "당신은 나의 친구요. 친구의 요구가 합당하니 당신의 세 아들을 모두 남겨놓겠소."

오이오바조스는 아들들이 모두 병역에서 면제된 것으로 생각하고 몹시 기뻐했다. 그러나 다리우스는 담당 관리에게 오이오바조스의 세 아들을 모두 죽이라고 명령했다. 그의 아들들은 목이 베인 채 페르시아에 남게 되었다.

다리우스는 수사를 출발하여 보스포로스에 다리가 완성되어 있던 칼케돈 지역으로 들어갔다. 이때 다리를 건넌 총인원은 수군을 제외하고 기병대를 합쳐서 70만 명에 달했고, 집결한 함선의 수는 600척에 이르렀다. 그가 전속력으로 행군하여 스키타이 본토에 도착했을 때 그는 스키타이인 두 부대와 마주쳐 그들을 추격했다. 그들은 언제나 하루 행군한 거리만큼 앞서갔다. 다리우스가 계속 추격해오자 스키타이인은 페르시아와의 동맹을 거부한 여러 나라로 도망쳤다.

페르시아군의 급습에 혼란에 빠진 스키타이 왕은 사절을 통해 다리우스에게 새 한 마리, 쥐 한 마리, 개구리 한 마리, 화살 다섯 개를 선물로 보냈다. 페르시아인은 이 사절에게 선물의 의미를 물었다. 하지만 사절은 자신은 선물을 전하고 빨리 돌아오라는 지시만 받았다고 대답했다. 페르시아인이 지혜롭다면 이 선물의 의미를 알 것이라고 덧붙였다. 이 말을 듣고 페르시아인은 회의했다.

다리우스의 의견은 스키타이인이 항복의 표시로 자신에게 흙과 물을 바친다는 것이었다. 쥐는 땅에서 살면서 사람과 같은 음식을 먹는 동물이고, 개구리는 물속에 살고, 새는 말처럼 빠르게 하늘을 날므로 이는 땅, 물, 하늘을 바친다는 것을 뜻한다. 화살은 스키타이인이 군사력을 양도한다는 뜻이라고 보았다. 그러나 마고스를 타도한 일곱 명 중 한 명이었던 고브리아스의 견해는 달랐다. 그는 선물의 의미를 다음과 같이 추론했다.

"페르시아인아! 그대들이 새가 되어 하늘을 날아오르거나 쥐가 되어 땅속에 숨거나 개구리가 되어 호수로 뛰어들지 않는 한, 그대들은 화살에 맞아 결코 고국으로 돌아가지 못할 것이오."

계속해서 고브리아스는 다리우스 왕에게 건의했다.

"왕이시여! 저는 스키타이인이 얼마나 다루기 어려운지를 잘 알고 있습니다. 제가 여기 와서 보니 그들이 우리를 조롱한다는 것을 더 잘 알겠나이다. 제 생각에는 우리가 늘 하던 것처럼 밤이 되면 불을 피우고, 병사 중 가장 약한 자들만 남겨두고, 당나귀를 매어 놓은 채 스키타이인이 이스트로스강으로 가서 다리를 끊어 놓기 전에 철수하는 것이 좋겠습니다."

다리우스는 고브리아스가 건의한 대로 했다. 밤이 되자 다리우스는 병사들 가운데 병든 자들과 잃어도 아깝지 않은 자들을 주둔지에 남겨두고, 당나귀도 모두 매어두도록 했다. 당나귀들을 남긴 이유는 당나귀들이 울도록 하려는 것이고, 약졸들을 남겨둔 것은 그들이 허약하기 때문이었다. 겉으로는 다리우스가 정예부대를 이끌고 스키타이군을 공격하는 동안 주둔지를 지켜야 한다는 명분을 내세웠다. 그리고 다리우스는 이스트로스강으로 전속력으로 달렸다. 당나귀들은 자신들이 버려진 것을 알았을 때 더 요란하게 울어댔다. 이 울음소리를 들은 스키타이군은 페르시아군이 그 자리에 그대로 있다고 생각했다.

날이 밝아 사태를 파악한 스키타이군은 페르시아군을 쫓아 이스트로스강으로 향했다. 페르시아군은 대부분 보병인 데다 길을 몰랐다. 반면 스키타이군은 기병들이고, 지름길도 알고 있어서 페르시아군보다 먼저 다리에 도착했다. 그들은 페르시아군이 아직 도착하지 않은 것을 알고, 배에 타고 있던 이오니아인 부대에게 다음과 같이 말했다.

> "이오니아인이여! 정해진 기간이 지났는데도 여기에 머무르는 것은 잘못이오. 이제 이 다리를 서둘러 파괴하고, 고향으로 돌아가서 신과 스키타이인에게 감사하면서 자유롭고 행복한 삶을 사시오."

이오니아인은 이 제안에 대해 회의했다. 아테네인인 밀티아데스(기원전 550?-489)는 스키타이인이 제안한 대로 하여 이오니아를 페르시아의 지배에서 해방시켜야 한다고 주장했다. 그러나 밀레토스 출신의 히스티아이오스는 이에 반대했다. 그는 자신들이 나라를 통치하게 된 것은 다리우스 덕택인데, 다리우스의 세력이 무너지면 자신도 밀레토스를 지배할 수 없고, 누구도 이오니아의 국가들을 지배할 수 없을 것이라고 주장했다. 그러자 조금 전만 해도 밀티아데스의 의견에 동조했던 사람들이 모두 히스티아이오스의 견해에 찬성했다.

히스티아이오스의 견해를 따라 이오니아인은 스키타이 측의 다리를 화살의 사정거리만큼만 파괴하기로 했다. 이는 그들이 실제로는 아무것도 하지 않았지만 무언가를 하는 것처럼 보이기 위해서이고, 스키타이인이 이스트로스강을 건너지 못하도록 하기 위해서이다. 그러면서 스키타이 측에 다음과 같이 답신했다.

"스키타이인이여! 그대들이 우리에게 유익한 조언을 해 주었으니 우리는 그대들의 뜻에 따를 것이오. 보다시피 우리는 지금 다리를 파괴하는 중이고, 자유의 몸이 되고 싶어 열심히 일할 것이오."

스키타이인은 이오니아인의 말을 믿고 페르시아군을 찾기 위해 되돌아섰다. 하지만 페르시아군을 찾지 못했다. 적들은 이미 퇴각한 후였다. 이유는 말들이 먹을 풀을 모두 베어버리고, 우물을 메워버린 스키타이인 자신들의 행동 때문이었다. 그들은 말이 먹을 풀과 물이 있는 지역만을 골라 적군을 수색했다. 적군이 풀과 물 때문에 그 지역을 지나 퇴각하리라 생각한 것이다. 하지만 페르시아군은 왔던 길 그대로 퇴각했고, 가까스로 다리가 있는 곳에 도착했다. 그들은 다리가 허물어져 있는 것을 보자, 이오니아인이 자신들을 버리고 도망갔을까 봐 상당히 걱정했다.

다리우스 측근 중 세상에서 목소리가 가장 큰 이집트인이 있었다. 다리우스가 그 사내에게 이스트로스 강변에 서서 큰 소리로 "밀레토스의 히스티아이오스"라는 이름을 부르게 했다. 그가 그렇게 하자 히스티아이오스가 대번에 소리를 듣고, 모든 함선을 투입하여 다리를 다시 건설했다. 페르시아군은 이렇게 해서 도주했고, 스키타이군은 페르시아군을 찾는 데 실패했다.

다리우스는 트라키아를 지나 케르소네소스의 세스토스에 도착했다. 그곳에서 배를 타고 아시아로 건너갔다. 유럽에는 페르시아인 메가바조스를 총사령관으로 남겨두었다. 다리우스는 페르시아인이 모인 자리에서 메가바조스에게 경의를 표한 적이 있었다. 한 번은 다리우스가 석류를 먹으려고 첫 번째 석류 껍질을 깠을 때 그의 동생이 석류 속 씨앗들처럼 많이 갖고 싶은 것이 무엇이냐고 물었다. 그러자 다리우스는 정복한 그리스 국가의 수가 아니라 메가바조스가 석류 씨앗의 수만큼 많았으면 좋겠다고 대답했다. 다리우스는 메가바조스에게 그렇게 경의를 표하더니 이번에는 그를 8만 대군의 총지휘관으로서 유럽에 남긴 것이다. 메가바조스는 헬레스폰토스 연안에서 아직 페르시아에 협력하지 않은 국가들을 정복하기 시작했다.

페르시아군의 원정과 밀레토스 반란

제 5 권

제5권 페르시아군의 원정과 밀레토스 반란

마케도니아에 대한 페르시아의 복종 요구

다리우스가 유럽에 남겨둔 메가바조스 휘하의 페르시아군은 헬레스폰토스 연안의 국가 중 페린토스를 맨 먼저 정복했다. 페린토스인 생존자는 헤아릴 수 있을 정도밖에 남지 않았다. 그들은 자유를 위해 용감하게 싸웠으나 수적인 열세로 인해 페르시아인과 메가바조스에게 제압당했다. 메가바조스는 페린토스를 정복한 뒤 트라키아를 통과하면서 부근의 모든 국가와 모든 종족을 페르시아 왕에게 복속시켰다. 그는 트라키아를 정복하라는 다리우스의 지시를 이행했다.

메가바조스는 가장 명망 있는 페르시아인 7인을 마케도니아에 사절단으로 보냈다. 이들을 마케도니아의 아민타스 왕에게 보낸 것은 다리우스 왕에 대한 항복의 표시로 흙과 물을 요구하기 위해서였다. 페르시아 사절단은 궁전에 도착하여 아민타스 왕을 배알할 때 다리우스 왕을 위하여 흙과 물을 요구했다. 아민타스 왕은 그들이 요구한 것을 내주고는 연회를 열어 페르시아 사절단을 환대했다. 식사가 끝나고 주연이 시작되었을 때 페르시아인은 다음과 같이 말했다.

"마케도니아인이여! 우리 페르시아에서는 이런 성대한 연회에 왕의 처첩을 불러 합석하는 것이 관습이옵니다. 전하께서는 우리를 환대해 주었고, 다리우스 왕에게 흙과 물도 바쳤으니 우리의 관습을 따르시기를 요청합니다."

아민타스 왕이 대답했다.

"페르시아 사절단 여러분! 우리 나라에는 그런 관습이 없고, 남자와 여자는 합석하지 않습니다. 하지만 그대들이 우리의 주인이니 그대들이 바라는 대로 해드리겠습니다."

아민타스 왕은 왕실 여자들을 불러오게 했다. 부름을 받고 온 여자들은 페르시아 사절단 맞은편에 일렬로 앉았다. 페르시아인은 아름다운 여자들을 보자 아민타스 왕에게 다음과 같이 말했다.

"이것은 옳지 않은 처사입니다. 여자들이 옆에 앉지 않고 마주 앉는 것은 우리의 눈에 고통을 주는 것이니 차라리 오지 않는 것이 더 나을 뻔했습니다."

아민타스 왕은 하는 수 없이 여자들에게 페르시아인 곁에 가서 앉으라고 지시했다. 여자들은 왕의 명령에 복종하여 페르시아인 곁으로 가서 앉았다. 그러자 거나하게 취한 페르시아인이 여자들의 가슴을 만지기 시작했고, 키스하려는 자들도 있었다. 아민타스 왕은 이를 보자 화가 났지만, 페르시아인이 두려워 참을 수밖에 없었다. 그러나 아민타스 왕의 아들 알렉산드로스는 아직 젊어서 참을 수가 없었다. 그는 화가 나서 아민타스 왕에게 말했다.

"아버지! 아버지께서는 연로하시니 여기는 제게 맡기시고 들어가서 쉬십시오. 제가 남아서 손님들에게 필요한 접대를 하겠습니다."

아민타스 왕은 알렉산드로스가 거친 행동을 할 것이라 알아차리고 말했다.

"아들아! 네가 나를 보내고 무언가 거친 행동을 하려는 것 같구나. 제발 저들에게 대항하지 마라. 저들이 하는 짓을 보더라도 참아라. 다만 네 말을 따라 내가 먼저 자리를 뜨겠다."

아민타스 왕이 이렇게 당부하고 연회장을 나가자 알렉산드로스는 페르시아인에게 말했다.

"페르시아인이여! 여기 있는 여자들을 마음대로 하십시오. 그녀들과 잠자리를 같이 하셔도 됩니다. 이제 시간도 얼마 남지 않았고, 여러분도 상당히 취하신 것 같으니 만일 허락하신다면 이 여자들을 내보내 목욕을 하게 하시지요. 그런 다음 이 여자들에게 여러분을 다시 모시도록 하겠습니다."

페르시아인이 동의하자 알렉산드로스는 여자들을 연회장에서 물러나게 했다. 그다음 그는 아직 수염이 나지 않은 젊은이들을 여자 수만큼 골라 여자 옷을 입히고 단검을 건네주었다. 알렉산드로스는 이들을 데리고 연회장으로 다시 가서 페르시아인에게 말했다.

"페르시아인이여! 여러분은 성심을 다하는 융숭한 대접을 받았습니다. 우리는 우리가 가지고 있는 모든 것을 제공했습니다. 가장 가치 있는 선물인 우리의 어머니와 자매까지도 제공했습니다. 다리우스 대왕께 여러분이 식사뿐만 아니라 잠자리 시중까지도 대접받았다고 아뢰어 주시기 바랍니다."

이렇게 말을 마친 알렉산드로스는 여장한 마케도니아 젊은이들을 페르시아인 곁에 앉게 했다. 젊은이들은 페르시아인이 더듬으려고 할 때 그들을 찔러 죽였다. 페르시아인은 이렇게 죽었다. 사절단이 갖고 왔던 수레와 시종, 막대한 양의 물건들도 그들과 함께 사라졌다. 얼마 후 페르시아인이 사절단을 찾아 나섰다. 알렉산드로스는 사절단을 찾는 부대의 대장인 페르시아인 부바레스에게 막대한 양의 선물과 누이동생을 뇌물로 주어 매수했다. 이 뇌물로 인해 페르시아 사절단의 죽음의 진실은 영원히 묻히게 되었다.

밀레토스 반란

밀레토스의 히스티아이오스는 이스트로스강에서 다리를 놓아 다리우스와 페르시아군을 후퇴시켜 준 공로로 트라키아 스트리몬 강변에 있는 미르키노스에 새로운 도시를 건설하는 것을 허락받았다. 메가바조스는 이를 보고, 사르디스에 도착하자마자 다리우스에게 말했다.

"왕이시여! 어찌하여 히스티아이오스처럼 어떤 말로도 설득이 안 되는 교활하고 영리한 그리스인에게 트라키아 지역에 도시를 건설하도록 허락하셨습니까? 트라키아는 함선을 건조하고 노를 만드는 데 필요한 목재가 풍부하고, 은광도 있습니다. 부근에는 그를 지도자로 삼고 그의 명령대로 할 그리스인이 모여 살고 있습니다. 그러니 전하께서 히스티아이오스를 조용히 불러 그가 하는 일을 중지시키십시오. 일단 그를 수중에 넣으시면 그 자가 다시 그리스로 돌아가지 못하도록 하십시오."

다리우스는 메가바조스의 건의가 미래를 내다본 것으로서 타당하다고 여기고, 사자를 보내 다음과 같이 전했다.

> "히스티아이오스여! 나 다리우스 왕의 전언은 다음과 같소. 내가 생각해보니 나와 국사에 대해 그대만큼 성심을 다해 충성하는 자가 없소. 지금 내가 생각하고 있는 원대한 계획을 그대와 상의하고 싶으니 이리로 와 주시오."

히스티아이오스는 이 전언을 듣고, 왕의 조언자가 되는 것을 자랑으로 여기면서 사르디스로 갔다. 그가 도착하자 다리우스는 말했다.

> "히스티아이오스여! 내가 그대를 보자고 한 이유를 말하겠소. 내가 스키타이에서 돌아와 그대를 못 보게 된 후 나는 그대를 만나 대화하기를 갈망했소. 그대가 현명하고 충성스러운 친구라는 것을 나는 알고 있소. 내가 그대에게 제안하오. 밀레토스와 그대가 트라키아에 건설하는 새로운 도시 따위는 잊고, 나와 함께 수사로 갑시다. 그곳에서 나의 식탁에 배석도 하고, 나의 조언자도 되어 주시오."

다리우스는 이복동생인 아르타프레네스를 사르디스 총독으로 임명한 다음, 히스티아이오스와 함께 수사로 출발했다.

그 무렵 낙소스의 부유한 자들이 평민들에게 추방되어 밀레토스로 망명해 왔다. 당시 밀레토스는 몰파고라스의 아들이자 히스티아이오스의 사촌인 아리스타고라스(기원전 ?-496?)가 임시로 통치하고 있었다. 밀레토스의 참주는 히스티아이오스였지만 그의 손님이자 옛 친구인 낙소스인이 밀레토스에 왔을 때 그는 수사에 있었다. 밀레토스로 망명해 온 낙소스인은 아리스타고라스에게 자신들이 고국으로 돌아갈 수 있도록 군대를 지원해

달라고 요청했다. 아리스타고라스는 자신이 도와서 이들을 귀국시킨다면 이들을 통해 낙소스의 지배권을 장악할 수 있다고 생각하여 다음과 같이 말했다.

"나는 여러분의 귀국을 도울만한 군대를 보유하고 있지 않소. 낙소스에는 중무장 보병이 8,000명이나 있고, 함대도 많이 배치되어 있소. 하지만 나는 여러분의 요구를 실현할 수 있는 일이라면 뭐든지 하겠소. 나에게 계획이 있소. 아시아 일대의 총독인 아르타프레네스가 다리우스 왕의 이복동생이자 나의 친구요. 그에게는 많은 병력과 함선이 있소. 그는 우리가 원하는 것은 무엇이든 들어줄 것이오."

낙소스인은 이 말을 듣고 아리스타고라스에게 일을 일임하고, 아르타프레네스가 요구하는 선물과 군대 유지비를 자신들이 지출하겠다고 했다. 아리스타고라스는 사르디스에 도착하자 아르타프레네스에게 낙소스는 큰 섬은 아니지만 아름답고 비옥하며, 이오니아에 가깝고, 재물도, 노예도 많아 풍요롭다고 했다. 그는 덧붙여 말했다.

"낙소스에 병력을 보내 망명자들을 귀국시키십시오. 그대가 그렇게 한다면 내가 필요한 경비와 군대 유지비용을 내겠습니다. 그대는 낙소스뿐만 아니라 그에 종속된 파로스, 안드로스 같은 섬들도 대왕의 새로운 지배지역으로 획득할 수 있습니다. 이 섬들을 기지로 하면 에우보이아섬까지 쉽게 공략할 수 있습니다. 이 섬들을 정복하는 데 100척의 함선이면 충분합니다."

아르타프레네스가 대답했다.

"그대는 페르시아 왕가에 유익한 제안을 했소. 다만 함선의 수만 불충분하오. 내년 봄에 100척이 아니라 200척의 함선을 준비하겠소. 다만 이 계획은 우선 다리우스 왕의 재가를 받아야 하오."

아리스타고라스는 이 대답을 듣고 몹시 만족해하면서 밀레토스로 돌아갔다. 아르타프레네스는 수사에 사자를 보내 아리스타고라스의 제안을 보고했다. 그는 다리우스 왕의 재가를 받자마자 200척의 삼단노선을 준비하고, 페르시아군과 동맹군으로 대군을 구성했다. 메가바테스라는 페르시아인을 총지휘관으로 임명한 후 원정군을 아리스타고라스에게 파견했다. 원정군은 밀레토스에서 아리스타고라스, 이오니아 파견부대, 낙소스의 망명자들과 합류한 후 헬레스폰토스를 목적지로 삼아 출항했다. 키오스섬에 도착하여 북풍이 불면 낙소스로 갈 참이었다.

그동안 낙소스 측은 만반의 준비를 하고 있었다. 그들은 성 밖에 있던 물자를 성벽 안으로 옮기고, 포위전에 대비하여 식량과 물을 비축하고 성벽을 보수했다. 이로 인해 포위전은 4개월 동안 계속되었다. 페르시아군이 준비한 군자금이 바닥나고, 아리스타고라스도 거액의 돈을 썼다. 포위전을 지속하기 위해서 더 많은 자금이 필요하게 되자 원정군은 낙소스 망명자들을 위한 성채 하나를 지어주고는 철수해버렸다. 원정은 실패했다.

아리스타고라스는 아르타프레네스와의 약속을 이행할 수 없게 되고, 전쟁 비용까지 독촉받자 궁지에 몰렸다. 그는 원정 실패로 인해 밀레토스의 통치권까지 잃지 않을까 두려웠다. 이에 그는 반란을 계획했다. 때마침 수사의 히스티아이오스가 보낸 한 사내가 와서 다리우스 왕에게 반기를 들라고 전언했다. 히스티아이오스가 반란을 꾀한 이유는 수사에 억류된 것이 견딜 수 없었기 때문이다. 밀레토스에 반란이 일어나면 자신이 진압을 위해 밀레토스 연안에 파견될 가능성이 있으나 반란이 일어나지 않으면 밀레토스로 되돌아갈 가망이 없다고 생각한 것이다. 똑같은 생각을 하고 있던 아리스타고라스는 이오니아의 여러 도시에 각각의 장군들을 임명했다. 자신은 삼단노선을 타고 사절로서 스파르타로 향했다. 반란에 성공하기 위해서는 강력한 동맹군이 필요했기 때문이다.

스파르타의 왕위

당시 스파르타에서는 아낙산드리다스(기원전 560-520 재위)의 아들인 클레오메네스(기원전 519?-490? 재위)가 왕좌에 있었다. 클레오메네스가 왕권을 계승한 것은 자질이 아니라 가문 덕택이었다. 아낙산드리다스는 누이동생의 딸을 아내로 삼았으나 슬하에 자식이 없었다. 실권자인 감독관들이 왕에게 현재의 왕비가 자식을 낳지 못하니 헤어지고 다른 여성과 재혼하라고 요청했다. 아낙산드리다스는 아무 잘못도 없는 현재의 아내를 버리고 다른 여성과 재혼하라는 요청을 받아들일 수 없다고 했다. 감독관과 원로들은 상의하여 다음과 같이 제안했다.

> "전하께서 왕비와 헤어지기 싫어하시는 것을 우리도 잘 알고 있습니다. 그러나 우리의 대안은 거부하지 말아 주시기 바랍니다. 거부하신다면 스파르타인이 전하에 대항하는 어떤 행동을 할지도 모른다는 것을 명심하시기 바랍니다. 우리의 대안이란 전하께서 현재의 왕비와 헤어지지 않고 왕비의 신분을 그대로 유지하게 하면서 아이를 낳을 새 왕비를 맞이하시라는 것입니다."

아낙산드리다스는 이 제안에 동의했다. 그는 두 아내와 두 가정을 거느리게 되었다. 이것이 스파르타의 관습에 어긋나는 것은 아니었다. 얼마 후 둘째 왕비가 클레오메네스를 낳았다. 그녀가 스파르타인에게 왕위를 이을 계승자를 낳자마자 운명의 장난인지 그때까지 아들이 없었던 첫째 왕비가 임신했다. 새 왕비의 친인척들은 첫째 왕비의 임신 소식을 듣자 험담하기 시작했다. 첫째 왕비가 거짓으로 임신한 척하고, 나중에 아이를 입양하려고 한다는 것이었다. 이에 첫째 왕비가 출산할 때 감독관들이 지켜보았다. 그녀는 도리에우스(기원전 ?-510?)를 낳았고, 이어서 레오니다스(기원전 489-480 재위)와 클레옴브로토스(기원전 480-479 재위)를 낳았다. 레오니다스와 클레옴브로토스가 쌍둥이라고 하는 사람들도 있다. 클레오메네스를 낳은 둘째 왕비는 더 이상 자식을 낳지 못했다.

클레오메네스는 정신이상자이고, 진짜로 미쳤다고들 한다. 또래 중 두각을 나타내던 도리에우스는 자신이 왕이 될 것이라고 확신하고 있었다. 그래서 아낙산드리다스가 죽고 스파르타의 관습에 따라 장자인 클레오메네스가 왕이 되자 도리에우스는 화가 났다. 그는 클레오메네스의 치하에서 살 수 없었기 때문에 스파르타인을 모아 식민시를 개척하러 나가도록 해 달라고 요청했다. 이에 그는 식민시 개척단을 이끌고 이탈리아로 향했다. 그들은 시켈리아에서 페니키아인과 에게스타인과의 싸움에서 패하여 전멸했다. 도리에우스도 최후를 맞이했다. 만일 그가 클레오메네스의 지배를 참고 스파르타에 머물러 있었다면 그는 스파르타의 왕이 되었을 것이다. 이유는 클레오메네스가 그리 오래 통치하지 못하고 죽었고, 아들도 없이 고르고라는 딸만 남겨두었기 때문이다.

스파르타에 지원 요청한 아리스타고라스

밀레토스의 참주인 아리스타고라스가 클레오메네스 치세 때 스파르타에 도착했다. 아리스타고라스는 곧 클레오메네스 왕과 회담했다. 그는 말했다.

"왕이시여! 제가 여기까지 이렇게 서둘러 온 것에 대해 놀라지 마십시오. 이오니아인의 아들들이 자유민이 아니라 노예가 될 것인데, 이것은 우리뿐만 아니라 다른 그리스인, 특히 그리스의 지도자인 스파르타에도 치욕이고 고통입니다. 그러므로 그대에게 간청하기를, 그리스 신들의 이름으로 이오니아 동포를 노예 상태에서 벗어나게 해 주십시오. 이 일이 그대에게는 쉬운 일입니다. 이유는 이방인 페르시아인이 무력에 뛰어나지 못한 데 반해, 그대의 전사들은 아주 뛰어나기 때문입니다. 전투 방식에 관한 한 그들은 활과 단창으로 싸우고, 바지를 입고 머리에 터번을 쓰고 전투를 하므로 이기기 쉽습니다. 게다가 아시아 대륙의 주민들은 다른 종족보다 부유하여 금, 은, 구리, 유채색 직물, 운반용 동물, 노예들을 많이 갖고 있습니다. 그대는 이 모든 것을 원하는 만큼 가질 수 있습니다.

페르시아인은 여러 국가와 서로 인접해 살고 있습니다. 이오니아인이 있고, 그 옆에 리디아인이 살고 있습니다. 리디아인은 옥토에 살고 있고, 은도 많이 가지고 있습니다. 그 동쪽으로 프리기아인이 사는데, 다른 어느 나라보다 가축과 곡물이 많습니다. 스파르타가 이 도시들을 점령한다면 그 부는 제우스와도 견줄 수 있을 것입니다."

아리스타고라스의 말에 클레오메네스는 대답했다.

"밀레토스에서 온 손님이여! 내가 이틀 생각하고, 삼 일째 되는 날 대답하겠소."

회답하기로 약속한 날 두 사람이 정해진 장소에서 만났다. 클레오메네스는 아리스타고라스에게 이오니아 해안에서 다리우스 대왕이 있는 곳까지 며칠이 걸리느냐고 물었다. 이때까지 교묘하게 스파르타 왕을 잘 구슬

렸던 아리스타고라스가 그만 실수하고 말았다. 만일 그가 스파르타인을 아시아로 끌어들이기를 원한다면 진실을 말하지 않아야 하는데, 그는 3개월 걸리는 여정이라고 사실대로 말해버린 것이다. 아리스타고라스가 향후 여정을 설명하려고 하자 클레오메네스가 말을 가로막았다.

> "밀레토스에서 온 손님이여! 해가 지기 전까지 스파르타를 떠나시오. 그대는 스파르타인을 해안에서 3개월이나 걸리는 곳까지 끌고 들어가기를 원하겠지만, 우리는 그대의 제안을 받아들일 생각이 없소."

클레오메네스는 이렇게 말한 후 궁전으로 돌아갔다. 그러나 아리스타고라스는 탄원자의 표식인 올리브 나뭇가지를 들고 클레오메네스를 따라갔다. 그는 클레오메네스가 자신의 말을 경청하도록 애원하는 데 탄원자의 권리를 활용했다. 먼저 그는 클레오메네스의 곁에 있는 그의 딸인 고르고를 방에서 내보내도록 요청했다. 그녀는 아직 어린아이로서 여덟 살인가, 아홉 살 정도 되었다. 클레오메네스가 아이가 방해하지 않을 테니 원하는 것을 말해보라고 했다. 그러자 아리스타고라스는 클레오메네스에게 자신의 요청을 들어주면 10탈란톤을 주겠다고 약속했다. 클레오메네스가 거절하자 아리스타고라스는 그에게 점점 더 많은 돈을 제안했다. 아리스타고라스가 마침내 50탈란톤까지 약속하자 고르고가 크게 말했다.

"아버지! 이 이방인이 아버지를 매수하려고 하니 얼른 여기를 떠나시지요."

클레오메네스는 딸의 조언에 기뻐하면서 다른 방으로 가버렸다. 그렇게 아리스타고라스는 다리우스 대왕의 궁전에 이르는 내륙 원정에 대해 더 이상 말하지 못하고 스파르타를 떠났다. 사르디스에서 수도 수사에 이르는 '왕도'는 하루 150스타디온(30km)씩 가면 90일 정도 걸리는 거리였다. 아리스타고라스가 내륙으로 3개월이라고 한 것은 맞는 말이었다.

아테네의 참주 히피아스의 추방 경위

아리스타고라스가 스파르타에서 추방되어 아테네로 갈 무렵 아테네인이 참주의 지배에서 벗어나게 된 경위는 다음과 같다. 페이시스트라토스의 아들이자 참주인 히피아스의 동생인 히파르코스는 페니키아 이주민인 게피라이오이 가문의 아리스토게이톤과 하르모디오스의 손에 살해되었다. 히피아스는 동생이 살해되자 몹시 격분하여 아테네인에게 더욱 폭정을 가했다. 이때 페이시스트라토스의 아들들 때문에 추방되었던 알크메오니다이 가문의 사람들이 망명한 다른 아테네인과 함께 고국으로 돌아와 아테네를 해방하려고 시도하다 실패했다. 그 뒤 알크메오니다이 가문은 페이시스트라토스 가문을 치기 위해 가능한 모든 방법을 동원하고자 했다.

아테네인의 말에 따르면, 알크메오니다이 가문은 델포이에 머무르는 동안 무녀 피티아를 매수하여 스파르타인이 개인적인 일이든 공적인 일이든 신탁을 들으러 오면 무조건 아테네인을 해방시키는 것이 그들의 의무라고 말하도록 했다. 스파르타인이 항상 같은 내용의 신탁을 듣자 그들은 페이시스트라토스 가문을 몰아내기 위해 군대를 파견했다. 페이시스트라토스 가문과 스파르타는 절친한 사이였지만, 신의 뜻이 인간의 뜻보다 우위에 있다고 생각한 것이다.

아낙산드리다스의 아들 클레오메네스 왕을 지휘관으로 한 원정대는 해로가 아닌 육로로 아테네에 침입했다. 아테네 땅에 들어섰을 때 스파르타군은 테살리아 기병대와 처음 교전했다. 잠시의 교전 후 스파르타군은 테살리아 기병 40명을 죽이고, 나머지를 패주시켰다. 클레오메네스와 자유를 원하는 아테네인은 아테네 도성 내로 들어가 아크로폴리스의 펠라스고이 성벽 안에 있던 참주 히피아스 일파를 공격했다.

스파르타인이 페이시스트라토스 가문을 축출하지 못할 수도 있었다. 첫째는 그들이 성을 공격할 의사가 없었고, 둘째는 페이시스트라토스 가문이 식량과 물을 충분히 비축해 두었기 때문이다. 그러나 한쪽에는 불행이지만 다른 쪽에는 행운인 사건이 일어났다. 성 바깥의 페이시스트라토스 가문의 아이들이 비밀리에 국외로 탈출하려다 붙잡힌 것이다. 페이시스트라토스 가문은 아이들을 돌려받는 조건으로 5일 안에 아테네를 떠나라는 아테네인의 제안을 받아들였다. 이렇게 아테네는 참주의 압제에서 해방되었다.

클레이스테네스와 이사고라스의 경쟁

아테네는 전에도 강국이었는데, 이제 참주를 제거하자 더 강국이 되어 갔다. 이 무렵 두 명의 인물이 권력을 장악하고 있었는데, 한 사람은 알크메오니다이 가문의 클레이스테네스로서 전에 피티아를 매수했던 사람이다. 또 한 사람은 테이산드로스의 아들인 이사고라스로서 명문가 출신이지만 그 조상에 대해서는 내가 아는 바가 없다. 두 사람의 권력 투쟁에서 클레이스테네스는 열세에 처하자 평민들을 자신의 편으로 삼았다. 그는 아테네인을 기존의 4개 부족에서 10개의 부족으로 재편했다. 4명이었던 부족장은 이제 10명으로 늘어났고, 174개 구역을 10개의 부족에게 배분했다. 이렇게 늘어난 평민들을 자신의 편으로 만들자 클레이스테네스의 세력은 정적들보다 훨씬 우세해졌다.

열세에 몰린 이사고라스는 대항 수단으로서 스파르타의 클레오메네스 왕에게 도움을 요청했다. 클레오메네스는 페이시스트라토스 가문을 공격할 때부터 이사고라스의 친구였다. 클레오메네스가 이사고라스의 아내와

불륜 관계에 있다는 소문이 돌기도 했다. 클레오메네스는 먼저 아테네에 사절을 보내 클레이스테네스와 그의 일파를 추방하라고 요구했다. 이는 이사고라스의 지시에 따른 것이었다. 추방 요구를 듣자 클레이스테네스는 비밀리에 혼자 아테네를 떠났다.

그러나 얼마 후 클레오메네스는 많지 않은 병력을 이끌고 아테네로 나타나서 이사고라스가 지목한 아테네 가문 700개를 추방했다. 클레오메네스는 평의회를 해산하고, 그 임무를 이사고라스의 지지자 300명에게 맡기려고 했다. 평의회가 이를 거부하자 클레오메네스와 이사고라스, 그의 파당들은 아크로폴리스를 점령했다. 나머지 아테네인은 단결하여 이틀 동안 그들을 포위했다. 삼 일째 되는 날 평화협정이 체결되었고, 이에 따라 스파르타인 대부분은 아테네를 떠났다.

아테네, 밀레토스에 원군 파견

망명한 아테네인 히피아스가 스파르타를 거쳐 아시아로 갔다. 그는 아테네를 자신과 다리우스의 지배하에 두려고 할 수 있는 모든 것을 했다. 아테네인이 이 사실을 알게 되자 사르디스에 사절단을 파견하여 페르시아인은 추방된 아테네인의 말을 믿지 말라고 경고했다. 그러나 사르디스의 총독이자 다리우스의 이복동생인 아르타프레네스는 아테네가 안전하기를 원한다면 히피아스를 다시 받아들이라고 명령했다. 아테네인은 그의 명령을 거부했고, 이에 페르시아와 공공연하게 적대 관계에 놓이게 되었다.

아테네가 페르시아와 적대 관계에 있던 이 시기에 스파르타의 클레오메네스에게 쫓겨났던 밀레토스의 아리스타고라스가 아테네로 왔다. 아테네가 스파르타를 제외하고 가장 강력한 국가였기 때문이다. 민회에 출석한 아리스타고라스는 스파르타에서 했던 것처럼 아시아가 부유하고, 페르시아인이 전쟁에서 방패와 창을 사용하지 않아 쉽게 이길 수 있다는 식의 말을 했다. 이에 덧붙여서 그는 밀레토스가 아테네의 식민시인 만큼 강력한 국가인 아테네가 당연히 자신들을 보호해야 한다고 말했다. 그가 절박함에 할 수 있는 온갖 약속을 남발하자 아테네인은 설득되었다. 한 사람을 속이는 것보다 다수의 사람을 속이기는 쉬운가 보다. 아리스타고라스가 클레오메네스 한 사람은 속이지 못했지만 3만 명의 아테네인은 속였으니 말이다.

아리스타고라스에게 설득당한 아테네인은 이오니아인을 돕도록 함선 20척을 보내고, 명망 있는 아테네 시민인 멜란티오스를 지휘관으로 삼기로 투표로 결정했다. 이 함선들은 그리스인과 이방인 모두에게 불행의 화근이었다.

아테네의 패배

아테네인은 자국 함선 20척과 에레트리아인이 파견한 삼단노선 5척과 함께 이오니아로 갔다. 에레트리아는 아테네가 아니라 밀레토스에게 진 신세를 보답하기 위해 참전했다. 과거 에레트리아가 칼키스와 전쟁하고 있을 때 밀레토스인이 자신들을 도와주었기 때문이다. 다른 동맹군들도 도착하자 아리스타고라스군은 사르디스를 향해 진격했다. 아리스타고라스 자신은 원정에 참전하지 않고 밀레토스에 남았다. 대신 자신의 동생인 카로피노스와 시민인 헤르모판토스를 밀레토스군의 장군으로 임명했다.

이오니아군은 에페소스에 함선을 정박시킨 후 내륙으로 행군하여 사르디스에 도착했다. 그곳에서 저항하는 자가 없어 아크로폴리스를 제외하고 사르디스 전 지역을 점령했다. 아크로폴리스는 아르타프레네스가 많은 병력을 거느리고 장악하고 있었다. 하지만 이오니아군은 사르디스를 약탈하는 데 실패했다. 사르디스의 집들 대부분이 갈대로 지어졌고, 벽돌로 지은 집도 지붕은 갈대로 엮었다. 한 병사가 한 집에 불을 지르자 화염은 이집 저집으로 옮겨붙어 도시 전체가 전소되었다. 리디아인과 아크로폴리스에 있던 페르시아인은 사방이 화염에 휩싸여 도시에서 빠져나올 수 없었다. 그들은 아고라와 팍톨로스 강변으로 모여들었고, 그곳에서 저항했다. 이오니아군은 일부 적군이 저항하고, 다른 적군이 다가오는 것을 보자 밤중에 함선이 정박해 있던 에페소스로 철수했다.

당시 할리스강 서쪽 편에 있던 다른 페르시아인이 상황을 전해 듣고, 군대를 모아 사르디스의 리디아인을 도우러 나섰다. 사르디스에서 이오니아군이 더 이상 보이지 않자 그들은 추격하여 에페소스에서 이오니아군을 따라잡았다. 이오니아군은 페르시아군에 맞서 싸웠으나 대패했다. 페르시아군은 많은 저명한 사람을 살해했다. 전장에서 살아남은 이오니아군은 도망쳐 각자의 고향으로 돌아갔다.

이후 아테네는 자신과 이오니아를 완전히 분리했다. 아리스타고라스가 도와달라는 전갈을 여러 번 보냈으나 돕기를 거절했다. 이오니아는 아테네와의 동맹 관계를 잃어버렸으나 다리우스 왕에 대항한 전쟁은 계속했다. 그들은 헬레스폰토스로 항해하여 비잔티움과 다른 도시들을 복속했다. 그다음 헬레스폰토스를 떠나 카리아의 대부분도 장악했다. 그때까지 동맹을 맺기를 거부했던 카우노스까지 사르디스가 불탄 후 자신들의 수중에 넣었다.

아리스타고라스의 사망, 밀레토스 반란의 종결

당시 페르시아군의 지휘관은 다리우스 왕의 사위들이었던 다우리세스, 히마이에스, 오타네스였다. 이들은 사르디스를 공략했던 이오니아군을 추격하여 공격하고, 이들을 함선으로 후퇴시켰다. 이런 승리 후 그들은 국가들을 나눠 약탈했다. 특히 다우리세스는 헬레스폰토스 일대의 국가들을 공략하여 하루에 한 국가씩 점령했다. 그러던 중 카리아인이 이오니아인과 협력하여 페르시아에 반기를 든다는 소식이 전해졌다. 다우리세스는 즉각 카리아로 진군했다. 페르시아군이 도착하여 마이안드로스강을 건너자 카리아군이 나타났고, 양군은 장시간 격전을 벌였다. 마침내 카리아군은 수적인 열세를 극복하지 못하고 패배했다. 페르시아군 전사자는 2,000명에 불과한데, 카리아군 전사자는 1만 명에 달했다.

여러 국가가 페르시아군에 점령되자 밀레토스의 아리스타고라스는 용기 없는 인물이라는 것이 명명백백 드러났다. 이유는 그가 이오니아에서 소요를 일으키고 모두에게 엄청난 혼란을 준 인물이지만 사태가 전개되면서 도망갈 생각만 했기 때문이다. 자신이 다리우스 왕을 이기는 것은 불가능하다고 본 것이다. 그는 동료 추종자들을 모아 회의할 때 자신이 밀레토스에서 추방될 경우를 대비해 미리 피란처를 정해 놓는 것이 좋겠다고 말했다. 그러면서 전임 밀레토스의 참주인 히스티아이오스가 다리우스 왕에게 선물로 받아 요새화하고 있던 트라키아 에도니아의 미르키노스가 적합하지 않겠냐고 말했다.

아리스타고라스는 미르키노스가 최상의 장소라고 생각했다. 그는 명망 있는 시민인 피타고라스에게 밀레토스를 맡기고, 자신을 따르고자 하는 사람들을 모아 트라키아로 항해하여 도착한 곳을 수중에 넣었다. 트라키아인은 아리스타고라스와 평화협정을 맺고 도시를 떠나려고 준비했다. 그동안 아리스타고라스와 그의 군대가 평화협정을 어기고, 트라키아의 한 도시를 포위 공격했다. 이에 트라키아인은 아리스타고라스와 그 일행을 살육했다. 밀레토스 반란의 주동자인 아리스타고라스는 그렇게 사망했다.

히스티아이오스가 그러고 있는 동안 밀레토스는 육지와 바다 양쪽에서 위기에 처했다. 페르시아의 장군들이 군대를 모아 곧바로 밀레토스로 진격해 왔기 때문이다. 밀레토스인을 포함한 이오니아인은 이 소식을 듣자 대표단을 파견, 파니오니움에서 회의를 개최했다. 회의 결과는 대항할 육군은 징집하지 않고, 대신 밀레토스인이 자력으로 자신의 성벽을 지킬 것, 동원 가능한 모든 함선에 수병들을 배치하여 가능한 한 빨리 밀레토스를 지키기 위한 해전을 벌일 것이었다. 집결지는 밀레토스 앞에 있는 작은 섬 라데였다.

얼마 후 수병들을 배치한 이오니아인의 함선들이 라데에 집결했다. 그 배치도는 다음과 같다. 동쪽 날개는 밀레토스인 함선 80척이 맡고, 그다음 프리에네스인 함선 12척, 미우스인 함선 3척이 배치되었다. 그다음 테오스인 함선 17척, 키오스인 함선 100척이 차례로 포진했다. 그들 옆에 에레트리아인의 함선 8척과 포카이아인의 함선 3척, 그들 뒤에 레스보스인의 함선 70척이 진용을 갖추었다. 제일 마지막 열에 사모스인이 60척의 함대로 서쪽 날개를 담당했다. 이로써 삼단노선의 총수는 353척에 이르렀다.

이오니아 진영에 맞서는 페르시아인의 함선은 600척이었다. 이들 함대가 밀레토스 해안에 도착하고, 육군도 당도했을 때 페르시아 장군들은 이오니아 함대의 수를 알고는 이들을 제압할 수 있을까 걱정했다. 만일 자신들이 해상을 장악하지 못하면 밀레토스를 공략하기 어렵고, 그리되면 다리우스에게 문책당할 위험이 있었기 때문이다. 그들은 고심한 끝에 이오니아의 참주들을 소집하여 다음과 같이 말했다.

> "이오니아인이여! 지금이야말로 그대들이 페르시아 왕가에 대한 충성심을 보여줄 때요. 그대들이 이오니아 동맹을 파기하도록 노력하시오. 우리가 그대들에게 약속하리다. 동맹에서 이탈한다면 그대들은 반란에 대한 어떠한 처벌도 받지 않을 것이오. 그대들

의 신전이나 집이 불타는 일은 없을 것이고, 전보다 더 학대받는 일도 없을 것이오. 그러나 동맹을 이탈하지 않고 끝까지 싸우고자 한다면 그대들에게 재앙이 닥칠 것이오. 우리는 그대의 사내아이들을 거세할 것이고, 여자아이들은 박트라로 보낼 것이며, 그대들의 땅은 다른 종족에게 줄 것이오."

이오니아 참주들은 밤에 전령을 통해 고국의 백성들에게 이 말을 전했다. 그러나 이오니아인은 고집스러웠고, 배신자가 되기를 원하지 않았다. 이 일은 페르시아인이 밀레토스에 도착하기 직전에 일어났다. 그 뒤 이오니아인이 라데에 집결하여 회의를 열었다. 여기에서 포카이아 장군인 디오니시오스가 말했다.

"만약 여러분이 허약하고 무질서하다면 여러분은 왕에게 반기를 든 죄로 처벌을 받을 것이 분명하오. 그러니 나를 믿고 나에게 병력을 맡겨주시오. 내가 여러분에게 약속하건대, 적군은 전장에서 우리에게 대항하지 못하거나 대항한다고 해도 완패할 것이오."

이 말을 들은 이오니아인이 연합 함대를 디오니시오스에게 일임했다. 이후 그는 매일 함선들을 일렬로 바다로 끌고 나가서 노잡이들에게 적선의 대열을 돌파하는 훈련을 시켰다. 하루의 나머지 시간은 무장을 갖춘 채 항구에 대기시켰다. 그가 이오니아인에게 하루 내내 시킨 것은 이런 일이었다. 이오니아인은 7일 동안 복종하고 그가 명령한 대로 했다. 하지만 8일째 되는 날 힘든 일에 익숙하지 않았던 이오니아인이 투덜거리기 시작했다.

"우리가 신에게 무슨 죄를 지었기에 이런 일을 해야 한단 말이오? 함선이라고는 3척밖에 내지 않은 포카이아의 허풍선이에게 지휘권을 맡기다니. 우리가 제정신이 아니었던 것이지요. 우리가 지금의 고통을 견디느니 다가올지도 모를 노예 상태를 견디는 것이 더 낫겠소. 앞으로는 그의 명령에 복종하지 맙시다."

이후 이오니아인은 누구도 디오니시오스의 명령에 복종하지 않았다. 그들은 승선하지도 않았고, 훈련하지도 않았다. 이오니아인이 하는 행동을 알게 된 사모스인은 전에 페르시아인이 이오니아 동맹에서 탈퇴하라는 제안을 회상하고, 그 제안을 받아들였다. 그들이 이오니아인의 무질서한 기강을 본 탓도 있고, 페르시아 왕을 이기기란 불가능하다고 판단했던 탓도 있었다. 그들은 다리우스 왕이 보낸 지금의 함대를 타도한다고 해도 왕은 그보다 5배는 더 많은 함대를 또 보낼 것이라 확신했다. 사모스인은 이오니아인이 항명의 태도를 보이자마자 이를 핑계로 자신들의 신전과 재산을 지키기 위해 동맹에서 이탈했다.

그 뒤 페르시아 함대가 공격해 오자 이오니아인은 일렬로 대항했다. 그들이 근접하여 교전했을 때 어느 이오니아인이 용감했는지, 어느 누가 겁쟁이였는지 나로서는 정확히 알 수 없다. 그들은 서로 책임을 전가하면서 서로를 비난했기 때문이다. 사모스인은 동맹에서 이탈하여 사모스로 돌아갔다. 레스보스인도 이웃한 사모스 함대가 도망가는 것을 보자 그들을 따라 도주했다. 이오니아인 대부분도 똑같은 행동을 했다. 키오스인이 해전에서 가장 큰 타격을 입었는데, 이는 그들이 겁쟁이가 되기를 거부하고 용감하게 싸웠기 때문이다.

포카이아인 디오니시오스는 이오니아군이 패배한 것을 알자 나포한 적선 3척을 이끌고 떠났다. 그는 포카이아로 가지 않았다. 그곳도 나머지 이오니아와 같이 노예 상태가 된다는 것을 알았기 때문이다. 그는 페니키아로 향했고, 일부 상선들을 격침하여 많은 재물을 얻자 시켈리아로 갔다.

그는 그곳을 근거지로 삼아 해적 행위를 하며 살았다.

해전에서 이오니아군을 격파한 페르시아군은 육지와 바다 양쪽에서 밀레토스를 포위했다. 그들은 성벽 밑으로 땅굴을 파고, 성벽을 공격하는 데 사용되는 모든 장비를 동원한 끝에 아리스타고라스가 반란을 일으킨 지 6년 만에 밀레토스를 완전히 점령했다. 밀레토스는 노예가 되었는데, 이는 그 도시에 대한 신탁과 맞아떨어졌다. 전에 밀레토스에 대한 신탁을 구했을 때 신탁의 내용은 다음과 같았다.

> "밀레토스여! 악행을 꾸민 자들이여!
> 너희는 많은 사람에게 만찬거리가 될 것이고,
> 영광스러운 선물이 될 것이다.
> 너희의 아내들은 장발족 남자들의 발을 씻어줄 것이다.
> 디디마의 나의 신전은 다른 사제들이 돌보게 될 것이다."

신탁의 내용이 밀레토스인에게 닥친 것이다. 남자들 대부분은 장발인 페르시아인에게 죽었고, 여자와 아이들은 노예가 되었으며, 디디마 신전은 약탈당하고 전소되었다. 포로가 된 밀레토스인은 수사로 이송되었다. 다리우스 왕은 이들에게 어떠한 위해도 가하지 않고, 홍해에 면해 있는 암페라는 곳에 이주시켰다. 밀레토스 땅 중에서 도시 주변의 지역과 평지는 페르시아인에게 주었고, 언덕 지대는 카리아인에게 주었다.

밀레토스의 전임 참주 히스티아이오스의 최후

비잔티움에서 폰토스해로 항해하는 상선들을 포획하고 있던 밀레토스의 전임 참주 히스티아이오스는 밀레토스가 함락되었다는 소식을 들었다. 그는 레스보스인을 이끌고 키오스를 공략하여 점령했다. 키오스를 기지로 삼은 그는 타소스섬을 공격했다. 포위 공격을 하던 중 페르시아군이 이오니아의 다른 국가들을 공격하기 위해 밀레토스에서 출항했다는 소식을 들었다. 그는 곧바로 타소스 공격을 멈추고, 군대를 이끌고 레스보스로 서둘러 갔다. 레스보스에서 그의 군대가 식량난에 봉착하자 그는 레스보스 강 건너편 평원의 곡물을 수확해 올 요량으로 대륙으로 건너갔다. 때마침 이 지역에는 페르시아인인 하르파고스가 적지 않은 병력을 주둔시키고 있었다. 히스티아이오스가 상륙하자 하르파고스는 그를 공격하여 생포하고, 그의 병력 대부분을 살육했다.

생포된 히스티아이오스가 그대로 다리우스에게 호송되었다면 왕은 그에게 어떠한 위해도 가하지 않고 그의 죄를 용서해 주었을 것이다. 그러나 히스티아이오스가 사르디스로 호송되자 총독인 아르타프레네스와 그를 잡은 하르파고스는 즉석에서 그를 창으로 찔러 죽이는 책형을 하고, 그의 머리를 방부 처리하여 수사의 다리우스에게 보냈다. 히스티아이오스가 궁정에서 다시 권력을 잡는 것을 막기 위해서였다. 다리우스가 이 일을 알았을 때 히스티아이오스를 산 채로 자신에게 데려오지 않은 자들을 꾸짖었다. 그는 히스티아이오스의 머리를 씻은 다음 다리우스 자신과 페르시아에 큰 공을 세운 사람처럼 예우하여 매장하라고 명령했다.

페르시아의 그리스 공격

(기원전 492년) 봄이 되자 다리우스는 고브리아스의 아들이자 사위인 마르도니오스(기원전 ?-479)에게 육군과 해군 대군을 이끌고 헬레스폰토스로 가도록 명령했다. 헬레스폰토스에서 대규모 함선과 병력이 집결하자 페르시아군은 바다를 건너 유럽으로 진군했다. 목표는 에레트리아와 아테네였다. 이 두 국가는 원정의 구실에 불과하고, 실제 목적은 가능한 한 많은 그리스 국가를 정복하는 것이었다. 함대는 타소스를 정복하고, 타소스

에서 대륙 연안을 따라 아칸토스까지 내려갔다. 아칸토스에서 아토스 반도로 회항하려고 했다. 그러나 맞설 수 없는 강력한 북풍이 불어 아토스 반도에서 수많은 함선이 침몰했다. 파손된 함선의 수는 300척이었고, 사망자는 2만 명이 넘었다고 한다.

함대가 이런 고초를 겪고 있을 때 마케도니아에 주둔해 있던 마르도니오스와 그의 육군은 브리고이라는 트라키아 종족에게 야간 기습을 당했다. 많은 병사가 죽었고, 마르도니오스도 상처를 입었다. 얼마 후 마르도니오스는 브리고이를 정복했다. 하지만 그는 곧바로 군대를 이끌고 페르시아로 돌아갔다. 육군은 브리고이인에게, 해군은 아토스 반도에서 심각한 타격을 입었기 때문이다. 원정대는 실패하고 아시아로 돌아갔다.

페르시아의 그리스 재침공

다리우스는 그리스인이 자신에게 대항해 전쟁할 것인지 항복할 것인지를 알아보고자 했다. 그는 그리스 전역에 사절을 보내 자신에게 흙과 물을 바치라고 명령했다. 조공을 이미 바치고 있던 연안 국가들에게는 함선과 군마 수송선을 건조할 것을 지시했다. 연안 국가들이 배를 건조하는 동안 그리스 본토에 있는 여러 국가는 다리우스의 요구대로 흙과 물을 보냈다. 그중에는 아이기나인도 포함되었다. 아테네인은 스파르타로 가서 아이기나인의 배신행위를 비난했고, 아이기나와의 교전에 돌입했다.

아테네와 아이기나의 교전 동안 페르시아 왕은 자신의 계획을 실행하고자 했다. 왕의 시종이 밀레토스에 원군을 보낸 아테네인의 행동을 항상 기억하게 했고, 페이시스트라토스의 아들인 히피아스도 왕 옆에서 아테네인을 항상 비방하고 있었기 때문이다. 다리우스는 이것을 구실삼아 자신에게 흙과 물을 보내지 않은 그리스 국가들을 모두 정복하고 싶었다. 그는 원정에 실패했던 마르도니오스를 해임했다. 대신 아테네와 에레트리아에 대항하여 군대를 지휘할 장군으로 메디아인인 다티스와 이복동생인 아르타프레네스의 아들로서 똑같은 이름을 가진 아르타프레네스 두 사람을 임명했다. 다리우스는 이들에게 아테네와 에레트리아를 노예로 만들어 자신 앞에 끌고 오라고 했다.

장군으로 임명된 두 사람은 충분히 무장한 대규모 육군을 킬리키아의 알레이온 평원에 집결시켰다. 여기에서 육군을 함선에 승선시키고, 600척의 삼단노선과 함께 이오니아로 항해해 갔다. 페르시아군은 헬레스폰토스와 트라키아를 향해 이오니아 해안을 따라가지 않았다. 대신 사모스에서 출발하여 이카리오스 해안을 거쳐 섬에서 섬으로 항해했다. 내 생각에 그 이유는 지난해 아토스 반도에서 우회하다가 엄청난 재난을 당해 아토스를 우회하는 것을 두려워했기 때문이다. 또 아직 낙소스를 정복하지 못해 이 길을 선택할 수밖에 없기도 했다.

페르시아군이 이카리오스 해안에서 낙소스에 이르렀을 때 낙소스인은 지난해처럼 적을 기다리지 않고 산속으로 도망쳤다. 페르시아군은 잡힌 사람들을 모두 노예로 만들고, 신전과 도시를 불태웠다. 그 사이 델로스인은 인근 테노스섬으로 도주했다. 페르시아군은 델로스섬을 떠나 여러 섬을 돌면서 병사들을 징발하고, 주민의 아이들을 인질로 삼았다.

에레트리아인은 페르시아 원정대가 자신들을 공격하러 온다는 소식을 듣자 아테네에 원군을 요청했다. 그러면서도 국론은 분열되었다. 한쪽은 도시를 버리고 에우보이아의 산속으로 들어가자고 했다. 다른 쪽은 페르시아인에게 이익을 얻고자 나라를 배반할 준비를 하고 있었다. 에레트리아의 지도자인 노톤의 아들 아이스키네스는 양쪽의 계획을 알자 이미 도착한 아테네인에게 자신들처럼 멸망하지 말고 고국으로 돌아가라고 말했다. 아테네인은 아이스키네스의 충고를 따랐다. 이로써 아테네인은 목숨을 건질 수 있었다.

에레트리아인은 도시를 떠나지 말자는 견해가 우세하여 성벽을 지키는 데 전념했다. 성벽은 페르시아군의 공격을 심하게 받았고, 6일 동안 양측에 많은 사상자가 발생했다. 7일째 되는 날 에레트리아의 명망가였던 에우포르보스와 필라그로스가 조국을 배반하고 페르시아 측으로 넘어갔다. 페르시아군이 에레트리아 시내로 들어왔고, 신전을 약탈하고 불태웠다. 에레트리아인은 다리우스의 명령대로 노예가 되었다. 에레트리아를 정복한 페르시아군은 며칠 있다가 아티카 지역으로 항해해 갔다. 그들은 에레트리아인에게 했던 그대로의 위해를 아테네인에게 가할 것이라고 기대했다.

마라톤 전투(기원전 490년 9월)

마라톤은 아티카 지역에서 말을 타기에 가장 적합하고, 에레트리아에서 가장 가까운 지역이었다. 그래서 페이시스트라토스의 아들 히피아스가 페르시아군을 그곳으로 이끈 것이다. 이 소식을 들은 아테네군도 마라톤으로 진군했다. 아테네군은 장군 10명이 이끌었는데, 키몬의 아들 밀티아데스가 10번째 장군이었다.

장군들이 아테네 시내에 있을 때 그들은 아테네인이자 장거리 경주자인 필리피데스를 전령으로 스파르타에 먼저 보냈다. 그는 240km에 달하는 스파르타까지의 거리를 이틀 만에 주파한 후 스파르타 감독관을 만나 다음과 같이 말했다.

> "스파르타인이여! 여러분은 우리를 도와 그리스에서 가장 유서 깊은 국가 아테네가 이방인의 노예가 되는 것을 막아주시기 바랍니다. 에레트리아는 이미 노예가 되었고, 중요한 이 국가를 잃은 그리스는 힘이 약화했습니다."

전령이 지시받은 대로 말하자 스파르타인은 아테네를 지원하기로 했다. 다만 지금 당장은 그렇게 할 수가 없었다. 법을 어길 수는 없었기 때문이다. 그날은 9일째 날인데, 만월이 될 때까지 기다려야 했다.

스파르타인이 달이 찰 때까지 기다리는 동안 페이시스트라토스의 아들 히피아스가 페르시아인을 마라톤으로 이끌었다. 그는 전날 밤 어머니와 동침하는 꿈을 꾸었다. 그는 이 꿈을 어머니의 땅인 아테네로 돌아가 다시 권력을 잡고 고국에서 늙어 죽는 꿈으로 풀이했다. 그는 페르시아 함선들을 마라톤에 정박시켰고, 육로로 온 병사들을 전투 대형으로 배치했다. 그가 이 일을 한창 하고 있을 때 갑자기 재채기와 기침이 전례 없이 심하게 났다. 나이도 있고, 치아 대부분이 흔들리고 있던 터라 기침을 심하게 하면서 이가 하나 빠져버렸다. 빠진 이는 모래 속으로 들어가 버렸는데, 아무리 찾으려고 해도 찾을 수가 없었다. 그는 한숨을 쉬면서 주변에 있던 사람들에게 말했다.

> "이 땅은 우리의 것이 아니고, 우리는 이 땅을 정복할 수 없을 것 같소. 이 땅에서 나의 몫은 나의 이가 차지해 버렸소."

플라타이아인이 전 병력을 이끌고 아테네를 도우러 마라톤에 왔다. 과거 아테네인이 여러 번 그들을 도와주었기 때문이다. 당시 아테네 장군들의 의견은 둘로 나뉘었다. 한 부류는 아테네가 수적으로 열세여서 페르시아군을 물리칠 수 없으니 싸우지 말자는 견해였다. 밀티아데스를 포함한 다른 부류는 싸우자고 했다. 바람직하지 않은 전자의 견해가 우세해졌다. 밀티아데스는 옛날에 장군들과 동등한 투표권을 가지고 있던 관리 칼리마코스를 찾아가 말했다.

> "칼리마코스여! 지금 장군 10명이 공격하자는 쪽과 그러지 말자

는 쪽으로 의견이 갈렸소. 만일 우리가 지금 싸우지 않는다면 심각한 내분에 빠지고, 아테네인의 마음이 흔들려 페르시아인의 노예가 될 것이오. 그러나 지금 싸운다면 신이 공평한 한은 우리가 전쟁에서 이길 것이오. 그대가 나의 견해에 동조해 준다면 우리 나라는 자유롭고, 그리스에서 제일가는 국가가 될 것이오. 그러나 그대가 전쟁을 회피한다면 그대는 내가 열거한 유익함과는 정반대되는 결과를 얻을 것이오."

이런 말로 밀티아데스는 칼리마코스를 자신의 편으로 만들었다. 그가 찬성표를 던져 전쟁하는 쪽으로 결론이 났다. 싸우자고 주장한 장군들이 자신들이 지휘하는 날의 지휘권을 밀티아데스에게 이양했다. 그는 이 제안을 받아들였으나 자신이 지휘하는 날이 될 때까지 전투하지 않았다.

밀티아데스가 지휘권을 가지는 날이 되자 그는 다음과 같이 진용을 짰다. 우익은 칼리마코스가 맡았다. 그다음에는 여러 종족이 차례대로 배치되었다. 마지막으로 플라타이아인이 좌익을 맡았다. 아테네인은 대열의 길이를 페르시아군과 같게 했다. 중앙은 몇 개의 대열뿐이어서 가장 약했고, 많은 수가 배치된 양익은 강했다.

명령이 떨어지자 아테네인은 페르시아군에게 돌진했다. 양군 사이의 간격은 8스타디온(1.6km)도 되지 않았다. 페르시아군은 달려오는 아테네군을 보자 아테네인이 완전히 미쳤다고 생각했다. 그들은 기병도, 궁수도 없이 빠르게 달릴 뿐이었다. 아테네인은 페르시아군과 맞붙어 싸우자 기록에 남을 만큼 잘 싸웠다. 이들이 뛰어서 적과 상대한 최초의 그리스인이었다. 페르시아 옷과 그 옷을 입은 페르시아인을 보고도 참아낸 최초의 그리스인이었다. 그때까지 그리스인은 페르시아라는 이름만 들어도 공포에 휩싸였다.

마라톤 전투는 장시간 지속되었다. 전선 중앙에서는 페르시아군이 우세하여 내륙 쪽으로 몰아붙였다. 양익에서는 아테네인과 플라타이아인이 승리했다. 그들은 도망치는 페르시아군을 내버려 둔 채 양익을 모아 중앙 대열을 돌파하던 페르시아군과 싸웠다. 아테네인이 승리했고, 도망가던 페르시아군을 추격하여 살해했다. 해안가에 이르자 아테네군은 불을 가져오게 하여 페르시아 함선을 나포했다. 그렇게 나포한 함선이 7척이었다.

페르시아인은 남은 함선을 타고 바다로 나가 아테네군이 돌아오기 전에 아테네로 가려고 수니온곶을 돌았다. 이때 아테네군은 최대한 빨리 함선을 몰아 페르시아군보다 먼저 아테네에 도착했다. 페르시아 함대는 팔레론 앞바다에 닻을 내리고 있다가 아시아로 돌아갔다. 마라톤 전투에서 페르시아 전사자는 약 6,400명이었고, 아테네 전사자는 192명이었다.

스파르타는 만월이 지나 2,000명의 병력을 이끌고 아테네로 왔다. 스파르타를 떠난 지 3일 만에 아티카 지역으로 왔으니 상당히 서두른 것이었다. 그래도 전투하기에는 너무 늦게 도착했다. 그들은 페르시아인이 보고 싶어서 마라톤으로 갔다. 그들은 전장을 보고 아테네와 그들의 업적을 칭찬한 후 고국으로 갔다.

밀티아데스의 최후

페르시아군이 마라톤에서 재난을 겪은 뒤 아테네에서 밀티아데스의 명성은 드높아졌다. 그는 아테네 민회에 함선 70척, 군대, 전쟁 자금을 요청했다. 그는 어디에서 전쟁하는지도 가르쳐주지 않고 자신을 따르면 부자가 될 것이라고, 쉽게 황금을 얻을 수 있는 나라로 병력을 데려갈 것이라고만 말했다. 아테네인은 그런 약속에 현혹되어 그가 요구하는 대로 들어주었다.

밀티아데스는 군대를 받아 파로스로 출항했다. 구실은 파로스인이 마라톤 전투에서 페르시아를 지원하여 삼단노선 1척을 파견해 주었다는 것이었다. 그러나 이것은 핑계일 뿐이고, 실제로는 밀티아데스가 파로스인인 리사고라스로 인해 파로스인에게 앙심을 품었기 때문이다. 리사고라스가 페르시아 장군 히다르네스에게 밀티아데스에 대해 중상 모략한 일이 있었다. 파로스 출정은 그 일에 대한 보복이었다.

밀티아데스는 병력을 이끌고 목적지에 도착하자 파로스인을 성벽 안으로 몰아넣고 공격했다. 그는 전령을 보내 100탈란톤을 요구하면서 만일 주지 않으면 나라를 전소시킬 때까지 물러나지 않겠다고 전했다. 파로스인은 밀티아데스에게 한 푼도 줄 생각이 없었고, 나라를 지킬 궁리만 했다. 그들은 야밤에 성벽 중 가장 취약한 부분을 전보다 두 배는 더 높게 증축했다. 여기까지는 그리스인의 말이 다 똑같다.

파로스인이 전하는 그 뒷이야기는 다음과 같다. 티모라는 파로스인 여자 포로가 밀티아데스와의 면담을 요청했다. 자신은 죽은 자를 모시는 신전의 사제 밑에서 일하는 사람이라고 말했다. 그녀는 파로스를 장악하고 싶다면 자신이 제안하는 대로 하라고 했다. 신상을 훔치라는 그녀의 제안을 들은 밀티아데스는 도시 앞에 있는 언덕으로 올라가서 데메테르 신전 담장 안으로 뛰어넘어갔다. 신전의 문이 안 열렸기 때문이다. 그가 신전의 문 앞에 이르자 갑자기 고통으로 소리를 치면서 다시 담장을 넘어 되돌아왔다. 어떤 사람은 담장을 넘다 넓적다리를 다쳤다고 하고, 어떤 사람은 무릎에 상처를 입었다고 한다.

밀티아데스는 파로스에게 금을 받지도, 파로스를 장악하지도 못한 채 비참하게 귀국했다. 그는 파로스를 단지 26일 동안 포위 공격하고 섬을 짓밟았을 뿐이었다. 아테네인은 그를 비난했다. 아테네인을 기만한 죄로 민회에 소환하여 사형에 처해야 한다는 주장도 있었다. 밀티아데스는 민회에 출석했으나 자신을 변호하는 말을 한마디도 할 수 없었다. 그의 허벅지가 썩어갔기 때문이다. 그가 들 것에 누워있는 동안 친구들이 마라톤에서의 공적을 언급해 주었다. 아테네 민중은 사형판결을 내리지 않는 것으로

스는 페르시아인에게 자유를 안겨준 왕이라는 것이다.

다리우스가 결정을 미루고 있을 때 아리스톤의 아들 데마라토스(기원전 515?-491 재위)가 수사에 왔다. 그는 스파르타의 왕이었으나 왕의 친자가 아니라는 소문으로 인해 스파르타에서 망명해 온 자였다. 전하는 바에 따르면, 그는 다리우스의 아들들이 왕권 경쟁을 한다는 소식을 듣고, 크세르크세스에게 가서 다음과 같이 조언했다.

> "크세르크세스가 태어났을 때 다리우스는 이미 페르시아의 왕이 되어 페르시아인을 다스리고 있었소. 그러나 아르토바자네스가 태어났을 때 다리우스는 일개의 사인에 불과했소. 아버지가 왕이 되기 전에 태어난 아들이 왕이 되는 것은 합당하지도, 정당하지도 않소. 스파르타에서도 아버지가 왕이 되기 전에 태어난 아들과 후에 아버지가 왕이 되었을 때 태어난 아들 중에 후자에게 왕위 계승권을 주는 것이 관습이오."

크세르크세스는 데마라토스의 조언을 받아들여 다리우스에게 자신이 왕이 되는 것이 정당하다고 호소했다. 이에 다리우스는 그를 왕으로 선포했다. 내가 생각하기에 데마라토스의 조언이 없었다고 해도 크세르크세스가 왕이 되었을 것이다. 이유는 아토사가 이미 모든 실권을 장악하고 있었기 때문이다.

다리우스는 크세르크세스를 차기 왕으로 지명한 후 서둘러 출정 준비를 했다. 그러나 이집트에서 반란이 일어난 다음 해, 크세르크세스가 후계자로 지명되고 난 후, 이집트 원정 준비가 한창일 때 다리우스가 사망했다. 재위 기간은 36년이었다. 그는 반란을 일으킨 이집트도, 아테네도 응징하지 못한 채 사망했다. 다리우스가 죽은 후 그의 아들 크세르크세스가 제위를 계승했다.

크세르크세스의 그리스 원정 결정

크세르크세스는 처음에 그리스 원정에 관심이 없었다. 이집트 반란을 진압하기 위해 군대를 모집했을 뿐이었다. 고브리아스의 아들 마르도니오스는 크세르크세스의 사촌이자 다리우스의 여동생의 아들로서 크세르크세스에게 어느 페르시아인보다 더 영향력을 끼치던 인물이었다. 그는 다음과 같이 조언했다.

"왕이시여! 페르시아인에게 상당한 악행을 저지른 아테네인을 응징하지 않는 것은 부당한 처사입니다. 지금은 이미 하시고 있는 일을 하시는 것이 좋습니다. 하지만 이집트의 거만함을 꺾으신 후에는 군대를 반드시 아테네로 향하게 해야 합니다. 그래야 전하의 명성이 천하에 퍼질 것이고, 앞으로 다른 나라 사람들도 우리 나라를 침공하지 못할 것입니다."

이것이 아테네 응징에 대한 논리였다. 덧붙여 유럽은 상당히 아름답고, 온갖 종류의 과실 나무가 자라는 풍요로운 지역이어서 오직 페르시아 왕만이 그 땅을 차지할 자격이 있다고 말했다. 이런 말을 한 이유는 마르도니오스 자신이 모험을 좋아하는 성격이기도 하고, 그리스의 총독이 되고 싶기도 했기 때문이다. 마침내 그는 크세르크세스를 설득하는 데 성공했다.

크세르크세스가 그리스에 원군을 파견하기로 한 후 그는 먼저 이집트 반란군을 진압하러 군대를 파견했다. 그는 반란을 평정하여 이집트를 다리우스 때보다 더 가혹한 예속 상태로 만든 후 동생인 아카이메네스를 이집트 총독으로 삼았다. 아카이메네스는 얼마 후 프삼메티코스의 아들 이나로스라는 리비아인에게 살해되었다.

그리스 원정에 대한 찬반 논란

크세르크세스는 이집트를 진압한 후 아테네 원정 준비에 착수했다. 그는 먼저 저명한 페르시아인을 소집했다. 목적은 그들의 의견을 들어보고, 자신의 뜻도 전하기 위해서였다. 크세르크세스는 다음과 같이 말했다.

"내가 즉위했을 때 나는 어떻게 하면 선왕들의 명예에 누가 되지 않을지, 어떻게 하면 그분들 못지않게 페르시아인의 국력에 도움이 될지 고심해 왔소. 고심 끝에 나는 우리 나라의 국위를 더욱 빛내고, 우리의 국토와 비교하여 더 비옥한 땅을 차지하며, 우리의 적들을 응징하고 복수할 방안을 찾았소. 그 방안을 알려주고자 여러분을 부른 것이오.

나는 헬레스폰토스에 다리를 놓아 유럽을 지나 그리스로 군대를 진격시킬 것이오. 목적은 페르시아와 나의 선친 다리우스에게 악행을 저지른 아테네인을 벌하기 위해서요. 여러분도 아시다시피 부왕 다리우스는 이들에 대한 응징을 시도했으나 사망하여 이들을 벌하지 못했소. 나는 부왕을 위해, 모든 페르시아인을 위해 아테네를 점령하여 불태우기 전까지는 그들을 처벌하는 일을 절대 멈추지 않겠소. 아테네인이 부왕과 나에게 먼저 악행을 저질렀소. 첫째, 그들은 우리의 노예인 밀레토스의 아리스타고라스와 함께 사르디스로 진격하여 우리의 삼림과 신전을 불태웠소. 둘째, 우리가 다티스와 아르타프레네스를 장군으로 하여 그들의 땅에 군대를 상륙시켰을 때 그들이 우리에게 어떻게 했는지는 여러분이 잘 알 것이오.

이런 이유로 나는 아테네에 군대를 파견하기로 했소. 생각해보면 이 원정에는 다음과 같은 이점도 있소. 만일 우리가 아테네인과 펠로폰네소스 반도에 사는 그들의 이웃까지 정복한다면 페르시아의 영토는 하늘까지 맞닿을 정도로 넓어질 것이오. 내가 유럽 전역을 장악하여 하나의 나라로 만들면 태양 아래 우리와 국경선을 맞대는 나라는 없을 것이오. 우리와 싸울 수 있는 국가나 종족은 하나도 없을 것이오. 이렇게 되면 모든 종족이 우리에게 죄를 짓든 안 짓든 예속의 멍에를 짊어질 것이오.

여러분이 나에게 가장 큰 기쁨을 주고자 한다면 내가 정해준 시기에 한 사람도 빠짐없이 모이도록 하시오. 최상의 군대를 이끌고 오는 이들에게는 우리가 가장 귀중하게 여기는 것을 선물로 주겠소. 이것이 여러분이 해야 할 일이오. 다만 여러분에게 독단적이라 여겨지지 않도록 나는 이를 공론에 붙이겠소. 의견이 있는 분은 누구든지 말하시오."

크세르크세스가 말을 마치자 마르도니오스가 말했다.

"왕이시여! 전하께서는 지금까지 태어났던 모든 페르시아인뿐만 아니라 앞으로 태어날 모든 페르시아인 중 가장 위대한 인물이십니다. 유럽에 거주하는 저 그리스인이 우리를 조롱하도록 내버려두지 않겠다는 전하의 결정은 훌륭합니다. 우리가 그들의 무엇을 두려워하겠습니까? 그들의 군사력을 두려워하겠습니까? 그들의 재력을 두려워하겠습니까? 우리는 그들의 전투 방식에 대해 알고 있고, 그들의 군사력이 허약하다는 것도 알고 있습니다.

저는 그리스인이 호전적이지만 사리에 맞지 않고 어리석은 방식으로 싸운다고 들었습니다. 그들은 모두 같은 언어를 사용하기 때문에 전쟁한다기보다 사절이나 전령을 통해 분쟁을 해결하고자 합니다. 어쩔 수 없이 전쟁해야 한다면 그들은 서로 선전포고를 한 후 가장 아름답고, 가장 평편한 지형을 찾아 싸우기 때문에 승자도 피해를 엄청나게 입고, 패자도 전멸한다고 합니다. 그리스인이 이런 어리석은 관행을 가졌기에 제가 마케도니아로 진군했는데도 그들이 대응할 생각을 하지 않았던 것입니다."

마르도니오스의 말에 대해 다른 페르시아인은 감히 이의를 제기하지 못하고 입을 다물었다. 이때 히스타스페스의 아들 아르타바노스가 크세르크세스의 삼촌이라는 위치를 믿고 말했다.

"왕이시여! 전하께서는 헬레스폰토스에 다리를 놓아 유럽을 거쳐 그리스로 진격하겠다고 말씀하셨습니다. 만약 전하께서 육지나 바다 어느 한 곳에서 패배하거나 양쪽에서 모두 패배한다고 가정해 보십시오. 아테네인은 용맹하다고들 합니다. 다티스와 아르타프레네스가 아티카로 진격했을 때 아테네 혼자서 그 대군을 격파한 것을 보면 그들이 어느 정도인지 추측할 수 있습니다.

아테네인이 육지와 바다 양쪽에서 승리하지 못하더라도, 그들이 우리의 함선을 공격하여 해전에서 승리한 후 헬레스폰토스로 항해해 와서 다리를 파괴한다면 이는 실로 위험한 일이옵니다. 그런 위험한 일을 자초하지 마시고, 이 회의를 중지시키십시오. 전하께서 혼자서 이 문제를 고심해 보시고, 적기라 여기실 때 최상의 결론이라고 생각하시는 바를 알려주십시오. 서두르면 실패하기 마련이고, 기다리는데 복이 있습니다.

고브리아스의 아들 마르도니오스여! 그리스인에 대해 어리석은 말을 하지 말게. 그들은 가볍게 볼 종족이 아니네. 자네는 그들을 비방하면서 전하를 원정으로 몰아가고 있네만, 그러면 안 되네."

아르타바노스가 말을 마치자 크세르크세스는 몹시 화가 나 대답했다.

"아르타바노스여! 그대는 허튼소리를 했으나 나의 아버지의 동생이라서 처벌은 하지 않겠소. 겁쟁이인 그대는 나와 나의 군대와 함께 그리스 원정에 동행하지 말고, 여자들과 함께 고국에 남으시오. 나는 그대의 도움을 받지 않고도 내가 실행하고자 하는 바를 이루겠소.

우리가 평화를 유지하고자 해도 그리스인이 우리 나라로 쳐들어올 것을 나는 잘 알고 있소. 우리의 임무는 공격하느냐, 공격당하느냐를 선택하는 것이오. 페르시아 전체가 그리스의 지배를 받고 있느냐, 그리스가 페르시아인의 지배를 받고 있느냐는 것이오. 전쟁에 중간은 없소. 당한 우리가 복수하는 것이 합당하오."

크세르크세스는 이렇게 회의를 끝냈으나 밤이 되자 아르타바노스의 조언이 신경이 쓰였다. 그는 밤새도록 생각한 끝에 그리스로 원정군을 파견하는 것은 합당하지 않다고 결론짓고 잠이 들었다. 페르시아인에 따르면, 그는 그날 밤 꿈을 꾸었다. 잘생기고 키가 큰 남자가 꿈에 나타나 그에게 말했다.

"페르시아인이여! 그대는 군대를 모집하라고 선포해 놓고 마음을 바꿔 그리스에 대항한 원정을 중지할 생각이오? 그리 쉽게 마음을 바꾸면 그대에게 이롭지 못하고, 나도 그대를 용서하지 않을 것이오. 어제 결정한 대로 밀고 나가시오."

꿈속에서 그 남자는 그렇게 말하고 사라져버렸다. 날이 밝자 크세르크세스는 꿈을 마음에 두지 않고, 중신들의 회의를 소집하여 말했다.

"페르시아인이여! 내가 마음을 바꾼 것을 용서하시오. 내가 아직 지혜롭지 못하오. 나는 아르타바노스의 견해를 듣자 젊은 혈기로 연장자에게 부적절한 말을 했소. 나는 내 잘못을 인정하고, 아르타바노스의 판단에 따르기로 했소. 그리스에 대한 원정 준비를 중지하시오."

밤이 되어 크세르크세스가 잠이 들자 전날과 같은 환영이 그 앞에 나타나서 말했다.

"다리우스의 아들이여! 그대는 나의 말을 무시하고 페르시아인 앞에서 원정 중지를 선언했소. 만일 그대가 즉각 원정에 나서지 않는다면, 그대는 잠깐 사이에 위대하고 강력한 왕이 된 것만큼이나 빠르게 몰락할 것이오."

이런 꿈으로 두려움에 빠진 크세르크세스는 침상에서 벌떡 일어나 사자를 보내 아르타바노스를 불러오라고 했다. 아르타바노스가 오자 크세르크세스는 말했다.

"아르타바노스여! 나는 그대의 충고에 어리석은 말로 대꾸했소. 얼마 지나지 않아 후회했고, 그대의 조언에 따르는 것이 옳다고 여겼소. 하지만 꿈에 환영이 자꾸 나타나 그대의 조언대로 하지 못하도록 하오. 만일 그 환영이 신이 보낸 것이고, 그리스 원정이 신을 기쁘게 하는 것이라면 그대에게도 똑같은 환영이 나타나 똑같은 지시를 할 것이오. 그대가 내 옷을 입고, 내 왕좌에 앉아 있다가 내 침상에서 잠들면 같은 일이 일어날 것이오."

아르타바노스는 자신이 왕좌에 앉는 것은 말도 안 되는 일이라면서 왕의 명령에 따르지 않았다. 하지만 그는 왕의 끈질긴 강요에 어쩔 수 없이 명령대로 하면서 다음과 같이 말했다.

"왕이시여! 꿈은 신께서 하시는 일이 아니옵니다. 제가 전하보다 나이 든 사람으로서 환영이 무슨 뜻인지를 말씀드릴 수 있습니다. 우리의 꿈에 표류하는 환영은 대부분 낮에 생각했던 것들입니다. 우리가 최근에 원정에 대해 얼마나 많이 고심했습니까? 그것이 꿈에 환영으로 보이는 것입니다. 그 꿈이 제가 생각한 것과 달리 신과 관련된 어떤 것이라면 환영이 전하께 한 것과 똑같은 명령을 제게도 내리겠지요. 제가 전하의 옷을 입고 잤는데, 환영이 계속해서 나타나면 저는 이것이 신의 뜻과 어떤 관련이 있다고 말씀드리겠습니다."

아르타바노스는 이렇게 말하고, 크세르크세스의 말이 헛된 말임을 희망하면서 왕의 옷을 입고 왕좌에 앉았다가 왕의 침대에서 잤다. 그가 잠이 들자마자 크세르크세스를 쫓아다녔던 환영이 꿈에 나타나 말했다.

"크세르크세스를 걱정하면서 그리스 원정을 막는 자가 그대인가? 그대가 운명의 흐름을 바꾸려고 하면 지금 당장이든 장래든 반드시 벌을 받을 걸세. 크세르크세스가 명령에 복종하지 않을 때 그가 어떤 고통을 당할지는 그에게 이미 말해두었네."

아르타바노스의 꿈에 나타난 환영이 이렇게 위협한 후 뜨겁게 단 쇠꼬챙이로 그의 두 눈을 찌르려고 했다. 아르타바노스는 큰소리를 치면서 벌떡 일어나 곧바로 크세르크세스에게 갔다. 그는 왕에게 꿈에서 본 것을 그대로 전한 후 다음과 같이 말했다.

"왕이시여! 저는 강력한 국가들이 약소국가에 몰락하는 것을 무수히 많이 보았기에 전하의 젊은 혈기대로 성급하게 행동하는 것을 막고자 했습니다. 그렇지만 이제 신성한 어떤 존재가 우리와 함께 있고, 신께서 그리스를 패망시키기로 한 것 같으니 저도 생각을 바꾸어 전하의 판단에 따르겠나이다. 전하께서는 신의 뜻을 페르시아인에게 전하시고, 처음 명령하신 대로 원정 준비를 하라고 하십시오."

꿈에 고무된 크세르크세스는 날이 밝자 페르시아인에게 사건의 전말을 전했다. 전에 혼자 반대했던 아르타바노스는 이제 공공연하게 원정 지지 의사를 밝혔다. 크세르크세스는 대륙 전역을 빠짐없이 조사하여 원정군을 징집했다.

운하와 부교 건설

크세르크세스는 이집트를 정복한 후 군대를 징집하고, 군수품을 조달하는 데 4년을 소비했다. 5년째 이르러 모든 준비를 완료한 그는 드디어 우리가 아는 한 가장 큰 규모의 군대를 이끌고 원정길에 올랐다. 스키타이인을 공격하던 다리우스 군대도, 메디아로 쳐들어와서 아시아 상부 대부분을 점령한 스키타이 군대도 이와 비교가 되지 않을 정도였다.

크세르크세스는 다리우스 원정군이 아토스에서 우회하다가 난파당한 적이 있었기 때문에 3년 동안 아토스에 전쟁 준비를 미리 해 두었다. 그는 케르소네소스의 엘라이우스에 삼단노선을 정박시키고, 이를 기지로 하여 군대 내의 여러 다른 종족에게 채찍질을 가하며 운하를 파도록 했다. 아토스의 주민들도 동원되었다. 아토스산은 바다로 돌출된 유명한 산으로서 사람들이 살고 있었다. 반도 형태인 육지 끝에 이 산이 있고, 육지와 연결되는 곳에 12스타디온(2.4km) 너비의 지협이 있었다. 아칸토스만에서 건너편 토로네 앞바다까지 이어지는 이 지협은 평야와 낮은 언덕으로 이루어져 있었다.

페르시아인은 운하를 팔 때 종족별로 구역을 나누어 파게 했다. 그들은 사네 근처에서 지협을 가로질러 일직선을 그었다. 어느 정도 깊게 파면 일부는 맨 밑바닥에서 계속 땅을 팠고, 다른 사람들은 파낸 흙을 사다리 위에 있는 자들에게 인계했다. 이를 받은 사람들은 더 높은 곳에 있는 사람들에게 흙을 넘겨주는 식이었다. 이렇게 해서 제일 위에 있는 자들은 흙을 받아서 버렸다.

내가 추측하기에 크세르크세스가 운하를 건설하도록 명령한 것은 자신의 권력을 자랑하는 동시에 후세에 기념비가 될만한 것을 남기고 싶은 과시욕 때문이었던 것 같다. 함선들을 땅 위로 끌고 가면 힘들이지 않고 지협을 건널 수 있었다. 그런데도 그가 두 척의 삼단노선이 나란히 통과할 수 있을 만큼 넓은 운하를 파서 바다와 바다를 연결하도록 한 것이다.

크세르크세스는 페니키아인과 이집트인에게 백색 아마와 파피루스로 다리에 쓸 밧줄을 만들라고 명령했다. 또 군대와 동물들이 그리스로 진격하는 도중 굶주리지 않도록 군량을 저장하는 임무도 그들에게 할당했다. 그는 여러 곳을 조사한 후 아시아 각 지역에서 화물선과 군용 수송선을 이용하여 군량을 실어오게 한 다음 가장 적합한 곳에 비축하도록 명령했다. 트라키아 해안에 가장 많은 군량이 운반, 비축되었다.

이러한 작업을 하는 동안 모든 육군 병력이 카파도키아의 크리탈라에 집결하여 크세르크세스와 함께 사르디스로 진격했다. 육군은 할리스강을 건너 프리기아의 켈라이나이에 도착했다. 이 도시에서 피티오스라는 리디아인이 페르시아군을 기다리고 있었다. 그는 크세르크세스와 그의 군대를 크게 환대하면서 자신이 전쟁 비용을 대고 싶다고 말했다. 전쟁 비용을 제시받은 크세르크세스는 옆에 있는 페르시아인에게 피티오스가 누구인지,

돈이 얼마나 많아 그런 제안을 하는지를 물었다. 측근이 말했다.

"왕이시여! 그 자는 부왕인 다리우스에게 황금 플라타너스와 황금 포도나무를 선물한 자이옵니다. 우리가 아는 한 전하 다음으로 부유한 자이옵니다."

크세르크세스는 이 말을 듣고 놀라워하며 피티오스에게 돈이 얼마나 많으냐고 물었다. 그가 말했다.

"왕이시여! 저는 제 재산이 정확히 얼마인지 알기에 말씀드릴 수 있습니다. 저는 전하께서 그리스 해안 쪽으로 오신다는 말을 듣자마자 전쟁 비용을 드리고 싶어서 제 재산을 계산해 보았습니다. 그 결과 저의 재산은 은은 2,000탈란톤이고, 금은 400만 스타테르에서 7,000스타테르가 모자랐습니다. 이를 모두 전하께 기꺼이 바치겠습니다. 저는 노예와 농장의 소득으로도 충분히 살아갈 수 있습니다."

크세르크세스는 매우 흡족해하면서 대답했다.

"나의 리디아 친구여! 나는 페르시아를 떠난 뒤로 그대 외에 나의 군대를 이렇게 환대하거나 내 앞에 나타나 전쟁 비용을 대겠다는 사람을 못 만났소. 그대는 나의 군대를 융숭하게 대접해 주고, 나에게 거금도 제안했소. 나는 그 답례를 하고 싶소. 나는 그대를 나의 친구로 삼고, 나의 재산에서 금화 7,000스타테르를 주어 그대가 가진 금화를 400만 스타테르로 맞추어주겠소. 그대는 그대의 재산을 잘 간직하시고, 나에 대한 마음은 변하지 마시오."

크세르크세스는 이런 좋은 일을 경험하고 나서 계속 진군했다. 다음 날 그는 리디아의 수도 사르디스에 도착했다. 그는 먼저 그리스에 사절을 보내 흙과 물을 요구하고, 왕이 도착하면 식사 접대 준비를 해 놓으라고 말했다. 그는 아테네와 스파르타를 제외한 모든 그리스 국가에 사절을 보냈다. 그가 여러 국가에 두 번째로 흙과 물을 요구한 이유는 옛날에 다리우스가 흙과 물을 요구했을 때 보내지 않았던 국가들이 지금은 두려움에서 보낼 것이라고 확신했기 때문이다. 그는 이를 확인하고 싶어 사절을 보낸 것이다.

크세르크세스는 아비도스로 진군할 준비를 했다. 그곳에서는 아시아에서 유럽으로 이어지는 헬레스폰토스에 다리를 건설하는 작업이 한창이었다. 헬레스폰토스의 케르소네소스에는 아비도스 맞은편, 세스토스와 마디토스 중간쯤 바다로 돌출된 곶이 있었다. 다리를 건설하는 일을 할당받은 사람들은 아비도스에서 이 곶으로 두 개의 다리를 건설했다. 하나는 페니키아인이 백색 아마 밧줄을 사용했고, 다른 하나는 이집트인이 파피루스로 만든 밧줄을 사용했다. 아비도스에서 맞은편 해안까지의 거리는 7스타디온(1.4km)이었다. 그러나 해협에 다리를 놓자마자 강한 폭풍이 불어 다리를 부수어 산산이 흩어버렸다.

이 소식을 들은 크세르크세스는 몹시 화를 내면서 헬레스폰토스에 채찍 형벌 300대를 가하고, 족쇄 한 쌍을 던져 넣으라고 명령했다. 내가 듣기로 크세르크세스가 헬레스폰토스에 낙인을 찍는 자도 보냈다고 한다. 그가 형 집행인에게 다음과 같은 야만스럽고 건방진 말을 헬레스폰토스에게 하고, 매질을 하라고 명령한 것은 사실이다.

"이 쓴 물아! 우리의 주인님이 너를 벌하노라. 네가 너에게 아무런 해도 가하지 않는 우리의 주인님께 나쁜 짓을 저질렀기 때문이다. 네가 원하든 원하지 않든 크세르크세스 왕은 너를 건너갈 것이다. 너처럼 탁하고 짠 물에 아무도 제물을 바치지 않는 것은 당연한 일이다."

크세르크세스는 바다에 이런 처벌을 한 후 다리 건설 책임자의 목을 베라고 했다. 그는 다리를 재건설할 새로운 기술자들을 임명했다. 그들은 오십 노선과 삼단노선을 나란히 묶었는데, 폰토스해 쪽에는 360척을, 다른 쪽에는 314척을 연결했다. 그다음 거대한 닻을 내렸다. 폰토스해 쪽의 닻은 폰토스해에서 불어오는 바람에 대처하기 위해서이다. 서쪽 에게해 쪽의 닻은 서풍과 남풍에 대비하기 위해서이다. 또 오십 노선과 삼단노선이 늘어선 사이의 간격을 넓혀 작은 배들이 폰토스해를 마음대로 드나들 수 있게끔 했다.

이렇게 한 후 육지 쪽의 밧줄들을 목제 도르래로 감아올려 팽팽하게 했다. 전처럼 두 종류의 밧줄을 따로 사용하지 않고, 각각의 다리에 두 가닥의 아마 밧줄과 네 가닥의 파피루스 밧줄을 함께 사용했다. 해협에 다리가 놓이자 다리 폭과 같은 길이의 통나무를 베어와 밧줄로 팽팽하게 연결된 다리 위에 놓고 서로 묶었다. 통나무 위에 잔가지를 깔아 평편하게 한 다음 흙을 붓고 발로 밟아 다졌다. 다리 양쪽에 울타리를 쳤다. 운반용 동물들과 말들이 바다를 보고 놀라는 일이 없도록 하려는 것이었다.

헬레스폰토스 해협의 다리가 완성되고, 아토스의 운하 건설도 완료되었다는 보고가 들어왔다. 사르디스에서 겨울을 보내고, 이듬해 봄이 되자 페르시아 군대는 사르디스에서 아비도스로 진군했다. 원정군이 막 출발하려고 할 때 구름 한 점 없이 맑은 하늘에서 해가 사라져 낮이 밤같이 어두워졌다. 크세르크세스는 이를 보자 사제인 마고스들에게 이 징조가 무엇을 의미하는지를 물었다. 마고스가 답했다.

"왕이시여! 신이 그리스인에게 그들의 국가가 멸망할 것임을 보여주는 것입니다. 이유는 그리스인이 자신들은 해이고, 페르시아는 달이라고 했기 때문입니다. 해인 그리스 국가들이 소멸한다는 뜻입니다."

크세르크세스는 크게 기뻐하면서 진군을 계속했다. 크세르크세스가 준 선물에 고무되었던 리디아인 피티오스가 하늘의 전조에 두려움을 느껴 크세르크세스를 찾아가 말했다.

"왕이시여! 한 가지 청이 있습니다. 전하께서는 들어주기 쉬운 일이지만 저에게는 중대한 일입니다."

크세르크세스가 말해보라고 하자 피티오스는 말을 이었다.

"왕이시여! 저에게는 아들이 다섯 명 있는데, 그들이 모두 전하와 함께 그리스 원정에 동참하옵니다. 원하건대 이 늙은이를 불쌍히 여기시어 아들 중 장남의 군역만 면제해 주십시오. 그 아이가 저를 돌보고, 제 재산을 관리해야 합니다. 나머지 네 아들은 모두 데려가셔도 괜찮습니다."

크세르크세스는 크게 화를 내며 다음과 같이 말했다.

"이 고얀 놈! 네가 보다시피 내가 내 아들들, 형제들, 친척들, 친구들을 모두 데리고 그리스로 진군하고 있거늘, 어찌 네놈이 내 앞에서 네 자식을 거론하느냐? 그래도 네가 나를 환대해 준 공이 있으니 너와 너의 자식들, 네 명을 살려주겠다. 다만 네가 가장 곁에 두고자 하는 아들 한 명이 너의 죄로 인해 목숨을 잃을 것이다."

크세르크세스는 즉각 형리에게 명하여 피티오스의 장남을 찾아내 몸을 반 토막 내어 하나는 길 오른편에, 다른 하나는 길 왼편에 버리도록 했다. 페르시아군은 그 사이로 진군했다.

페르시아군의 선두는 수송 행렬과 운반용 동물들이 있었고, 다양한 종족으로 구성된 혼성 부대가 그 뒤를 따랐다. 일정한 간격 뒤에 왕의 부대가 있었다. 페르시아인 기병 1,000명, 창병 1,000명, 뛰어난 혈통의 말 10마리, 백마 8마리가 끄는 전차 등이 순서에 따라 지나갔다. 그 뒤에 크세르크세스 자신이 마차를 타고 지나갔다. 왕 뒤에는 뛰어나고 가문이 좋은 페르시아인 창병 1,000명, 페르시아인 기병 1,000명, 페르시아인 보병 1만 명, 페르시아인 기병 1만 명 순으로 진군했다. 2스타디온(400m) 뒤에 나머지 부대가 서로 뒤섞여 행군했다.

헬레스폰토스 해협 도해

페르시아군이 아비도스에 도착하자 크세르크세스는 전군을 정렬시켰다. 헬레스폰토스가 함선으로 뒤덮이고, 아비도스의 해안과 평지가 군인들로 가득 찬 광경을 본 크세르크세스는 행복에 복받쳐 눈물을 흘렸다. 이를 보고 처음 원정에 반대했던 삼촌 아르타바노스가 말했다.

> "왕이시여! 조금 전에 행복해하시더니 어찌 지금 눈물을 흘리시옵니까?"

크세르크세스가 대답했다.

> "인생이 얼마나 짧은지 생각하니 순간 비통해졌구려. 이렇게 많은 사람 중 누구도 100세 이상을 살지 못하니 말이오."

아르타바노스가 말했다.

"살다 보면 그보다 더 슬픈 일이 수두룩합니다. 재난을 당하거나 병마에 시달리는 사람들은 짧은 인생도 길게 느낄 것입니다. 그런 사람들에게는 삶이 비참하여 죽음이 가장 바람직한 도피처가 될 것입니다. 신이 우리를 시기하여 우리에게 인생의 달콤함을 맛만 잠깐 보여줍니다."

크세르크세스는 대답했다.

"아르타바노스여! 인생 이야기는 그만합시다. 우리가 현재 행운을 누리고 있으니 나쁜 일은 기억하지 맙시다. 그런데 말이오. 만약 그대 꿈에 환영이 나타나지 않았다면 그대는 처음 견해처럼 그리스 원정을 말릴 것이오? 아니면 생각을 바꾸었을 것이오?"

아르타바노스가 화답했다.

"왕이시여! 꿈에 나타난 환영이 우리 두 사람이 바라는 대로 이루어지게 할 것입니다. 그러나 저는 아직도 두렵사옵니다. 이 세상에서 가장 위력 있는 두 가지가 우리의 적임을 알기 때문입니다."

크세르크세스가 대답했다.

"그대가 말한 나의 두 적이 무엇이오? 육군의 수가 부족한 것이오? 그리스 군대가 우리보다 몇 배나 더 많다고 생각하오? 우리의 함대가 적보다 적다고 생각하오? 아니면 육군과 함대 모두 적보다 적다고 생각하오? 부족하다면 가능한 한 빨리 병력을 더 모집하겠소."

아르타바노스는 말했다.

"왕이시여! 정신이 온전한 사람이라면 육군과 함선이 부족하다고 하지 못할 것입니다. 제가 말한 두 개의 적은 육지와 바다이옵니다. 추측하건대 바다에 큰 폭풍이 분다면 우리의 병사와 함대를 안전하게 지켜줄 큰 항구가 어디에도 없습니다. 그런 항구가 한 곳에만 있어서 되는 것이 아니라 우리가 항해할 연안을 따라 여러 곳에 있어야 합니다.

육지가 우리의 적인 이유는 자명합니다. 아무도 우리의 진군을 막지 않는다고 해도 우리가 진군하면 할수록 육지는 우리에게 더 큰 적이 될 것입니다. 우리에게 저항하는 적들이 없어도 우리가 점령하는 영토가 늘어날수록, 영토를 장악하는 시간이 더 걸릴수록 우리는 기근에 시달릴 것입니다. 모든 것을 고려하여 계획을 세우는 사람이 훌륭한 사람입니다."

크세르크세스가 말했다.

"아르타바노스여! 그대의 말이 다 합당하오. 그래도 매사 다 두려워하지 마시고, 모든 일을 다 고려하지 마시오. 일어날 일에 대한 경우의 수를 모두 따지다 보면 아무것도 못 할 것이오. 위험을 두려워하여 어떤 일도 하지 않는 것보다 모든 일을 대범하게 실행하고, 위험을 반쯤 감내하는 것이 더 낫소. 페르시아가 얼마나 강대해졌는지 보시오. 나의 선왕들이 그대와 같은 생각을 가졌다면, 그대와 같은 조언자들을 가졌다면 그대는 페르시아가 지금처럼 최고로 발전한 모습을 보지 못했을 것이오. 선왕들이 한 것처럼 위험을 무릅써야 이렇게 발전하는 것이오."

크세르크세스는 걱정하는 아르타바노스에게 집과 왕권을 안전하게 지켜달라고 하면서 그를 수사로 돌려보냈다. 그리고 페르시아 저명인사들을 모아 놓고, 과거의 위대하고도 영광스러운 업적에 흠이 되지 않도록 용감하게 싸워달라고 요청했다.

그날 내내 페르시아군은 해협을 건널 준비를 했다. 다음 날 해가 뜰 때까지 기다렸다가 다리에 온갖 종류의 향을 피워놓고, 통로에 도금양 가지를 뿌렸다. 해가 완전히 뜨자 크세르크세스는 큰 황금 술잔으로 바다에 헌주했다. 태양을 향해 자신이 유럽의 가장 먼 지역에 이를 때, 유럽을 정복할 때 어떤 불상사도 일어나지 않도록 기도했다. 기도 후 크세르크세스는 큰 황금 잔, 황금 혼주기, 아키나케스라 불리는 페르시아 단검을 헬레스폰토스에 던졌다. 크세르크세스가 이 물건들을 태양신에 대한 제물로 던진 것인지, 전에 헬레스폰토스에 채찍 형벌을 가한 것을 후회해서 속죄의 표시로 던진 것인지 나로서는 알 수 없다.

의식을 끝낸 페르시아군은 다리를 건너기 시작했다. 보병대와 기병대는 폰토스해 쪽으로 가까운 다리를 이용했고, 운반용 동물들과 하인들은 에게해 쪽 다리를 건넜다. 페르시아 군인 1만 명이 머리에 화환을 쓰고 건넜고, 그 뒤를 다른 종족의 혼성 부대가 따랐다. 이들이 도해하는 데 하루가 걸렸다. 다음 날 기병과 창병이 먼저 건넜고, 그 뒤를 신성한 말과 신성한 수레가 따랐다. 이어서 크세르크세스, 창병, 기병 1,000명이 차례로 갔다. 그 뒤에 나머지 병력이 행군했다. 함대도 맞은편 연안을 따라서 진군했다.

크세르크세스는 유럽으로 건너가자 페르시아군이 도해하는 광경을 지켜보았다. 페르시아군은 7일 낮밤을 쉬지 않고 바다를 건넜다. 모든 군대가 바다를 건너고 유럽 땅에서 막 행군하려고 할 때 놀라운 전조가 나타났다. 암말이 토끼를 낳은 것이다. 쉽게 해석할 수 있는 전조의 함의를 크세르크세스는 무시했다. 그 함의란 크세르크세스가 말처럼 위풍당당하게 자긍심을 가지고 그리스로 진군해 왔으나 토끼처럼 겨우 목숨을 건져 고국으로 돌아간다는 것이었다.

크세르크세스는 전조를 개의치 않고 육군과 진군했고, 함대는 육군과 반대 방향으로 연안으로 항해했다. 함대는 서쪽으로 항해해 사르페돈곶에서 육군을 기다리라는 지시를 받았다. 육군은 케르소네소스를 지나 동진하여 도리스코스에 도착했다. 도리스코스는 트라키아 해안에 있는 넓은 평야였다. 함대도 도리스코스 이웃에 집결했다.

페르시아 원정군의 규모

도리스코스에서 크세르크세스는 병력을 점검했다. 각 종족이 어느 정도의 병력을 파견했는지 나로서는 정확히 알 수 없다. 누구도 이를 기록하지 않았기 때문이다. 다만 육군의 총수는 170만 명에 달하는 것으로 보인다. 병력 총수를 계산하는 방식은 다음과 같다. 우선 한 곳에 1만 명을 빼곡하게 모은 뒤 이들 주위에 선을 그었다. 그다음 사람들을 모두 내보내고, 배꼽 높이로 둥글게 돌담을 쌓았다. 돌담 안으로 사람들을 빼곡하게 채우면 1만 명이 되었다.

페르시아 정예부대 1만 명은 히다르네스의 지휘를 받았다. 이들 부대는 '불사의 부대'(아타나토이)라고 불렸다. 이유는 죽거나 병에 걸려 결원이 생기면 다른 사람이 메워 항상 1만 명을 넘지도, 모자라지도 않게 만들었기 때문이다. 불사의 부대는 장비도 화려하고, 군대 내에서 최고로 용감한 전사들이었다. 그들은 항상 몸에 상당량의 금을 지니고 있었다. 그들은 마차를 대동하고 다녔는데, 마차에는 첩과 좋은 옷을 입은 하인들이 타고 있었다. 여타 군인들과 달리 그들이 먹는 음식을 실어 나르는 낙타와 운반용 동물들도 따로 있었다.

페르시아 기병대는 보병의 것과 같은 장비를 갖추었다. 다만 그들 중 일부가 청동과 무쇠를 두드려 만든 투구를 썼다. 기병의 수는 낙타와 전차를 제외하고 8만 명이었다. 삼단노선의 수는 1,207척이었다. 삼십 노선, 오십 노선, 소형 선박, 군마를 실은 대형 수송선까지 포함하면 함선의 수는 3,000척에 달했다.

함선 지휘관의 이름을 모두 언급할 필요는 없으나 아르테미시아에 대해서는 말하겠다. 여성으로서 그리스 원정에 동참하다니 나로서는 놀라울 따름이다. 그녀는 남편이 사망하자 청년인 아들이 있음에도 스스로 할리카르나소스의 참주가 되었다. 어느 누가 강요하지도 않았는데, 그녀는 대담하고 용감하게 원정에 참전했다. 그녀는 할리카르나소스, 코스, 니시로스, 칼리드노스 출신의 병사들을 지휘했고, 함선 5척을 제공했다. 이 함선들은 시돈인의 함선 다음으로 가장 뛰어났고, 그녀는 모든 동맹국 중 가장 훌륭한 조언을 한 여왕이었다.

병력 점검과 편성이 끝나자 크세르크세스는 군대를 사열하고 싶어졌다. 그는 전차를 타고 각 종족 사이를 지나면서 질문했고, 서기들이 기록했다. 기병 부대와 보병 부대를 처음부터 끝까지 모두 시찰했다. 육군 시찰이 끝나자 크세르크세스는 전차에서 내려 시돈인의 배를 타고 사열해 있는 함선들의 앞부분 쪽으로 갔다. 이미 함선들은 뱃머리를 육지 쪽으로 향하게 한 채 일렬로 닻을 내리고 있었다. 크세르크세스는 육군에게 한 것처럼 여기서도 일일이 질문했고, 서기가 기록했다. 이렇게 뱃머리와 해안 사이를 지나가면서 전 함선을 시찰했다.

크세르크세스의 복종 요구와 아테네의 신탁

크세르크세스는 트라키아의 도리스코스에서 그리스로 진군하는 동안 만나는 모든 종족에게 원정에 참전하도록 강요했다. 테살리아에 이르는 모든 지역이 처음에는 메가바조스에게, 후에는 마르도니오스에게 정복되어 노예가 되었고, 페르시아 왕에게 조공을 바치고 있었기 때문이다. 원정군은 해안 지방에 있는 그리스 국가들을 왼쪽으로 보면서 진군하여 아토스 반도의 아칸토스에 도착했다. 크세르크세스는 육군을 세 부분으로 나누어 한 부대에 함대와 보조를 맞추면서 해안을 따라 행군하라고 했다. 다른 부대는 좀 더 내륙 쪽으로 진군하라고 했다. 크세르크세스 자신이 지휘하는 세 번째 부대는 두 부대 사이를 행군했다. 함대는 아토스의 운하를 통과하여 해안을 따라 행군했다.

크세르크세스는 아칸토스에서 함대의 지휘관들에게 행군하여 테르메에서 자신을 기다리라고 했다. 이 도시를 거쳐 진군하는 것이 가장 빠른 길이라는 것을 알았기 때문이다. 함대는 계속 전진해 테르메에 도착했다. 크세르크세스와 육군도 아칸토스에서 내륙으로 지름길을 따라 테르메에 도착했다. 테르메에 도착하자 크세르크세스는 군대를 야영시켰다.

페르시아군이 마케도니아 산속의 나무를 베면서 길을 내는 동안 흙과 물을 요구하기 위해 그리스로 떠났던 사절들이 돌아왔다. 일부는 빈손으로 왔고, 일부는 흙과 물을 가져왔다. 크세르크세스가 아테네와 스파르타에 흙과 물을 요구하는 사절을 보내지 않은 이유는 다음과 같다. 과거 다리우스가 같은 목적으로 사절들을 보냈다. 이때 아테네인은 사절들을 처형용 구덩이에, 스파르타는 우물 속에 던져 넣으면서 거기서 왕에게 바칠 흙과 물을 가져가라고 했다. 페르시아 사절들에게 한 행동이 아테네에 어떤 재난을 초래했는지 나는 모른다. 그들의 나라와 도시가 파괴된 것은 사실이지만 사절들 때문은 아니라고 생각한다.

크세르크세스가 아테네를 토벌하려는 것은 명분이고, 실제로는 그리스 전체를 정복하려는 목적이 있었다. 그리스인은 이 사실을 진즉에 알았으나 이 문제에 대한 반응은 다 달랐다. 페르시아 왕에게 흙과 물을 이미 바친 국가들은 어떠한 해도 입지 않을 것이라고 낙관했다. 반면, 이를 거부한 국가들은 두려워했다. 그리스에는 이 침입자들과 맞서 싸울 함선이 충분하지 않았다. 사람들 대다수는 전쟁하지 않고 페르시아에 자진해서 복종하려고만 했다.

이쯤에서 나는 많은 사람이 불쾌하게 여길 견해를 말하고자 한다. 만약 아테네인이 다가오는 위험에 겁을 먹고 나라를 버리고 떠났거나 떠나지 않더라도 남아서 크세르크세스에게 항복했다면 누구도 바다에서 왕에게 맞서려고 하지 않았을 것이다. 아무도 바다에서 왕에게 저항하지 않는다면 육지에서의 상황은 충분히 예상할 수 있다.

스파르타인이 코린토스 지협에 여러 겹의 방어선을 구축했다고 해도 페르시아 함대가 그 국가들을 차례로 정복한다면 스파르타 동맹국들도 스파르타를 버릴 수밖에 없을 것이다. 그리되면 스파르타가 고립되어 혼자서 싸우다가 파멸할 것이다. 아니면 다른 그리스인이 페르시아에 복종하는 것을 보고 크세르크세스와 화의를 맺었을 것이다. 어느 쪽이든 그리스는 페르시아에 예속될 것이다. 따라서 아테네가 그리스의 구세주라고 하는 말은 틀린 말이 아니다. 아테네인이 그리스의 자유를 지키는 길을 선택해서 페르시아에 예속되지 않은 다른 그리스인을 싸우도록 이끎으로써 신들의 도움으로 페르시아를 물리친 것은 사실이기 때문이다. 델포이에서 나온 무서운 신탁에도 불구하고 아테네인은 그리스를 포기하지 않고 굳건하게, 용기 있게 침입자들에 맞선 것이다.

페르시아군이 침입할 즈음에 아테네인은 델포이에 사절을 보내 신탁을 요청했다. 사절들이 신전에서 의식하고, 내부로 들어가 신탁을 구했다. 아리스토니케라는 피티아가 다음과 같은 신탁을 주었다.

"가련한 자들아! 왜 여기에 있느냐?
너희의 집과 나라를 버리고 도망쳐라.
둥글게 되어 있는 언덕을 버리고, 땅끝까지 도망쳐라.
나라의 머리도, 몸통도 무사하지 못할 것이다.
나라의 두 발도, 두 손도,
그 사이에 있는 어떤 것도 남아나지 못할 것이다.
모든 것이 폐허가 될 것이다.
불과 시리아 전차를 타고 질주하는
사나운 전쟁의 신이 너희를 끌어내릴 것이다.
너희의 성채뿐 아니라 많은 요새가 파괴될 것이다.
그가 많은 신전에 파멸의 불길을 안겨줄 것이다.
신전들은 두려움에 식은땀을 흘릴 것이고,
피할 수 없는 재앙을 알리는 검은 비가
지붕에서 내릴 것이다.
내가 명하노니 이 신전에서 나가서 비탄에 빠져라."

사절에게 신탁의 내용을 전해 들은 아테네인은 크게 낙담했다. 예고된 재앙에 절망하는 아테네인을 본 안드로불로스의 아들 티몬이 사절들에게 탄원자의 표식인 나뭇가지를 들고, 신전으로 다시 가서 재차 신탁을 구해 보라고 했다. 그의 조언대로 사절들이 다시 신탁을 구했다.

"신이시여! 우리가 가져온 탄원자의 나뭇가지를 봐서 우리의 조국에 더 나은 예언을 해 주소서. 그렇지 않으면 우리는 신전을 떠나지 않고 죽을 때까지 여기 있겠나이다."

피티아는 다음과 같은 신탁을 내렸다.

"아테네가 아무리 애원해도
올림포스의 제우스 신에게는 헛된 일이다.
하지만 내가 재차 너희에게
강철처럼 확고한 말을 할 것이다.
모든 땅이 적의 손에 들어간다고 해도
멀리 보시는 제우스 신께서
너희에게 나무 성벽을 주실 것이다.
이 나무 성벽이 너희와 너희의 자식들을 구해줄 것이다.
너희는 아시아에서 오는 기병과 보병을 기다리지 말라.
등을 돌려 도망쳐라.
언젠가는 적군을 상대할 날이 올 것이다.
신성한 살라미스여!
곡물의 신인 데메테르가 씨를 뿌리고 수확할 때
너희는 여자가 낳은 아들들을 멸하리라."

이번 신탁이 저번의 신탁보다 온건했고, 사절들도 그렇게 생각되어 아테네로 돌아왔다. 사절들이 사람들에게 신탁의 내용을 보고하자 그 의미에 대한 해석이 분분했다. 나무 성벽에 대해 다음 두 의견이 팽팽히 대립했다. 일부 원로들은 신이 아크로폴리스만 파괴를 면할 것을 예견한다고 해석했다. 옛날에 아테네의 아크로폴리스에 가시나무로 울타리가 처져 있었으므로 나무 성벽은 아크로폴리스를 뜻한다는 것이다.

다른 사람들은 신이 말한 나무 성벽은 함선을 뜻하므로 만사를 제치고 함선을 건조해야 한다고 추측했다. 다만 이들은 신탁의 마지막 두 구절, 즉 "신성한 살라미스여! 곡물의 신인 데메테르가 씨를 뿌리고 수확할 때 너희는 여자가 낳은 아들들을 멸하리라."하는 구절을 해석할 수 없었다. 그래서 함선으로 해석한 자들의 견해는 힘을 얻지 못했다. 신탁 해석자들이 이

구절을 살라미스 가까이에서 해전하면 아테네가 패망한다는 것으로 해석했기 때문이다.

최근 아테네에서 주요 인물로 부상한 사람은 네오클레스의 아들 테미스토클레스(기원전 524?-459)였다. 그는 신탁 해석자들이 신탁 전체를 잘못 해석했다고 주장했다. 만일 문제의 구절이 아테네인을 가리킨다면 그렇게 온화한 표현을 하지 않았을 것이다. 살라미스의 주민이 패망하게 된다면 '신성한 살라미스여!' 대신 '잔인한 살라미스여!'라고 불렀을 것이다. 그 구절에서 신이 패망시키는 것은 아테네인이 아니라 페르시아인으로 보는 것이 옳다. 살라미스에서 해전을 하면 아테네인이 페르시아인 여자의 아들들을 멸망시킨다는 뜻으로 보아야 한다는 것이다. 나무 성벽이 함선이므로 빨리 해전을 준비해야 한다고 조언했다. 아테네인은 테미스토클레스의 해석이, 저항하지 말고 아테네를 버리고 다른 곳에서 살라는 신탁 해석자들의 견해보다 더 낫다고 판단했다.

전에도 테미스토클레스의 조언이 유익했던 적이 있었다. 라우레이온 은광에서 막대한 수입이 들어오자 아테네인은 한 사람당 10드라크마씩 분배하려고 했다. 테미스토클레스는 그 돈을 나누는 대신 아이기나 전쟁에 대비해 200척의 함선을 건조하는 데 쓰도록 아테네인을 설득했다. 이로 인해 아테네는 해양 강국으로 부상했고, 후에 그리스를 구했다. 그들은 기존의 함선 외에 더 많은 함선을 건조했다. 아테네인은 신탁을 논의한 끝에 동조하는 다른 그리스 국가들과 함께 신의 뜻에 따라 그리스 침입자에 대항하기로 결의했다.

그리스인의 전투 장소 논의

테살리아인은 자발적이 아니라 어쩔 수 없이 페르시아인에게 복종했다. 복종하기 전에 이런 일이 있었다. 그들은 페르시아인이 유럽으로 건너

오자마자 코린토스 지협에 사절들을 보냈다. 당시 그곳에는 우호적인 국가의 대표들이 모여 있었다. 테살리아 사절단은 말했다.

> "그리스인이여! 테살리아와 모든 그리스가 전쟁의 재앙을 피하려고 한다면 올림포스산으로 가는 길목을 지켜야 합니다. 우리는 그곳을 지킬 준비가 되어 있으니 여러분도 대규모 병력을 보내주셔야 합니다. 여러분이 병력을 파견해 주지 않는다면 우리는 페르시아와 화친할 것입니다. 지역적으로 다른 그리스 국가와 비교하여 먼저 적군을 맞이한다고 해서 우리가 혼자서 여러분을 위해 싸우다 죽을 것이라고는 생각하지 마십시오. 여러분이 우리를 돕지 않는다면 여러분은 우리에게 그러기를 요구할 수 없습니다. 우리도 우리의 살길을 찾을 것입니다."

그리스인은 사절들의 견해를 받아들여 올림포스산 진입로를 막기 위해 해로로 육군을 테살리아로 파견하기로 결의했다. 원정군이 집결하여 아카이아의 알로스에 도착하여 배를 정박시키고, 하선한 병력은 육로로 테살리아로 갔다. 그리스 원정군은 템페 계곡에 이르러 페네이오스강을 따라 올림포스산과 오사산 사이의 하부 마케도니아와 테살리아를 연결하는 길에 주둔했다. 약 1만 명의 그리스 중무장 보병들이 주둔해 있을 때 테살리아 기병들이 합세했다.

그리스 원정군이 그곳에 머문 것은 며칠뿐이었다. 마케도니아 아민타스 왕의 아들 알렉산드로스가 사절을 보내왔기 때문이다. 그 사절은 적군의 규모와 함선의 수를 말해주면서, 이 길목에 머물다가 침략군의 발에 짓밟히지 말고 떠나라고 권고했다. 그리스인은 사절의 조언을 받아들였다. 그들이 생각하기에 그 조언은 타당했고, 알렉산드로스가 그리스에 우호적이었기 때문이다. 하지만 내 생각에 그리스군은 마케도니아에서 테살리아로 올 때 페라이비아 지역을 거쳐서 오는 다른 길이 있음을 알고 두려웠던 것 같다. 실제로 크세르크세스 군대가 이 길을 따라 테살리아로 쳐들어왔다. 그리스인은 왔던 길로 내려와 정박시킨 배를 타고 코린토스 지협으로 되돌아갔다. 이렇게 동맹군으로부터 버림받은 테살리아는 페르시아에 적극적으로 복종했고, 페르시아 왕에게 가장 유익한 국가가 되었다.

코린토스 지협에 모인 그리스 대표들은 알렉산드로스가 준 정보를 근거로 전투 방식과 전투 장소를 협의했다. 그들은 테르모필라이의 진입로를 막기로 했다. 이 길이 테살리아로 내려오는 길보다 더 좁고, 자신들의 나라에서 더 가까웠기 때문이다. 그들은 테르모필라이에 도착한 후 그리스인을 파멸시켰던 다른 샛길이 있다는 사실을 트라키스인에게 듣기 전까지 알지 못했다. 몰랐기 때문에 테르모필라이 진입로에서 페르시아인을 막기로 한 것이다. 함대는 아르테미시온에서 집결하기로 결의했다. 이곳은 육군과 함대가 가까이에서 서로의 상황을 알 수 있는 곳이었다.

트라키아를 지나 그리스로 들어오는 진입로의 너비는 좁은 곳이 50플레트론(15.4m)밖에 되지 않았다. 그러나 사실 가장 좁은 곳은 이곳이 아니라 테르모필라이 앞쪽과 뒤쪽이었다. 테르모필라이 뒤쪽 알페노이 부근의 길은 너비가 수레 한 대가 지나갈 정도밖에 되지 않았다. 테르모필라이 서쪽에는 사람이 오르기 어려운 높고 험준한 산이 있었다. 동쪽에는 늪지와 바다뿐이었다. 이 길에 온천들이 있었다. 과거에는 이 길 양쪽에 성벽이 있었고, 성문도 있었다. 성벽과 성문은 오래되어 대부분 붕괴했다. 그리스인은 페르시아인의 침입을 막기 위해 이 성벽과 성문을 재건하기로 결의했다. 이 길 가까이에 알페노이라는 마을이 있는데, 필요한 식량은 이 마을에서 조달하기로 했다. 이 지점은 좁아서 페르시아가 전체 병력을 활용할 수도, 기병대를 이용할 수도 없으므로 이곳에서 싸우기로 했다. 이렇게 회의를 마친 그리스는 육군을 육로로 테르모필라이로, 함대를 해로로 아르테미시온으로 파견했다.

크세르크세스의 함대

크세르크세스의 함대는 테르메를 출발하여 항해한 지 11일 만에 마그네시아 반도 끝의 세피아스에 도착했다. 그즈음 육군도 테르모필라이에 도착했다. 페르시아군은 어떤 병력 손실도 없었다. 나의 계산에 따르면, 아시아에서 온 함선의 수는 1,207척인데, 함선당 200명씩 있다고 하면 다양한 종족으로 구성된 수병의 총수는 241,400명이었다. 함선당 페르시아인, 메디아인, 사카이인을 합쳐 30명씩 승선해 있었으므로 이들을 합치면 36,210명이 된다. 오십 노선 3,000척에 1척당 80명씩 승선했으니 그 수는 240,000명이 된다. 따라서 아시아에서 온 함대의 병력 총수는 517,610명이다. 육군으로 보병은 1,700,000명이고, 기병은 80,000명이다. 여기에 아라비아 낙타 기수와 리비아 전차 기수 20,000명을 추가해야 한다. 육군과 해군을 합친 병력 총수는 2,317,610명이다. 이는 전투 병력만 계산한 것이고, 종군한 하인이나 수송선의 선원은 포함되지 않은 수치이다.

유럽에서 징발한 부대도 포함되어야 한다. 트라키아 인근 지역에서 징발한 함선은 120척이고, 승선한 수군은 24,000명이다. 이들 지역에서 징집한 육군은 300,000명으로 추정된다. 이들을 더하면 병력 총수는 2,641,610명이 된다. 여기에 종군한 하인과 수송선의 선원을 포함하면 크세르크세스가 세피아스와 테르모필라이로 이끌고 온 병력의 총수는 5,283,220명이다. 크세르크세스의 함대는 마그네시아의 세피아스에서 뱃머리를 바다 쪽으로 두고 8열로 정박했다.

다음 날 날이 밝자 쾌청하고 바람도 없던 바다에 갑자기 폭풍이 몰아치기 시작했다. 주민들이 헬레스폰토스에서 분다고 하여 '헬레스폰토스 바람'이라고 부르는 강력한 동풍이 페르시아 함대를 강타했다. 해안가에 정박해 있던 자들은 바람이 거세다는 것을 깨닫자 배를 뭍으로 끌어올려 화를 면했다. 하지만 육지에서 멀리 떨어진 바다에 있던 배들은 난파당하거나 표류했다. 사람이 감당할 수 없는 엄청난 폭풍이었다.

과거 델포이인이 자국과 그리스 전체의 운명을 걱정하여 신탁을 구했다. 내려진 신탁은 다음과 같았다.

> "바람이 그리스의 중요한 동맹자가 될 것이니
> 바람에게 기원하라."

이 신탁 때문인지는 알 수 없으나 아테네인은 신탁대로 바람이 자신들을 도와주었다고 생각했다. 폭풍으로 최소한 페르시아 함선 400척이 침몰했고, 수많은 병사와 막대한 재산이 없어졌다고 한다. 폭풍은 3일 동안 불었고, 사제 마고스들이 제물을 바치고 기원하자 4일째 들어 바다가 잠잠해졌다.

바람이 그치고 파도도 잠잠해지자 페르시아인은 뭍으로 끌어올렸던 함선들을 다시 바다로 끌어내리고, 연안을 따라 항해했다. 그들은 마그네시아 반도를 돌아 말리스만으로 들어갔다. 크세르크세스가 이끄는 육군도 3일 후에 말리스로 들어왔다.

테르모필라이 전투(기원전 480년 8월)

크세르크세스는 말리스만의 북쪽 트라키아에 진지를 구축했고, 그리스인은 남쪽 테르모필라이 진입로에 진을 쳤다. 페르시아 왕을 기다리던 그리스군의 구성은 다음과 같다. 스파르타의 중무장 보병 300명, 테게아와 만티네이아에서 각각 500명씩 1,000명, 아르카디아 지방의 오르코메노스에서 120명, 아르카디아 지방의 다른 국가들에서 1,000명이 파견되었다. 코린토스 출신 400명, 플레이우스 출신 200명, 미케나이 출신 80명도 있었다. 보이오티아에서 테스페이아인 700명, 테바이인 400명도 파견되었다.

포키스인 1,000명도 가담했다. 각 국가는 각자의 지휘관이 있었고, 총지휘관은 스파르타인 아낙산드리다스의 아들 레오니다스였다.

레오니다스에게는 클레오메네스와 도리에우스라는 두 형이 있었으므로 그가 왕위를 차지한다고는 아무도 생각하지 않았다. 그런데 클레오메네스가 아들 없이 사망했고, 도리에우스가 시켈리아에서 객사하자 그가 왕좌에 앉게 되었다. 서열상 그가 아낙산드리다스의 막내아들 클레옴브로토스보다 손위였고, 클레오메네스의 딸 고르고와 결혼했기 때문이다.

레오니다스는 아들을 둔 전사 300명을 골라 테르모필라이로 왔다. 스파르타가 레오니다스와 그 병력을 미리 보낸 것은 그들을 보고 다른 동맹국들이 출정하도록 촉구하기 위해서였다. 동맹국들이 스파르타인이 머뭇거린다고 생각하여 페르시아에 굴복하는 상황을 막으려는 것이었다. 그때는 아폴론 신을 기리는 카르네이아 제전 기간이어서 제전이 끝나는 대로 국가 방어 병력만 남기고 전군을 전속력으로 출병시킬 계획이었다. 이때 올림피아 제전도 열리고 있어서 다른 동맹국들도 같은 사정이었다. 테르모필라이 전투가 그렇게 빨리 결판이 날 줄 모르고 선발대만 보낸 것이다.

테르모필라이의 그리스군은 페르시아군이 진입로에 가까이 왔다는 소식을 듣자 겁에 질려 철수할지 말지를 논의했다. 펠로폰네소스인은 펠로폰네소스 반도로 철수하고, 코린토스 지협을 방어해야 한다고 주장했다. 레오니다스는 이곳에 머물면서 주변 국가들에 사절을 보내 병력이 너무 적어 페르시아군을 물리칠 수 없으니 병력을 더 파견해 달라고 요청하자는 안에 투표했다.

그리스군이 논의하고 있을 때 크세르크세스는 적의 수가 얼마인지, 무엇을 하고 있는지를 알기 위해 정찰병을 보냈다. 정찰병은 재건한 성벽 안쪽에 있는 그리스인은 잘 보이지 않고, 성벽 바깥에 있는 스파르타인은 옷을 벗고 운동하거나 머리를 빗고 있었다고 보고했다. 크세르크세스는 스파르타인의 행동이 무엇을 의미하는지 몰라 아리스톤의 아들 데마라토스를 불렀다. 그는 스파르타의 아리스톤 왕의 친아들이 아니라는 소문으로 인해 왕위에서 추방된 자였다. 스파르타인의 행동을 어떻게 이해해야 할지 모르겠다는 크세르크세스의 말에 데마라토스는 대답했다.

> "왕이시여! 스파르타인은 우리와 싸울 준비를 하는 것입니다. 목숨을 걸고 위험한 일을 하려고 할 때 저렇게 머리카락을 다듬는 것이 저들의 관습입니다. 전하께서 저들과 스파르타에 남아 있는 병력을 물리친다면 이 세상에서 전하에게 저항할 종족은 하나도 없을 것입니다. 저들이 그리스에서 가장 훌륭하고, 가장 용감한 전사이기 때문입니다."

크세르크세스가 데마라토스의 말을 믿을 수 없어서 저렇게 적은 수의 병력이 어떻게 자신의 군대에 맞설 수 있느냐고 물었다. 데마라토스는 자신이 말한 대로 되지 않으면 자신을 거짓말쟁이로 취급해도 된다고까지 말했다. 이 말에도 크세르크세스는 납득할 수 없었다.

크세르크세스는 그리스인이 도망갈 것이라 여겨 4일을 기다렸다. 5일째가 되어도 그들이 철수하지 않고 어리석게 머물러 있자 크세르크세스는 화가 나서 메디아인과 키시아인에게 그들을 공격해 생포해 오라고 명령했다. 메디아인이 그리스군을 공격했다. 전사자가 많았으나 그리스군은 새로운 병력을 계속 보강하면서 물러나지 않았다. 페르시아군에 병력은 많지만 진정한 전사는 없다는 사실이 모든 사람, 특히 왕에게 여실히 드러났다. 전투는 온종일 계속되었다.

메디아인이 호되게 당하고 물러나자 왕은 '불사의 부대'라 부르는 페르시아의 정예부대를 투입했다. 왕은 이들이 임무를 쉽게 완성할 것으로 생각했다. 그리스군과 접전을 벌이자 불사의 부대도 메디아군과 매한가지였다. 이들은 그리스군보다 더 짧은 창을 사용한 데다 공간도 좁아 수적인 우세를 활용할 수 없었다. 스파르타인은 미숙한 군대를 어떻게 다루어야 하는지를 보여준 노련한 전사들이었다. 그들은 등을 보이고 도망가는 척했다. 그러면 페르시아군이 소리를 지르면서 요란하게 추격했다. 스파르타군은 따라잡히려고 할 때 갑자기 방향을 획 돌려 적을 공격해 페르시아 군인들을 제압했다. 스파르타 전사자는 소수에 불과했다. 페르시아군은 모든 전법을 동원해 공격해도 진입로를 조금도 장악하지 못하자 결국 후퇴했다.

전투를 관전하던 크세르크세스는 페르시아군이 걱정되어 왕좌에서 세 번이나 벌떡 일어났다. 다음 날에도 전투가 계속되었고, 페르시아군은 여전히 전과를 올리지 못했다. 페르시아군은 적군의 수가 적고, 지금쯤 부상자들이 많아 더 이상 저항할 수 없으리라 생각하여 재차 공격했다. 하지만 그리스군은 부족별로 진용을 짜서 교대로 싸웠다. 포키스인은 오솔길을 지키기 위해 산 위에 배치되었다. 페르시아군은 이날도 어제처럼 아무 성과가 없자 후퇴했다.

크세르크세스 왕이 이 난국을 어떻게 해야 할지 고심하고 있을 때 말리스인 에우리데모스의 아들 에피알테스가 왕을 배알했다. 그는 왕에게 큰 보상을 받을 것을 기대하면서 테르모필라이에 이르는 산속의 샛길을 알려주었다. 후에 그는 스파르타인의 보복이 두려워 테살리아로 도망쳤다. 그곳에서 그의 머리에 현상금이 걸리자 안티키라로 도망가다 어떤 트라키아인에게 살해당했다.

샛길을 발견한 사람은 말리스인이었다. 그들은 테살리아인이 포키스를 공격할 때 이 길로 안내해 주었다. 포키스인은 이 길을 성벽으로 막아 전쟁으로 인한 화를 피할 수 있었다. 말리스인은 오래전부터 이 길이 악용되리라는 것을 알고 있었다.

크세르크세스는 에피알테스의 제안에 크게 기뻐하며 히다르네스와 그 휘하 부대에 출정 명령을 내렸다. 이들은 날이 어두워지자 주둔지를 출발했다. 페르시아군은 샛길을 따라 밤새도록 행군했다. 새벽이 되자 산 정상에 이르렀다. 여기는 포키스인 중무장 보병 1,000명이 자국과 샛길을 지키고 있었다. 그들은 레오니다스에게 산 아래 길은 그리스인이 지키고, 자신들은 산 위의 샛길을 지키겠다고 자원했었다.

산은 참나무들로 온통 뒤덮여 있어서 페르시아군은 포키스인에게 들키지 않고 올라갈 수 있었다. 나뭇잎 밟는 소리에 포키스인이 벌떡 일어나 무장하기 시작했을 때는 이미 페르시아군이 들이닥치고 있었다. 페르시아군은 무장한 병력을 보고 놀랐다. 적이 나타날 것이라고는 예상하지 못했는데 마주친 것이다. 히다르네스는 이들이 스파르타 군대인가 하여 에피알테스에게 어느 나라 군대인지 물었다. 히다르네스는 사실을 알게 되자 페르시아군에게 전투 대형을 전개하라고 명령했다. 페르시아군이 처음부터 엄청난 양의 화살을 쏘아대자 포키스인은 산꼭대기로 도망친 후 죽을 때까지 싸우려고 작정했다. 그들은 페르시아군이 자신들을 겨냥한 것으로 생각했지만, 페르시아군은 그들을 신경 쓰지도 않고 가능한 한 빨리 산을 넘어 내려갔다.

테르모필라이에 있던 그리스군은 첫 번째 암시로 예언자 메기스티아스에게 새벽과 함께 죽음이 닥칠 것이라는 예언을 받았다. 두 번째 암시로 적군의 탈영병들이 와서 페르시아군이 포위하고 있다고 알려주었다. 세 번째 암시로 새벽에 산꼭대기를 지키던 경비병들이 달려 내려왔다. 그리스인은 회의를 열었는데, 의견이 나뉘었다. 일부는 여기를 떠나지 말고 지키자는 것이었고, 다른 일부는 반대했다. 결국은 군대를 해체하기로 하여 일부는 각자 고국으로 떠났고, 다른 군인들은 레오니다스와 함께 남았다.

레오니다스가 그들을 죽게 하고 싶지 않아서 보냈지만, 방어하라고 명령받은 지역을 떠나는 것은 자신과 스파르타인에게 불명예스러운 일이라고 여겨 남았다고들 한다. 나는 이 견해에 공감한다. 레오니다스는 동맹국들이 함께 위험을 감수할 생각이 없음을 알고 그들을 떠나보냈다. 하지만 자신이 떠나는 것은 수치스러운 일이었다. 남아서 지킨다면 그는 큰 명성을 얻을 것이고, 스파르타에 번영을 가져다줄 것이라 여겼다. 그 근거는 이 전쟁이 막 발발했을 당시 스파르타인이 신탁을 구했는데, 스파르타 국토가 페르시아인에게 파괴되거나 스파르타 왕이 그들의 손에 죽는다고 피티아가 예언했기 때문이다.

> "광활한 스파르타여! 너의 운명을 들어라.
> 너의 위대하고 영광스러운 국토가
> 페르시아인에게 파괴되거나
> 아니면 헤라클레스의 후손인
> 너의 왕의 죽음을 애도하게 될 것이다.
> 황소의 힘도, 사자의 힘도 적에게 대항할 수 없으리라.
> 적은 제우스처럼 강력하나니
> 단언하건대 국토나 왕, 둘 중 하나를
> 갈기갈기 찢어놓을 때까지 멈추지 않으리라."

레오니다스는 오직 스파르타만 영광을 얻기 위해 동맹군을 떠나보냈다. 그들이 의견 차이로 무질서하게 떠난 것이 아니었다. 동맹군은 레오니다스의 명령대로 떠났지만, 테스페이아인과 테바이인은 스파르타와 함께 남았다. 테바이인은 인질로 잡혀 있어 원치 않았으나 남을 수밖에 없었다. 테스페이아인은 레오니다스와 그의 부대를 떠나지 않을 것이라고 말하면서 자발적으로 남았다. 그들은 스파르타군과 함께 전사했다.

아침이 되자 크세르크세스는 헌주하고, 사람들이 붐비는 오전 10시경까지 기다렸다가 공격을 개시했다. 에피알테스가 그렇게 조언했다. 산을 돌아 내려오는 병력과 시간을 맞추기 위해서였다. 크세르크세스의 군대가 진격해 오자 레오니다스와 그리스군은 죽음이 가까웠다는 것을 직감했다.

그들은 길이 저번보다 더 넓은 지점까지 진격했다. 페르시아 군인들이 다수 사망했다. 지휘관들이 뒤에서 채찍을 휘두르며 전진을 촉구했다. 많은 수가 바다에 빠져 죽었고, 그들보다 더 많은 사람이 동료 병사의 발에 밟혀 죽었다. 그리스인은 산을 우회하여 내려온 페르시아인의 손에 죽게 되리라는 것을 알았기 때문에 절망적이면서도 필사적으로 적에게 대항했다.

그리스인의 창이 대부분 부러져서 페르시아인의 검에 살해당할 수밖에 없었다. 레오니다스는 실로 용감하게 싸웠으나 전사했고, 다른 스파르타인도 그와 운명을 같이 했다. 나는 전사 300명 전원의 이름을 들어 알고 있다. 레오니다스의 시체를 차지하기 위해 페르시아인과 스파르타인 사이에 격전이 벌어졌다. 마침내 그리스인이 시신을 차지하여 끌고 갔다. 에피알테스가 이끄는 부대가 도착하자 전투의 양상이 바뀌었다. 그리스군은 다시 좁은 길목으로 후퇴하여 작은 언덕배기에 이르렀다. 그리스인은 검을 들고 있으면 검으로, 이마저도 없으면 손과 이빨로 싸웠다. 페르시아군은 화살을 퍼부으며 사방에서 포위해 들어왔다.

스파르타인과 테스페이아인이 용감하게 싸웠으나 스파르타인 디에네케스가 가장 용맹스러웠다고들 한다. 페르시아인과 전투하기 전에 어떤 트라키아인이 그에게 말했다.

> "페르시아군이 화살을 쏠 때 그 수가 엄청나서 태양이 가려질 정도이다."

디에네케스는 적군의 수가 많은 것에 놀라지 않고 말했다.

> "트라키아인이여! 좋은 소식을 전해주었소. 페르시아군이 태양을 가려주면 우리는 햇빛이 아니라 그늘에서 시원하게 싸울 수 있소."

레오니다스가 동맹군들을 떠나보내기 전에 전사자들을 위해 다음과 같이 새긴 비문을 남겼다.

> "적군 300만 명과 싸운
> 펠로폰네소스인 4,000명이
> 여기 잠들다."

이것은 모두를 위한 비문이고, 스파르타인만을 위한 비문은 다음과 같다.

> "나그네여! 가서 스파르타인에게 전하시오.
> 우리가 명령을 이행하고 여기 누워있노라고."

전투 후 크세르크세스는 시체들이 널브러져 있는 전장을 다니다 레오니다스의 시체를 보았다. 이 자가 스파르타의 왕이자 지휘관이라는 이야기를 듣자 크세르크세스는 그의 목을 베어 장대에 꽂아 매달라고 했다. 내가 생각하기에, 이 명령은 레오니다스 왕이 살았을 때 크세르크세스가 누구보다 그에게 분노를 느꼈음을 보여주는 증거이다. 그렇지 않았다면 크세르크세스가 레오니다스의 시체를 그렇게 험하게 다루지는 않았을 것이다. 내가 아는 한 페르시아인은 다른 어느 종족보다도 용감한 전사의 명예를 존중하기 때문이다. 레오니다스의 시체에 대한 크세르크세스의 명령은 그대로 이행되었다.

우리비아데스에게 주어 그리스군이 아르테미시온에 머무르는 데 대한 동의를 받아냈다. 나머지 지휘관들도 반대하지 않았다. 다만 코린토스 함대의 지휘관인 오키토스의 아들 아데이만토스만이 아르테미시온에 머물지 않고 떠나겠다고 말했다. 테미스토클레스는 그에게 한 가지 약속을 했다.

> "그대가 우리를 버리지 않을 것이라 믿소. 그대가 그리스 동맹군을 이탈하는 대가로서 페르시아 왕에게 받게 될 돈보다 더 많은 돈을 내가 주겠소."

테미스토클레스는 아데이만토스 함선에 은 3탈란톤을 보냈다. 에우리비아데스와 아데이만토스는 뇌물을 받고 에우보이아인이 원하는 대로 머물렀다. 가장 많은 돈을 받은 사람은 테미스토클레스 자신이었다. 그가 나머지 돈을 챙긴 것을 아는 사람은 아무도 없었다. 돈을 받은 두 사람도 그 돈이 설득을 목적으로 아테네에서 나온 것으로 생각했다. 이렇게 해서 그리스군이 에우보이아의 아르테미시온에 머물면서 해전을 하게 되었다.

페르시아군이 아페타이에 도착한 것은 이른 오후였다. 그들은 소수의 그리스 함선들이 아르테미시온에 정박해 있다는 것을 이미 들어 알고 있었다. 그리스인을 공격하여 나포하고 싶었지만 정면 공격하고 싶은 생각은 없었다. 그리스인이 자신들이 오는 것을 알면 야밤에 도망칠 것이기 때문이다. 페르시아군은 그리스인이 도망쳐서 단 한 명이라도 살아남는 꼴을 보고 싶지 않았다.

페르시아군은 전체 함대에서 차출한 200척이 에우보이아섬을 돌아 에우리푸스 해협으로 들어가서 그리스 함대의 퇴로를 차단하고, 본 함대는 정면 공격할 작전을 세웠다. 함선 200척이 작전 지역으로 항해하는 동안 본 함대는 그리스를 공격하지 않고 지켜보면서 파견한 함대가 목적지에 도착했다는 신호를 기다릴 계획이었다. 작전에 따라 함선 200척이 파견되었고, 그 사이에 아페타이에 남아 있는 함선들은 점호했다.

페르시아군에 스킬리아스라는 자가 있는데, 그는 당대 최고의 잠수부였다. 과거 페르시아 함선들이 펠리온에서 난파당했을 때 그는 페르시아인을 위해 재물들을 건져주었고, 그 자신도 막대한 부를 손에 넣었다. 스킬리아스는 그리스 진영으로 도망가고 싶었지만 그럴 기회가 없었다. 마침내 그가 그리스 진영으로 도망쳐 왔는데, 어떻게 왔는지 나는 알지 못한다. 그가 아페타이에서 아르테미시온까지 약 14.8km를 한 번도 수면 위로 떠오르지 않고 잠수만 해서 왔다고들 하는데, 이 이야기가 진실인지는 의심스럽다. 그가 배를 타고 아르테미시온으로 왔다는 것이 나의 의견이다. 그는 아르테미시온에 도착하자마자 그리스 지휘관들에게 페르시아 함선들이 난파된 이야기와 에우보이아를 우회하려 파견된 함선들 이야기를 했다.

이 말을 듣고 그리스인은 회의했다. 많은 논의 끝에 오늘은 그대로 머물면서 적에 대항하고, 한밤중에 출항하여 에우보이아를 우회하는 함선을 찾아 공격하자는 견해가 우세했다. 그러나 오후 늦게까지 기다려도 그리스 함선을 공격해 오는 함대가 없자 그리스군이 먼저 페르시아 본 함대를 공격했다. 그들은 적군의 전술과 자신들의 능력을 시험해 보고 싶었다.

크세르크세스의 병사와 지휘관들은 함선들 소수가 다가오는 것을 보고 그리스인이 제정신이 아니라고 생각했다. 페르시아군은 자신들이 쉽게 이기리라 생각하고 출격했다. 그들이 그렇게 생각하는 것은 아주 당연했다. 그리스 함선들이 워낙 소수였고, 자신들의 배는 그보다 몇 배 더 많았고, 더 빨랐기 때문이다. 그들은 그리스 배들을 한가운데로 몰아넣고 포위했다. 마지못해 페르시아군에 종군했으나 그리스에 우호적이었던 이오니아인은 포위되고 있는 그리스인을 보고 슬퍼했다. 그들은 포위된 그리스인 중 한 사람도 고국으로 돌아가지 못하리라 생각했다. 그들에게 그리스군은 그렇게 허약해 보였다. 이 사태에 기뻐하고 있던 페르시아 군인들은 자신들이 아테네의 배를 나포하는 최초의 사람이 되어 왕에게 상을 받으려고 서로 경쟁했다. 페르시아 진영에서는 아테네 함선의 명성이 높았기 때문이다.

신호가 떨어지자 그리스인은 뱃머리를 적을 향하게, 후미는 진영 중앙 쪽에 두었다. 두 번째 신호가 떨어지자 그들은 좁은 공간에 갇혀서 정면으로 공격할 수 없는 상황인데도 공격을 개시했다. 이 전투에서 그들은 적선 30척을 나포했다. 적선을 처음 나포한 사람은 아테네인이었는데, 그는 이 공로로 승리자의 상을 받았다. 해전이 한창일 때 밤이 되어 전투는 종결되었다. 그리스인은 아르테미시온으로 돌아갔고, 페르시아군은 아페타이로 갔다. 이 해전에서 페르시아군에서 복무했던 그리스인 중 그리스로 도망친 유일한 사람은 렘노스 출신의 안티도로스였다. 아테네인은 그에게 살라미스섬의 땅을 주었다.

밤이 되자 건기인 한여름인데도 불구하고 밤새 억수같이 비가 내렸고, 천둥이 쳤다. 시체와 난파선 파편들이 아페타이로 떠밀려와 함선 뱃머리에 들러붙어 노의 날과 엉켰다. 페르시아 함선의 선원들은 이런 소리에 겁이 나서 현재의 재난이 결국은 죽음으로 종결되리라 생각했다. 그들은 펠리온산 앞바다에서 폭풍을 겪고 얼마 되지 않아 격렬한 해전을 치렀고, 해전이 끝나자마자 큰비와 바다로 쏟아져 들어오는 급류와 요란한 천둥까지 견뎌야 했다. 아페타이에 있는 선원들은 무서운 밤을 보냈다.

에우보이아를 우회하면서 육지에서 멀리 떨어진 바다에 있던 선원들은 같은 밤이지만 더 잔인한 밤을 보냈다. 그들의 최후는 끔찍했다. 그들은 에우보이아 동쪽의 '움푹 들어간 곳'이라는 뜻인 코이라 앞바다에서 폭풍우를 만나 방향도 없이 떠돌다 바위에 완전히 좌초되었다. 이 모든 것은 페르시아 병력을 그리스 병력과 비등하게 맞추려는 신의 뜻이다. 아페타이의 페르시아군은 새벽이 되자 안도의 숨을 쉬면서 움직이지 않았다. 재난을 겪은 터라 아무것도 하고 싶지 않았다.

아테네 함선 53척이 그리스군을 도우러 왔다. 원정군이 오고, 에우보이아를 우회하던 페르시아 함선들이 폭풍우로 모두 좌초되었다는 소식이 전해지자 그리스군의 사기는 드높았다. 그리스군은 전날처럼 오후 늦게까지 기다리다가 바다로 나가 킬리키아 함선들을 공격하여 난파시켰다. 이후 밤이 되자 그들은 아르테미시온으로 돌아왔다.

3일째 되는 날 페르시아 지휘관들은 소수의 적에게 당하는 것도 참을 수 없고, 크세르크세스가 화를 내는 것도 두려워 더 이상 그리스인을 기다리지 않고 싸우기로 했다. 그들은 한낮에 바다로 나갔다. 이들이 해전을 벌이고 있던 3일 동안 테르모필라이에서도 3일 동안 육지전이 벌어지고 있었다. 레오니다스가 그리스 진입로를 지키려고 하는 동안 그리스 선원들도 에우리포스 해협을 지키려고 하고 있었다. 그리스군은 페르시아군이 그리스에 발을 들이게 하지 말라는 명령을 받았고, 페르시아군은 그리스를 섬멸하여 해협을 확보하라는 명령을 받았다.

크세르크세스의 함대가 전열을 갖추고 진군해 올 때 그리스군은 아르테미시온 앞바다에 그대로 있었다. 페르시아군이 초승달 대형을 구축하고 그리스 함대를 에워싸고 포위하려고 하자 그리스군도 출격하여 전투를 시작했다. 이 해전에서 양군은 한 치도 물러서지 않았다. 크세르크세스의 함대는 수도 많고 커서 서로 뒤엉켜 충돌했다. 그런데도 그들은 물러서지 않고 싸웠다. 적은 수의 함선에 패배당해 도주하는 것을 참을 수 없었기 때문이다. 그리스 측도 파괴된 함선과 전사자들이 많았으나 페르시아 측의 피해보다는 훨씬 적었다. 이렇게 싸운 뒤 양군은 철수했다.

그리스 함대, 본토로 철수

양군은 서둘러 각자의 정박지로 갔다. 그리스군은 전투를 끝내고 철수한 후 전사자와 난파선을 수거했다. 피해가 컸는데, 특히 아테네 함선의 피해가 컸다. 절반에 달하는 아테네 함선들이 파괴되었다. 그리스 지휘관들은 이제 에우보이아섬을 떠나 그리스 본토 쪽으로 퇴각하기로 했다.

테미스토클레스는 이오니아인과 카리아인이 페르시아군에서 이탈한다면 그리스군이 나머지 페르시아군을 제압하기는 쉽다고 생각했다. 때마침 에우보이아인이 가축들을 해안 쪽으로 몰고 내려오고 있었다. 테미스토클레스는 지휘관들을 모아 놓고, 자신에게 왕의 정예부대인 이오니아인과 카리아인을 동맹군에게서 이탈하게 만드는 방안이 있다고 말했다. 그는 그 방안에 대해서는 말하지 않고, 다만 에우보이아 가축 떼를 적이 아니라 우리가 먹는 것이 더 낫지 않겠느냐고 말했다. 그러면서 지휘관들에게 병사들을 시켜 불을 피우게 했다. 그는 무사히 그리스로 돌아갈 수 있게 해줄 테니 철수하는 시점은 자신이 알아보겠다고 했다. 지휘관들은 이에 동의한 후 즉시 불을 피우고, 가축 떼가 있는 곳으로 갔다.

에우보이아인이 가축 떼를 빼앗긴 것은 바키스의 신탁을 무시했기 때문이다. 그들은 다가올 전쟁에 대비하여 재산을 옮겨놓거나 식량을 비축해 놓지 않았다. 신탁의 내용은 다음과 같다.

> "이방인의 말을 하는 자들이
> 파피루스로 만든 멍에를 바닷물에 던질 때
> 시끄럽게 울어대는 염소 떼를
> 에우보이아에서 옮겨놓도록 하라."

에우보이아인은 이 신탁에 주의를 기울이지 않아 현재에도, 다가올 미래에도 엄청난 재난을 겪었다.

그리스인이 이렇게 하고 있을 때 트라키아에서 정찰병이 왔다. 아르테미시온에도 폴리아스라는 정찰병이 있었다. 그의 임무는 만일 함대가 패배할 경우 테르모필라이에 있는 육군에게 전하는 것이었다. 마찬가지로 육군에도 아테네인인 아브로니코스가 레오니다스와 함께 있었다. 그는 육군에게 나쁜 일이 일어났을 때 삼단노선을 타고 아르테미시온에 있는 그리스군에게 전해주는 임무를 맡고 있었다. 그가 아르테미시온에 와서 레오니다스와 그의 군대가 패한 소식을 전해주었다. 그리스인은 이 소식을 듣자마자 더 이상 출발을 지연시키지 않고 정해진 순서에 따라 철수했다. 코린토스 함선이 선두에 서고, 아테네 함선이 제일 뒤에서 따라갔다.

테미스토클레스는 아테네 함선 중 가장 빠른 함선을 골라 주변에 식수가 있는 곳을 찾도록 했다. 다음 날 함선들이 찾은 곳에 이오니아인이 아르테미시온으로 왔을 때 읽을 수 있도록 바위에 글을 새겼다.

> "이오니아인이여! 여러분이 여러분의 선조인 그리스에 대항해 싸워 그리스를 노예로 만드는 것은 잘못된 일이오. 여러분이 우리에게 동참하는 것이 최선이오. 만일 그것이 불가능하다면 최소한 전쟁에서 중립을 지키시고, 카리아인에게도 그렇게 하자고 권하시오. 이 두 가지 중 어느 것도 할 수 없다면, 페르시아에 너무 억압받고 있어서 반기를 들 수 없다면 교전 시 여러분의 힘을 모두 사용하지 말기를 요청하오. 여러분이 우리의 후손들이고, 우리가 페르시아와 싸우는 것은 처음부터 여러분이 만든 일이라는 사실을 잊지 마시오."

내 생각에 테미스토클레스가 이렇게 새긴 것은 두 가지 의도가 있었다. 만일 크세르크세스가 이 글에 대해 모른다면 이오니아인이 그리스군에 동참할 것이다. 만일 크세르크세스가 이 글을 안다면 이오니아인을 불신하여 해전에 참전시키지 않아 병력 손실을 유발할 것이다.

보이오티아의 히스티아이이아에서 한 사람이 페르시아군에 와서 그리스군이 아르테미시온에서 철수했다고 전했다. 이를 믿을 수 없었던 크세르크세스는 쾌속선 몇 척을 보내 정탐하고 오라고 했다. 쾌속선의 선원들이 돌아와서 사실이라고 하자 다음날 새벽 페르시아의 전체 함대가 아르테미시온으로 출항했다. 그곳에서 정오까지 머물다가 다시 히스티아이아로 항해했다. 그곳에 도착하자 페르시아군은 도시를 장악하고 모든 마을을 짓밟았다.

페르시아군의 남하

크세르크세스는 테르모필라이에서 전사한 아군의 시체 2만구 중 1,000구만 남겨두고 나머지를 구덩이에 묻게 했다. 그 위에 나뭇잎과 흙을 덮어 함대에서 온 사람들이 보지 못하도록 했다. 그리고 전령을 히스티아이아에 보냈다. 히스티아이아에 온 전령은 말했다.

> "전우 여러분! 크세르크세스 왕께서 원하는 사람은 누구든 주둔지를 떠나, 왕의 군대를 이길 수 있다고 생각한 어리석은 사람들에 대항해 페르시아군이 어떻게 싸웠는지 보러 와도 좋다고 허락하셨습니다."

전령이 말을 전하자 직접 보기를 원하는 병사들이 너무 많아 배를 구하기 어려울 지경이었다. 그들은 배를 타고 테르모필리아로 건너와서 시체들 사이를 거닐었다. 그들은 죽은 그리스인이 모두 스파르타인과 테스페이아인이라고 생각했다. 그들은 크세르크세스가 아군의 전사자들을 어찌했는지를 모르지 않았다. 왕이 한 일이 실로 우스웠기 때문이다. 아군의 시체 1,000구는 여기저기 흩어져 있었던 반면, 그리스군의 시체 4,000구는 한 곳에 쌓여 있었던 것이다.

이런 일이 벌어지고 있을 때 테살리아인이 포키스에 전령을 보냈다. 그들은 오래전부터 포키스인에게 원한을 품고 있었는데, 최근의 재난으로 그 원한이 더 깊어졌다. 크세르크세스가 원정을 시작하기 몇 년 전에 테살리아인은 많은 병력을 동원하여 포키스를 공격했지만 패배하여 막대한 손해를 입었다. 포키스인은 예언자 텔리아스 덕택에 다음과 같은 작전으로 승리했다. 텔리아스는 포키스의 정예부대원 600명에게 온몸과 전투 장비에 석고를 발라 희게 만들라고 지시했다. 그리고 밤에 테살리아군을 습격하여 흰 칠을 하지 않은 자들을 모두 죽이라고 했다. 테살리아군의 보초병들은 처음에 흰 칠을 한 적군을 유령인 줄 착각하여 도망쳤다. 보초병들에 이어 나머지 군인들도 모두 두려움에 도망쳤다. 이렇게 포키스군은 적군 4,000명을 죽였다.

포키스군은 보병을 물리쳤을 뿐 아니라 자신들의 나라에 침입한 기병도 격퇴했다. 그들은 히암폴리스 근처에 커다란 구덩이를 파고 큰 항아리를 묻었다. 그 위에 흙을 덮어 지면과 같아 보이게 한 후 테살리아인을 기다렸다. 테살리아 기병들이 포키스인을 섬멸하고자 돌진하다가 항아리에 빠졌고, 말들의 다리는 부러졌다.

보병과 기병의 패배로 포키스를 절대 용서할 수 없었던 테살리아인은 포키스에 전령을 보내 제안했다.

"페르시아와 같은 편인 우리의 영향력이 크니 은 50탈란톤을 지급하면 재난을 피하게 해 주겠다."

이들 지역에서 페르시아 편을 들지 않은 나라는 포키스뿐이었다. 포키스는 돈을 주지 않을 것이고, 그리스를 배신하지 않을 것이라고 화답했다. 이유는 오로지 테살리아인에 대한 증오 때문이었다. 만약 테살리아인이 그리스 편을 들었으면 포키스인은 페르시아 편을 들었을 것이다.

포키스인의 답을 들은 테살리아인은 그들에 대한 분노로 페르시아군에게 진군할 길을 안내해 주었다. 페르시아군은 포키스로 쳐들어갔지만, 그들을 붙잡지는 못했다. 포키스인이 파르나소스산으로 도망쳤기 때문이다. 페르시아군은 포키스 전역을 황폐화시켰다. 이후 페르시아군은 케피소스강을 따라 드리모스, 카라드라, 에로코스, 테트로니온, 암파카이아, 네온 등 수많은 지역을 약탈하고 불태웠다. 파르나소스산 부근에서 포키스인 몇 명을 추격하여 잡았다. 일부 여성들은 페르시아군에게 집단으로 윤간당한 뒤 살해되었다.

페르시아군은 파라포타미오이를 지나 파노페우스에 도착한 후 부대를 둘로 나누었다. 크세르크세스가 이끄는 강력한 부대는 보이오티아를 점령한 후 아테네를 목표로 진격했다. 다른 부대는 파르나소스산을 오른쪽으로 끼고 델포이 성역으로 향했다. 델포이의 전 주민은 도시를 떠났고, 남자 60명과 신탁 사제만 남았다.

그리스 해군의 남하

그리스 함대는 아테네인의 요청에 따라 아르테미시온을 떠나 살라미스섬으로 향했다. 아테네인이 살라미스행을 요청한 것은 아이들과 여자들을 아티카 지역에서 피란시키고, 앞으로의 일을 논의하기 위해서였다. 그들이 예상했던 계획이 어긋나 현재 상황에 대해 논의할 필요가 있었다. 그들은 펠로폰네소스인이 보이오티아에서 페르시아군을 맞아 온 힘을 다할 줄 알았다. 그러나 그런 일은 일어나지 않았다. 들은 바에 따르면, 펠로폰네소스인은 코린토스 지협을 방어선으로 하여 펠로폰네소스 반도를 지키는 것에만 관심이 있었지 그 외의 지역은 안중에도 없었다. 그래서 아테네인이 그리스 함대를 살라미스섬으로 향하도록 요청했다.

다른 그리스인은 살라미스섬으로 향했고, 아테네인만 자신의 나라에 상륙했다. 그들은 도착하자마자 모든 아테네인은 자식과 하인들을 피신시키라고 포고했다. 사람들 대부분은 식솔을 트로이젠으로, 일부는 아이기나와 살라미스로 피신시켰다. 아테네인이 피란을 서두른 이유는 전에 '신성한 살라미스여!'라고 말했던 신탁에 복종하고 싶었기 때문이기도 했고, 다음과 같은 일이 일어났기 때문이기도 했다. 아테네인은 아크로폴리스 신전 안에는 거대한 뱀이 살면서 신전을 지킨다고 믿었다. 그들은 뱀이 실제로 살고 있다고 여겨 매달 꿀을 바른 빵을 제물로 바쳤다. 전에는 이 꿀빵이 늘 소비되었는데, 전쟁 때에는 건드리지 않은 채 그대로 있었다. 사제가 이 사실을 아테네인에게 알리자 아테네인은 여신이 아크로폴리스를 버렸다고 믿고 서둘러 나라를 떠나고 싶어 했다. 아테네군은 재산과 사람을 모두 안전하게 피신시킨 후 본대가 있는 살라미스로 갔다.

아르테미시온을 출발한 그리스 함대가 살라미스섬에 도착하자 이 소식을 들은 트로이젠에 있던 나머지 그리스 함대도 합류했다. 이리하여 살라미스섬에는 아르테미시온에서 싸웠을 때보다 더 많은 국가에서 파견된 더 많은 수의 함선이 집결했다. 함대의 총사령관은 아르테미시온 해전 때와 같은 에우리클레이데스의 아들 에우리비아데스였다. 그는 스파르타인으로서 왕족은 아니었다. 가장 많은 수의 함선을, 항해에 가장 적합한 함선을 제공한 나라는 아테네였다.

그리스 함대의 구성은 다음과 같다. 펠로폰네소스 반도에서 스파르타는 16척, 코린토스는 아르테미시온 해전 때와 같은 40척, 시키온은 15척, 에피다우로스는 10척, 트로이젠은 5척, 헤르미오네는 3척을 제공했다. 펠로폰네소스 반도 외의 본토에서 참석한 병력은 다음과 같다. 아테네인은 여타 나라의 함선보다 더 많은 180척의 함선을 제공했다. 메가라는 아르테미시온 해전 때와 같은 20척, 암브라키아는 7척, 레오카스는 3척, 아이기나는 30척, 칼키스는 아르테미시온 해전 때와 같은 20척, 에레트리아는 7척, 케오스는 아르테미시온 해전 때와 같은 4척, 낙소스는 4척, 스티라는 아르테미시온 해전 때와 같은 2척, 키트노스는 삼단노선 1척과 오단 노선 1척,

크로톤은 1척, 멜로스는 2척, 시프노스는 1척, 세리포스는 1척을 제공했다. 함선의 총수는 오단 노선을 제외하고 378척이었다.

그리스군의 해전 장소 논의

함대를 파견한 국가의 지휘관들은 살라미스에 모여 회의를 열었다. 총사령관인 에우리비아데스가 제안했다.

> "여러분! 누구든지 아직 그리스 지배하에 있는 지역 중 해전에 가장 적합하다고 생각하는 지역에 관해 의견을 개진하시오."

아티카 지역은 이미 포기했으므로 그리스 지배하에 있는 지역에서 제외되었다. 발언자 대다수는 코린토스 지협으로 가서 펠로폰네소스 앞바다에서 해전을 벌이자는 의견에 동의했다. 그들의 주장은 만약 살라미스섬에서 패배하면 포위 공격을 당해 전멸할 수 있지만, 코린토스 지협에서는 자신들의 해안으로 피신할 수 있다는 것이었다.

이러한 논의를 하고 있을 때 한 아테네인이 와서 크세르크세스가 이끄는 부대가 보이오티아를 지나 아티카 지역에 침입, 아티카 전역을 불태우고 있다고 보고했다. 페르시아군이 헬레스폰토스 해협을 건너 유럽으로 오는 데 1개월이 걸렸고, 거기서 아티카 지역으로 오는 데는 3개월이 소요되었다. 페르시아군이 아테네에 들어왔을 때 나라는 텅 비어있었다. 소수의 신전 관리인과 빈민들은 아크로폴리스 주위에 목책을 치고 침입자들을 막고 있었다. 이들이 다른 아테네인처럼 살라미스섬으로 피란하지 않은 이유는 가난하기 때문이기도 하지만, "나무 성벽이 너희를 구해줄 것"이라는 신탁 때문이었다. 그들은 자신들을 구해줄 나무 성벽이 아크로폴리스의 목책이지 함대는 아니라고 생각했다.

페르시아군은 아크로폴리스 맞은편, 아테네인이 '아레스의 언덕'이라 부르는 곳을 점령한 후 포위 공격에 들어갔다. 페르시아군은 화살에 삼베를 감아 불을 붙인 후 목책으로 쏘았다. 포위된 아테네인은 위기에 몰리고 목책도 무너졌지만, 계속 항전했다. 특히 페르시아군이 성문으로 접근할 때 바윗덩이를 떨어뜨려 저항했다. 크세르크세스는 제압할 방도가 없어 곤혹스러웠다.

페르시아군이 아크로폴리스로 올라가는 또 다른 진입로를 발견함으로써 전투는 종결되었다. 아크로폴리스 북서쪽이자 성문 뒤쪽에 경사가 심한 오르막길이 있었다. 아테네인은 누구도 이곳을 오르지 못한다고 생각하여 경비병을 한 명도 배치하지 않았다. 이곳으로 몇 명의 페르시아군이 올라왔다. 페르시아군이 아크로폴리스에 갑자기 나타나자 일부 아테네인은 성벽 아래로 떨어져 죽었고, 다른 아테네인은 신전 안으로 도망쳤다. 올라온 페르시아 병사들은 먼저 성문 쪽으로 가서 성문을 열고, 살려달라고 애원하는 자들을 살육했다. 그들은 모든 아테네인을 죽인 후 신전을 약탈하고, 아크로폴리스 전체를 불태웠다.

아테네의 아크로폴리스에서 일어난 일이 살라미스의 그리스 함대에 전해졌다. 일부 펠로폰네소스 지휘관들은 너무 놀란 나머지 작전에 관한 안건의 결론을 기다리지도 않고 도망가려고 자신들의 함선으로 가서 닻을 올렸다. 남은 지휘관들은 코린토스 지협에서 해전하기로 했다. 밤이 되자 그들은 회의를 마치고, 각자의 함선으로 돌아갔다.

테미스토클레스가 자신의 함선으로 돌아오자 므네시필로스라는 아테네인이 지휘관들 회의에서 어떤 결정을 내렸는지를 물었다. 테미스토클레스는 코린토스 지협으로 항해해 가서 펠로폰네소스 반도 앞에서 해전하기로 결정했다고 알려주었다. 므네시필로스는 말했다.

"안 됩니다. 함대가 일단 살라미스섬을 떠나게 되면 장군님께서는 해전을 벌여 지켜야 할 단일의 그리스를 잃게 될 것입니다. 각 나라의 함대는 저마다 자국으로 돌아갈 것이고, 에우리비아데스는 물론 다른 누구도 그리스 연합 함대가 해체되는 것을 도저히 막을 수 없을 것입니다. 이런 어리석은 작전 때문에 그리스는 멸망하고 말 것입니다. 장군님께서 결정 사항을 번복시키실 수 있다면 에우리비아데스의 마음을 바꾸어 이곳 살라미스에 머물도록 설득하십시오."

테미스토클레스는 이 제안에 마음이 움직였지만 아무런 대꾸도 하지 않고 에우리비아데스의 배가 있는 곳으로 갔다. 그가 총사령관과 면담하고 싶다고 하자 에우리비아데스는 배에 올라오라고 했다. 에우리비아데스 곁에 앉은 테미스토클레스는 므네시필로스의 견해를 마치 자신의 생각인 것처럼 말하면서 몇 가지 제안을 덧붙였다. 마침내 에우리비아데스는 테미스토클레스의 간절한 탄원에 설득되어 지휘관들의 회의를 소집했다.

지휘관들이 모이자 에우리비아데스가 지휘관 소집 이유를 설명하기도 전에 테미스토클레스가 급한 마음에 먼저 발언했다. 그가 발언하고 있는 동안 코린토스의 지휘관이자 오키토스의 아들인 아데이만토스가 말을 자르면서 말했다.

"테미스토클레스여! 경기할 때 출발 신호가 떨어지기 전에 출발하는 자는 채찍으로 얻어맞소."

테미스토클레스는 응수했다.

"늦게 출발하는 자는 승리의 왕관을 쓸 수 없소."

이때는 그 코린토스인에게 온화하게 말했다. 테미스토클레스는 전에 에우리비아데스에게 했던 말, 즉 만일 그리스 함대가 살라미스를 떠나면 연합 함대가 분산될 것이라는 말을 하지 않았다. 대신 그는 다른 논거를 내세워 코린토스 지휘관에게 말했다.

"그리스를 구하는 일은 그대의 손에 달려 있소. 만일 그대가 나와 다른 사람들의 말을 따라 여기 살라미스에서 싸운다면 말이오. 그대가 코린토스 지협으로 함대를 철수시키지 않는다면 말이오. 나의 말을 듣고, 각 계획을 비교해 보시오. 먼저 그대가 코린토스 지협에서 전투하면 그대는 넓은 바다에서 해전을 할 것이오. 이는 우리에게 어떠한 이점도 없소. 우리의 배가 더 무겁고, 적보다 수가 더 적기 때문이오. 우리가 그곳에서 승리한다고 해도 우리는 살라미스, 메가라, 아이기나를 잃게 될 것이오. 적의 육군이 함대를 뒤따라 올 것이고, 그렇게 되면 그대는 적을 펠로폰네소스로 유인하여 그리스 전체를 위험에 빠트리는 꼴이 되오.

내가 말한 대로 하면 그대는 여러 가지 측면에서 이점을 얻을 것이오. 첫째, 좁은 해역에서 우리의 소수의 함선과 적의 대규모 함선이 싸운다면 우리가 승리할 것이오. 좁은 해역에서 싸우는 것은 우리에게 유리하고, 넓은 바다에서 싸우는 것은 적에게 유리하기 때문이오. 둘째, 우리의 아이들과 여자들이 피신해 있는 살라미스섬을 지킬 수 있을 것이오. 셋째, 그대가 가장 관심 있어 하는 것이오. 여기서 해전을 벌이면 코린토스 지협에서 해전하는 것만큼이나 펠로폰네소스 반도를 방어할 수 있소. 그대가 현명한 판단을 한다면 적군을 펠로폰네소스로 불러들이는 일은 일어나지 않을 것이오.

내가 기대하는 대로 우리의 함선들이 승리하게 되면 그대는 코린토스 지협에서 적을 보지 않을 것이오. 적은 아티카를 넘어 진격하지 못하고 무질서하게 퇴각할 것이오. 우리는 메가라, 아이기나,

살라미스를 지킴으로써 이점을 얻을 것이오. 신탁은 우리가 살라미스에서 적에게 승리할 것이라 예언했소. 인간은 합리적인 계획이 있을 때 승리할 것이오. 만일 그 계획이 불합리하다면 신도 인간의 뜻에 동조하지 않을 것이오."

테미스토클레스의 말에 코린토스의 지휘관인 아데이만토스는 나라가 없는 자는 조용히 있어야 한다고 또다시 공격했다. 그러면서 에우리비아데스에게 나라가 없는 사람에게는 투표권을 주지 않아야 한다고 조언했다. 그는 테미스토클레스에게 나라가 있을 때 의견을 개진하라고 충고했다. 그가 이렇게 공격한 이유는 아테네가 적군에게 점령당해 적의 수중에 있었기 때문이다.

테미스토클레스는 아데이만토스에게 말했다.

"아테네가 함선 200척에 선원들을 배치하고 있는 한 아테네인은 나라를 가지고 있을 뿐 아니라 그대들보다 더 큰 나라를 갖고 있소. 그리스의 어느 나라도 아테네의 공격을 막을 수 있는 나라는 없소."

이어서 테미스토클레스는 에우리비아데스에게 말했다.

"그대가 여기 머물러 남자의 체면을 살려준다면 모든 일이 잘 될 것이오. 그렇지 않다면 그대는 그리스를 망하게 할 것이오. 이 전쟁에서 모든 것은 함대에 달려 있소. 만약 나의 권고대로 하지 않으면 우리는 이대로 가족을 배에 태워 이탈리아의 시리스로 이주할 것이오. 그 나라는 오래전부터 우리의 소유였고, 신탁도 그곳이 아테네인의 식민시가 될 것이라고 예언했었소. 그대는 우리 같은 동맹군을 잃고 나면 내 말을 떠올리게 될 것이오."

테미스토클레스의 말을 들은 에우리비아데스는 마음을 바꿨다. 그가 생각을 바꾼 이유는 그리스 함대가 코린토스 지협으로 이동하면 아테네인이 떨어져 나갈 것이라는 두려움 때문이라고 나는 생각한다. 아테네인이 떠난다면 나머지 그리스인으로는 적을 상대할 수 없었다. 결국에 그는 살라미스에 남아서 싸우자는 의견을 채택했다. 에우리비아데스의 결정에 따라 사람들은 살라미스에서의 해전을 준비했다.

페르시아군의 해전 장소 논의

크세르크세스 함대의 선원들은 히스티아이아에서 배를 타고 테르모필라이로 가서 전사한 스파르타인을 본 후 다시 히스티아이아로 돌아왔다. 그들은 3일 머문 후 에우리포스 해협을 거쳐 3일 만에 아테네 남쪽의 항구 팔레룸에 도착했다. 육로와 해로로 아테네에 침입한 페르시아군의 수는 세피아스와 테르모필라이에 도착했을 때의 병력보다 적지 않았다고 나는 생각한다. 페르시아군이 폭풍우, 테르모필라이 전투, 아르테미시온 해전 등으로 잃은 병력은 이후 합류한 병력으로 충원되었기 때문이다. 그리스 중심부로 진격하는 동안 더 많은 종족이 페르시아 편으로 넘어갔다.

페르시아 육군이 아테네로 들어오고, 함대가 팔레룸 항구에 입항했을 때 크세르크세스는 선원들의 의견을 듣고 싶어서 함선으로 내려갔다. 그가 왕좌에 앉자 그가 부른 종족의 왕들과 함대의 지휘관들도 착석했다. 그들은 크세르크세스가 정해준 명예의 서열에 따라 앉았다. 제일 앞에 시돈 왕이, 그다음에 티로스 왕이 앉았고, 나머지 사람들도 서열대로 앉았다. 그들이 모두 앉자 크세르크세스는 마르도니오스를 보내 해전을 해야 할지 말아야 할지에 대한 의견을 일일이 물어보도록 했다.

마르도니오스가 시돈 왕의 의견을 제일 먼저 묻고, 이어서 다른 사람들에게도 물었다. 그들은 해전을 해야 한다는 데 만장일치로 지지했다. 할리카르나소스의 아르테미시아 여왕만 다른 의견이었다.

"마르도니오스여! 에우보이아의 아르테미시온 해전에서 가장 비겁하지 않았고, 적지 않은 군공을 세웠던 나 아르테미시아가 전하께 다음과 같이 고하노니 전해주시오.

'왕이시여! 전하께 가장 좋은 방안이라고 생각하는 바를 솔직하게 전하는 것이 저의 일입니다. 그래서 감히 말씀드리건대, 우리의 함대를 아끼시어 해전을 하지 마시기 바랍니다. 우리의 남자가 여자보다 강한 것처럼 바다에서는 그리스인이 우리보다 훨씬 더 강합니다. 전하께서 위험을 무릅쓰면서까지 해전을 할 필요가 있습니까? 전하께서는 이번 원정의 목표였던 아테네를 이미 점령하지 않으셨습니까? 나머지 그리스도 전하의 것이 아니 옵니까? 전하의 진군을 가로막을 자는 한 명도 없습니다. 전하께 저항하는 자들은 그 대가를 받았습니다.

적의 정황이 어떻게 될지 제 생각을 말씀드리겠습니다. 왕이시여! 만일 우리가 해전을 서두르지 않고, 함대를 여기 육지 가까운 팔레룸에 정박시키거나 펠로폰네소스로 진군시킨다면 전하께서는 생각하시는 바를 손쉽게 이룰 것입니다. 그리스인은 장기간 우리에게 대항할 수 없고, 각자의 나라로 흩어져 도망갈 것입니다. 제가 알기로 살라미스섬에는 식량이 충분하지 않습니다. 또 전하께서 펠로폰네소스로 군대를 진군시키신다면 그곳 출신의 그리스인은 더 이상 아테네를 위해 해전하려고 하지 않을 것입니다. 전하께서 서둘러 해전하다 패하신다면 해군의 패배가 육군에게도 피해를 끼칠까 봐 두렵습니다.'"

아르테미시아가 마르도니오스에게 이렇게 말하자 그녀에게 호의적이었던 사람들은 그녀가 해전을 반대하는 조언을 하여 왕에게 처벌받지 않을까 걱정했다. 그녀가 동맹국 중 특별히 총애를 받는 것을 시기하는 사람들은 그녀가 곧 처형당하리라 생각하여 기뻐했다.

종족의 왕과 함대 지휘관들의 의견을 모두 전해 들은 크세르크세스는 아르테미시아의 의견이 가장 마음에 들었다. 그는 전에도 그녀가 뛰어난 여성이라고 생각했지만 이로 인해 그녀를 더욱 높이 평가하게 되었다. 하지만 그는 다수의 의견을 선택하라고 명령했다. 그는 에우보이아의 아르테미시온 해전에서는 자신이 없어 병사들이 소극적이었다고 생각하고, 이번 해전은 지켜보려고 했다.

그리스군의 해전 장소 재논의

크세르크세스의 출항 명령이 떨어지자 페르시아 함선들은 살라미스로 항해하여 느긋하게 전투 대형을 갖추었다. 하지만 이미 날이 저물어가고 있어서 전투할 시간이 없어 다음날 전투하기로 했다. 두려움과 공포가 그리스인, 특히 펠로폰네소스인을 사로잡았다. 그들은 살라미스에 머물면서 아테네인의 땅을 지키려고 해전을 하다 패배한다면, 자신들은 섬에 갇혀 포위당하면서 고국은 무방비상태로 내버려 둔 꼴이 된다고 두려워했다.

그날 밤 페르시아 육군이 펠로폰네소스로 진격했다. 페르시아군이 펠로폰네소스 반도를 침입하는 것을 막기 위해 가능한 한 모든 조치가 동원되었다. 펠로폰네소스인은 레오니다스와 그의 부대가 테르모필라이에서 전사했다는 소식을 듣자마자 그들의 나라에서 코린토스 지협으로 달려갔다. 그들의 총사령관은 아낙산드리다스의 아들이자 레오니다스의 동생인 클레옴브로토스였다. 그들은 코린토스 지협에 도착하자마자 도로를 끊고, 지협을 가로지르는 방벽을 쌓기 시작했다. 수만 명이 동원되었고, 밤낮으로 작업했기 때문에 방벽은 빠르게 완성되어 갔다. 지협의 그리스인이 그렇게 열성적으로 방벽 건설 공사를 한 것은 그들이 절체절명의 위기에 있었기 때문이었다. 또 그리스 함대가 해전에서 승리할 것이라고 기대하지 않았기 때문이기도 하다.

살라미스섬에 있는 함대의 선원들도 펠로폰네소스인의 공사 이야기를 전해 들었지만, 여전히 두려웠다. 자신들보다 펠로폰네소스의 안위가 더 걱정스러웠다. 처음에 사람들은 에우리비아데스가 믿을 수 없을 정도로 어리석다고 끼리끼리 모여 수군거렸으나 마침내 공공연하게 분노를 표출했다. 결국에 지휘관 회의가 소집되었고, 같은 안건에 대해 여러 가지 논의가 진행되었다. 일부는 이곳 살라미스에 머물면서 이미 적의 수중에 떨어진 아테네를 위해 싸울 것이 아니라 펠로폰네소스로 가서 그곳을 방어해야 한다고 주장했다. 그러나 아테네인, 아이기나인, 메가라인은 이곳에서 싸워야 한다고 주장했다.

테미스토클레스는 회의에서 펠로폰네소스인의 주장이 받아들여질 것 같은 느낌이 들자 몰래 회의장을 빠져나왔다. 그는 한 남자에게 배를 타고 페르시아 진영으로 가서 자신이 한 말을 전하라고 명령했다. 시킨노스라는 이름의 이 남자는 테미스토클레스의 하인이자 그의 아이들을 돌보고 있는 인물이었다. 시킨노스는 시키는 대로 배를 타고 가서 페르시아 지휘관들에게 말했다.

"아테네의 지휘관이 다른 그리스인 몰래 저를 파견했습니다. 그 지휘관은 페르시아 왕의 편이고, 그리스가 아니라 페르시아가 승리하기를 원하십니다. 그분이 저에게 다음과 같이 전하라고 하셨습니다.

'그리스인은 두려움에 도망갈 생각만 하고 있으니 그대들이 그리스인의 도주를 막는다면 유례없는 승리를 거둘 것이오. 그리스인은 서로 분열되어 더 이상 그대들에게 대항하지 못할 것이오. 오히려 그리스인은 그대들의 편을 드는 자와 그렇지 않은 자로 분열되어 자기들끼리 싸우게 될 것이오.'"

시킨노스의 전갈을 믿었던 페르시아군은 살라미스와 본토 사이에 있는 작은 섬 프시탈레이아에 다수의 페르시아 병력을 상륙시켰다. 한밤중이 되자 함대의 서쪽 날개에 있던 함선들은 선회하면서 살라미스로 진군했다. 케오스와 키노수라에 정박하고 있던 함선들은 전진하여 해협 전체를 봉쇄했다. 이렇게 진군한 목적은 그리스인이 도망가지 못하도록 하기 위해서였다. 그들은 그리스인을 살라미스에 가두어 아르테미시온 해전에서의 패배를 복수하고 싶었다. 그들이 프시탈레이아라는 작은 섬에 다수의 병력을 상륙시킨 이유는 이 섬이 해전이 벌어질 장소에 포함되었기 때문이다. 전투가 끝난 후 병사와 난파선들이 이 섬으로 표류해 오면 아군의 병력은 구하고, 적군은 살해하기 위해서였다. 페르시아군은 적군에게 들키지 않으려고 조용히 이 일을 진행했다. 그들은 밤에 이런 준비를 하느라고 한숨도 자지 못했다.

살라미스의 지휘관들은 여전히 격렬하게 논쟁하고 있었다. 그들은 페르시아 함대가 자신들을 포위한 줄도 모르고, 낮에 봤던 그 장소에 그대로 포진해 있다고 생각했다. 지휘관들이 논쟁하고 있을 때 아테네인이자 리시마코스의 아들인 아리스테이데스가 아이기나에서 살라미스로 건너왔다. 내가 그의 성격을 물어보고 안 바를 근거로 할 때, 비록 아테네 시민들이 그를 추방했지만, 그는 아테네에서 가장 훌륭하고, 가장 정의로운 사람이라고 나는 생각한다. 그는 회의장으로 가서 테미스토클레스를 밖으로 불러냈다. 테미스토클레스는 그의 친구가 아니라 최악의 정적이었다. 그러나 아리스테이데스는 국가적 위기에 직면하여 개인적인 오랜 권력 투쟁을 접어두고 테미스토클레스에게 면담을 요청했다. 그는 펠로폰네소스 함선들이 살라미스섬을 떠나 코린토스 지협으로 가고 싶어 한다는 사실을 알고 있었다. 테미스토클레스가 나오자 그는 말했다.

"다른 모든 경우도 마찬가지지만 지금 우리는 우리 중 누가 조국에 더 유익한가를 두고 다투어야 할 것이오. 나는 펠로폰네소스인이 여기서 출항하는 것에 대해 많이 논하든 적게 논하든 결과는 마찬가지라고 생각하오. 코린토스인과 에우리비아데스가 여기서 출항하고 싶어도 그렇게 할 수 없다는 사실을 내 눈으로 보았기 때문이오. 적들이 이미 우리를 포위하고 있소. 그러니 가서 이 사실을 그들에게 전하시오."

테미스토클레스가 대답했다.

"자네의 권고는 유익하고, 자네는 좋은 소식을 전해주었소. 내가 바라는 바가 이루어졌음을 자네가 직접 목격했으니 말이오. 페르시아인이 그렇게 하도록 부추긴 사람은 나요. 그리스인이 자진해서 싸우려고 하지 않으니 그들의 뜻과 달리 싸우도록 강요할 필요가 있었소. 자네가 좋은 소식을 가져왔으니 그들에게 직접 말해주시오. 내가 말하면 그들은 내가 지어낸 이야기라고 할 것이오. 그들은 페르시아군이 실제로 하는 일을 믿으려 하지 않을 것이오. 자네가 가서 그들에게 페르시아군이 어떻게 포진하고 있는지 전해주시오. 그들이 자네의 말을 믿으면 좋고, 그렇지 않다고 해도 결과는 마찬가지요. 자네의 말처럼 우리는 사방으로 포위되어 있어서 여기서 빠져나갈 수 없을 테니 말이오."

아리스테이데스가 회의장 안으로 들어가서 조언했다.

"지휘관 여러분! 제가 아이기나에서 살라미스로 오는 길에 그리스 함대가 페르시아 함대에 완전히 포위된 것을 보았습니다. 그러니 우리는 이제 적군에게 항전할 수밖에 없습니다."

이렇게 말하고 그가 회의장을 나가자 지휘관들 사이에 또다시 논쟁이 벌어졌다. 지휘관들 대부분이 그의 말을 믿지 않았기 때문이다. 지휘관들이 여전히 확신하지 못하고 있을 때 페르시아 측의 테노스인이 삼단노선 1척을 몰고 탈주하여 진실을 전했다. 그리스인은 테노스인의 말을 듣자 진실이라고 생각하고 해전을 준비했다.

살라미스 해전(기원전 480년 9월)

날이 밝자 지휘관들은 휘하의 전 병력을 소집했다. 이때 테미스토클레스는 누구보다 훌륭한 연설을 했다. 그의 전체 연설은 인간의 본성과 인간의 성향에서 좋은 요소와 나쁜 요소를 비교하는 것이었다. 그는 좋은 요소를 선택하라고 하면서 연설을 끝맺고, 승선 명령을 내렸다. 그리스인이 함선을 출항시켜 바다로 나서자마자 페르시아인이 즉각 공격해왔다.

그리스 함선들은 맞서지 않고 후진하여 배를 해안 쪽으로 정박시키려고 했다. 이때 아메이니아스라는 아테네인이 적선으로 과감하게 돌진하여 적선을 들이받았다. 그의 함선이 적선과 엉켜 떨어질 수 없게 되자 다른 그리스 함대가 아메이니아스의 함선을 도우러 와서 전투에 합류했다. 아테네인은 이런 식으로 해전이 시작되었다고 전한다. 다른 설에 따르면, 여인의 환영이 나타나 그리스 함대 전체가 들을 수 있도록 큰 소리로 꾸짖었다고 한다.

"혼이 빠진 사람들아! 언제까지 후진만 할 것이냐?"

아테네인의 정면에 포진해 있는 함대는 페니키아인으로서 그들은 엘레우시스 쪽의 서쪽 날개를 담당하고 있었다. 스파르타인과 대적하고 있는 함대는 이오니아인으로서 피라이우스 쪽의 동쪽 날개를 맡고 있었다. 살라미스에서 페르시아 함선들 대부분은 아테네인과 아이기나인에게 난파되었다. 이는 당연한 결과였다. 그리스인이 대열을 이루며 질서 있게 싸웠던 반면, 페르시아인은 자신의 대열을 지키지 않아 어떠한 작전도 구사할 수 없었기 때문이다. 이날 페르시아인은 아르테미시온 해전 때보다 훨씬 더 용감하게 싸웠다. 그들은 크세르크세스 왕이 자신들을 보고 있다고 생각하면서 왕에 대한 두려움으로 사력을 다해 싸웠다.

나는 페르시아군이나 그리스군의 사람들 개개인이 어떻게 싸웠는지 정확히 말할 수 없다. 그러나 아르테미시아가 한 일로 그녀에 대한 크세르크세스의 존경심이 더욱더 깊어졌다는 것은 말할 수 있다. 페르시아군이 혼란스러울 때 아르테미시아의 함선이 아테네 함선의 추격을 받았다. 페르시아의 다른 동맹국의 함선들이 그녀의 함선 앞을 가로막고 있었고, 그녀의 함선이 적선 제일 가까이에 있었기 때문에 그녀는 도망갈 수 없었다. 그녀는 다음과 같이 행동하기로 했는데, 이것이 그녀에게 유익한 결과를 가져왔다. 그녀는 아테네 함선의 추격을 받자 페르시아 동맹군의 함선을 들이받았다. 그 함선에는 칼린다인과 그 왕인 다마시티모스가 타고 있었다. 그들이 헬레스폰토스에 있을 때 서로 싸웠기 때문인지, 그녀가 고의로 그런 행동을 했는지, 칼린다인의 함선이 우연히 그 장소에 있었기 때문인지 나로서는 알 수 없다.

그녀가 페르시아 아군의 함대를 들이받아 난파시킨 것은 그녀에게 두 가지 이점을 가져다주었다. 첫 번째는 그녀가 페르시아군의 함대를 들이받는 것을 본 아테네 함장이 아르테미시아의 함선이 그리스 함선이거나 그리스를 위해 싸우는 페르시아군의 탈주선으로 생각하고, 뱃머리를 돌려 다른 함선들을 공격하러 갔다는 것이다. 이로써 그녀는 난파당하지 않고 도주할 수 있었다. 두 번째는 그녀가 해로운 행동을 했음에도 크세르크세스의 신임을 더욱더 받았다는 것이다. 전투 상황을 지켜보고 있던 크세르크세스는 아르테미시아의 배가 다른 배를 들이받는 것을 보았다. 측근 중 한 명이 왕에게 말했다.

"왕이시여! 아르테미시아가 얼마나 잘 싸우고 있는지 보셨습니까? 그녀가 적의 함선을 어떻게 격침하는지를 보셨습니까?"

크세르크세스는 아르테미시아가 진실로 그렇게 행동했느냐고 물었다. 측근들은 그렇다고 했다. 그들은 자신들이 아르테미시아 함대의 표식만을 알고 있었기 때문에 파괴된 배가 당연히 적선이라고 추측했다. 내가 말한 것처럼 이 모든 일이 그녀에게는 행운이었다. 격침된 칼린다 함선에서 생존자가 아무도 없어서 그녀를 고소하지 못한 것도 그녀의 행운이었다. 크세르크세스는 측근들의 말을 듣고, 다음과 같이 말했다고 한다.

"우리의 남자들은 여자가 되었고, 우리의 여자들은 남자가 되었다."

이 전투에서 다리우스의 아들이자 크세르크세스의 동생인 아리아비그네스가 전사했다. 페르시아와 동맹국의 저명한 사람들도 많이 전사했다. 그리스 전사자의 수는 소수였다. 이유는 그들이 수영할 줄 알았기 때문이다. 그들은 자신들의 함선이 격침되어 가라앉을 때 죽지만 않았다면 살라미스섬까지 헤엄쳐 갈 수 있었다. 반면 페르시아군은 대부분 수영할 줄 몰랐기 때문에 바다에 빠져 죽었다. 많은 함선이 파괴되었을 때는 앞 열의 함선들이 도망가려고 방향을 돌릴 때였다. 뒤 열에 배치된 함선들이 군공을 세우는 것을 왕에게 보여주기 위해 계속 전진하다가 후퇴하는 아군의 함선들과 충돌한 것이다.

혼란한 와중에 자신들의 함선이 파괴된 일부 페니키아인이 왕에게 가서 자신들이 함선을 잃은 것은 이오니아인의 배반 때문이라고 고발하는 일이 일어났다. 결과적으로 이오니아 지휘관들은 처형을 면했고, 비방한 페니키아인은 다음과 같은 보복을 당했다. 페니키아인이 여전히 비방하고 있을 때 이오니아의 사모트라케인의 한 함선이 아테네 함선을 들이받았다. 아테네의 함선이 침몰하자 아이기나 함선 한 척이 사모트라케인의 함선을 들이받아 침몰시켰다. 이때 투창을 던지는 실력이 뛰어났던 사모트라케인이 투창을 던져 자신의 함선을 침몰시킨 적선의 선원들을 죽이고, 적선에 올라 적선을 장악했다. 이 일이 이오니아인을 구했다. 전투 상황으로 짜증이 나 있었던 크세르크세스는 모두를 비난하고 싶은 심정이었다. 그러던 차에 이오니아인이 이처럼 큰 공적을 세우는 것을 보자 페니키아인 쪽으로 향하더니, 비열한 자들이 더 고귀한 자들을 비방하는 일이 없도록 그들의 목을 베라고 명령했다.

페르시아군은 도주하여 팔레룸으로 향했고, 아이기나인은 해협에서 기다렸다가 혁혁한 공을 세웠다. 아테네인이 혼전 와중에 저항하거나 도주하는 적선들을 격침하고 있을 때 아이기나인은 해협에서 빠져나가려는 적선들을 들이받았다. 페르시아 함선들은 아테네인의 추격에서 벗어나자마자 곧이어 아이기나인에게 공격당했다. 다행히 파괴되지 않고 도주한 페르시아 함대들은 육군의 보호를 받으면서 팔레룸에 도착했다.

살라미스 해전에서 가장 용감하게 싸워 이름을 알린 그리스인은 아이기나인이었고, 그다음은 아테네인이었다. 개인으로서 가장 이름을 알린 사람은 아이기나인인 폴리크리토스와 아테네인 에우메네스와 아메이니아스였다. 아메이니아스는 아르테미시아를 추격한 인물이다. 만일 그가 자신이 추격한 함선이 아르테미시아의 배인 줄 알았다면 그녀를 잡든, 아니면 자신이 잡히든 끝까지 추격했을 것이다. 그녀를 추격하라는 것이 아테네 지휘관들에게 내려진 명령이었고, 그녀를 생포한 사람은 상금 1만 드라크마를 받을 수 있었기 때문이다. 아테네인은 여자가 자신들에 대항하는 전쟁을 감행한 것에 분노했다. 그러나 그녀는 도주했고, 살아남은 다른 함선들과 함께 팔레룸에 도착했다. 해전이 끝난 뒤 그리스인은 해역에 있던 많은 난파선을 살라미스로 끌고 가 다음 전투에 대비했다. 그들은 크세르크세스가 남아 있는 배들을 이용해 다시 공격해 올 것이라고 예상했다.

크세르크세스의 퇴각과 잔존 부대

크세르크세스는 자신에게 일어난 재앙을 깨닫자 일부 이오니아인이 그리스인에게 조언하거나 그리스인이 스스로 생각해내어 헬레스폰토스로 가서 부교를 파괴해 버릴까 봐 두려웠다. 그렇게 되면 그는 유럽에 갇혀 파멸할 위험에 처할 것이었다. 그는 도주하려고 결심했다. 그는 자신의 도주 계획을 그리스인도, 아군도 모르게 하고 싶어 팔레룸에서 살라미스섬까지 부교를 만들게 했다. 페니키아의 배들을 연결하여 다리도 되고, 방벽도 되는 부교를 건설하게 했다. 이는 마치 또 다른 해전을 준비하는 것처럼 보였다. 왕의 행동을 본 사람은 누구나 왕이 이곳에 남아 또다시 전투하려는 것으로 추측했다. 다만 왕의 의중을 가장 잘 알고 있었던 마르도니오스의 눈은 속일 수 없었다.

부교를 건설하는 동안 크세르크세스는 페르시아에 사자를 보내 패전 소식을 알렸다. 이 세상에서 페르시아의 사자보다 더 빨리 임무를 수행하는 사람은 없었다. 이는 페르시아인이 독자적으로 고안한 것이었다. 하루 달릴 수 있는 거리에 말 한 필과 사람 한 명씩 배정되었다. 전체 일정의 수만큼 말과 사람들이 배치되었다. 사자가 자신들에게 할당된 구간을 전속력으로 달리는 것을 눈도, 비도, 더위도, 밤도 제지하지 못했다. 첫 번째 주자가 전속력으로 달려 전달 사항을 두 번째 주자에게 전해주면 두 번째 주자가 세 번째 주자에게 전해주는 방식, 즉 이 사람에서 저 사람으로 전하는 방식이었다. 이 제도를 페르시아인은 안가레이온이라고 불렀다.

크세르크세스가 아테네를 점령했다는 첫 번째 소식이 수사에 도착했을 때 본국에 남아 있던 페르시아인은 너무나 기뻐 모든 길에 도금양 가지를 뿌리고, 향을 피워 희생제를 드린 후 흥겹게 즐겼다. 첫 번째 소식에 이어 살라미스에서의 패전이라는 두 번째 소식이 전해지자 페르시아인은 너무도 당혹스러워 옷을 찢으면서 울부짖고 끊임없이 한탄하면서 마르도니오스에게 책임을 돌렸다. 그들이 이렇게 슬퍼한 것은 함대를 잃어버렸기 때문이 아니라 크세르크세스의 안위가 걱정되었기 때문이다. 페르시아인의 염려는 크세르크세스가 귀국할 때까지 지속될 것이다.

마르도니오스는 크세르크세스가 해전의 결과에 상당히 실망하여 아테네에서 도주하려고 계획하는 것은 아닌지 의심했다. 그는 자신이 왕을 설득하여 그리스 원정을 추진했기 때문에 고국에 가면 처벌받으리라 생각했다. 그는 이참에 그리스를 정복하는 모험을 하거나 고귀한 일을 하다 명예롭게 죽는 모험을 하는 것이 더 낫다고 판단했다. 그의 생각은 점점 그리스 정복 쪽으로 기울었다. 고심 끝에 그는 왕에게 다음과 같이 제안했다.

> "왕이시여! 우리에게 일어난 일로 애통해하거나 낙심하지 마십시오. 우리에게 이 전쟁의 승패는 나무로 만든 함선이 아니라 사람과 말에 달려 있사옵니다. 적들은 승리했다고 자신하면서도 누구도 배에서 내려 우리에게 대항하려고 시도하지 않을 것입니다. 그리스 본토에 사는 사람들도 마찬가지로 우리에게 저항하지 않을 것입니다. 우리에게 저항하는 자들은 그 대가를 받았습니다. 그러니 전하께서 원하신다면 당장 펠로폰네소스를 공격하십시오. 아니면 전하께서 기다리고 싶으시면 그렇게 하십시오. 낙담하지 마십시오. 그리스인은 지난번과 이번에 저지른 행동에 대한 대가를 치르고, 전

하의 노예가 될 것입니다. 제가 말씀드린 대로 하시는 것이 전하께는 최상일 것입니다.

전하께서 철군하려고 결심하셨다면 제게 다른 대안이 있습니다. 페르시아인이 그리스인의 조롱거리가 되게 하지 마십시오. 우리가 이런 패배를 당한 것은 페르시아인 때문이 아닙니다. 페니키아인, 이집트인, 키프로스인, 킬리키아인이 겁쟁이였기 때문입니다. 이 재난에 페르시아인은 어떠한 역할도 하지 않았습니다. 페르시아인에게는 어떠한 책임도 없으니 저의 진언을 들어주십시오. 만일 전하께서 이곳에 머무르지 않으려고 결정하셨다면 군대 대부분과 함께 귀국하십시오. 다만 저에게 30만 명의 병사를 뽑게 해 주신다면 그리스를 노예로 만들어 전하께 바치겠나이다."

비탄에 빠졌던 크세르크세스는 이 이야기를 들었을 때 상당히 기뻤다. 그는 마르도니오스에게 다른 사람과 신중히 상의해 보고, 두 가지 계획 중 어느 것을 선택할지 알려주겠다고 말했다. 그는 페르시아인을 소집하여 의논하던 중 아르테미시아도 불러야겠다고 결심했다. 그가 보기에 이전 회의에서 그녀만이 최상의 방책을 조언해 주었기 때문이다.

아르테미시아가 왔을 때 크세르크세스는 페르시아인 조언자와 근위병을 포함하여 모든 사람을 내보내고 그녀에게 물었다.

"마르도니오스는 내가 여기에 머물면서 펠로폰네소스를 공격하라고 조언했소. 그가 말하기를, 페르시아인과 육군은 이번 패전에 어떠한 책임도 없으므로 페르시아가 그 증거를 보여주어야 한다는 것이오. 그는 내가 이 일을 하라고 조언했소. 아니면 내가 남은 병력을 이끌고 고국으로 철수하는 동안 자신에게 30만 명의 병사를 주면 그리스를 노예로 만들어 나에게 줄 것이라고 제안했소. 그대가 전에 해전을 하지 말라고 한 조언이 옳았기에 내가 두 가지 제안 중 어느 것을 선택하는 것이 나은지 조언을 구하오."

아르테미시아는 조언을 요청받자 다음과 같이 대답했다.

"왕이시여! 전하의 조언 요청에 어느 것이 최선인지는 말씀드리기 어렵습니다. 그러나 현재 정황을 볼 때 전하께서는 고국으로 철군하십시오. 마르도니오스가 원해서 자신이 말한 바를 이행할 수 있다고 약속했다면 그에게 원하는 병력을 남겨주시는 것이 최선이라고 생각합니다. 왕이시여! 만일 마르도니오스가 정복하겠다고 제안한 것을 실제로 정복했다면, 그의 계획대로 공적을 세웠다면 그 공적은 전하의 업적이 됩니다. 그 공적을 세운 사람이 전하의 종복이기 때문입니다.

반대로 마르도니오스의 기대와 달리 전쟁에서 패배한다면 전하와 전하의 가문이 안전한 한 그것은 큰 불운이 되지 않을 것입니다. 전하와 전하의 가문이 무사한 한 그리스인은 수많은 시간 동안 자신들의 목숨을 지키기 위해 싸워야 할 것입니다. 마르도니오스에게 불운이 닥친다고 해도 그것은 그리 큰 문제가 아니고, 그리스인이 승리한다고 해도 그들은 전하의 종복을 죽인 것에 불과하므로 진정한 승리를 했다고 할 수도 없습니다. 전하께서는 아테네를 불태우겠다는 이번 원정의 목적을 모두 이루었으니 귀국하셔도 됩니다."

아르테미시아의 조언은 크세르크세스를 기쁘게 만들었다. 자신이 생각하고 있는 바를 그녀가 말해주었기 때문이다. 내 생각에 이 세상의 모든 남녀가 크세르크세스에게 그리스에 남아 있으라고 조언해도 그는 남지 않았을 것이다. 그만큼 그는 공포심에 사로잡혀 있었다. 크세르크세스는 아르테미시아에게 감사의 인사를 한 후 그녀가 자신의 자식들을 데리고 에페소스로 가도록 했다.

아르테미시아에게 자식들을 맡겨 보낸 후 크세르크세스는 마로도니오스를 불러 그가 원하는 만큼의 장병을 선발하여 말한 바를 이루라고 명령했다. 그날 낮에는 다른 일이 없었다. 밤이 되자 왕의 명령에 따라 지휘관들은 팔레룸에서 출항하여 왕이 건널 부교를 보호하기 위해 헬레스폰토스로 전속력으로 항해했다.

살라미스 해전 후 그리스군의 상황

다음 날 그리스인은 페르시아 육군이 있었던 곳에 그대로 있는 것을 보자 함대도 팔레룸에 있는 줄 알았다. 페르시아 함대가 또다시 해전을 시도하리라 생각한 그리스인은 방어 준비를 했다. 그러나 페르시아 함대가 떠난 것을 알자 그들은 바로 추격하기로 했다. 그들이 안드로스까지 크세르크세스의 함대를 추격했지만 보이지 않았다. 그들은 안드로스 항구에 입항하여 작전 회의를 소집했다.

테미스토클레스는 섬들 사이를 누비며 적의 함선을 추격해야 하고, 부교를 파괴하기 위해 곧장 헬레스폰토스로 가야 한다는 의견을 개진했다. 총사령관인 에우리비아데스는 반대의 의견을 제시했다. 그는 부교를 파괴하는 것은 그리스에 가할 수 있는 최대의 재앙이 될 것이라고 말했다.

> "만일 페르시아 왕이 퇴로가 차단되어 어쩔 수 없이 유럽에 머무르게 된다면 그는 결코 가만히 있지 않을 것이오. 그가 가만히 있으면 이룰 수 있는 것이 아무것도 없고, 고국으로 돌아갈 길도 없고, 군대는 굶주려 죽을 것이오. 반대로 그가 진취적이고 적극적인 자세를 취한다면 그는 유럽의 모든 국가와 종족을 정복하거나 그 전

에 강화조약을 맺어 버릴 것이오. 그러면 그는 매년 그리스인이 생산한 농작물로 살아갈 것이오. 내 생각에 페르시아 왕은 해전에서의 패배 후 유럽에 머무르고 싶지 않을 것이오. 그가 고국으로 도망가도록 내버려 둡시다."

펠로폰네소스의 다른 지휘관들은 에우리비아데스의 의견에 동조했다. 테미스토클레스는 헬레스폰토스로 항해하도록 다른 지휘관들을 설득할 수 없다는 것을 알게 되자 아테네인에게 다음과 같이 연설했다.

"내가 자주 보았고, 더 자주 들었던 것은 패배하여 궁지에 몰린 사람은 다시 싸워 이전의 불운을 만회하고 싶어 한다는 것이오. 우리 자신과 그리스가 그렇게 강력한 적을 물리친 것은 진실로 행운이었소. 그러니 우리는 도망가는 적을 추격하지 맙시다. 이번 승리를 얻은 것은 우리의 공적이 아니오. 그것은 신과 영웅들의 공적이오. 우리의 신과 영웅들은 아시아와 유럽의 전체 영역을 한 사람이 지배하는 것을 달가워하지 않소. 그 한 사람은 신전과 세속적인 집들을 모두 불태우고, 신상을 파괴할 뿐만 아니라 바다에 채찍질하고 족쇄를 던지는 그런 사악하고도 불경스러운 인간이오. 지금 우리는 모든 것이 잘 되고 있으니 그리스에 머물면서 우리 자신과 식솔들을 돌봅시다. 적군이 완전히 격퇴되었으니 우리의 집을 재건하고, 부지런히 씨를 뿌립시다. 내년 봄이 오면 헬레스폰토스와 이오니아로 출항합시다."

테미스토클레스가 이렇게 말한 의도는 페르시아 왕에게 신뢰를 얻으려는 것이었다. 그는 언젠가 아테네인에게 어떤 고난을 받게 된다면 페르시아를 피난처로 삼고자 했다. 실제로 나중에 그런 일이 일어났다. 테미스토클레스가 이런 말로 아테네인을 기만했지만, 아테네인은 그의 말을 따랐다. 아테네인은 그를 현명한 사람으로 항상 존경했고, 이제 현명할 뿐만 아니라 분별력까지 있는 사람으로 여겨 그가 말하는 것은 무엇이든 따를 준비가 되어 있었다.

아테네인을 설득한 테미스토클레스는 곧바로 어떠한 고문에도 페르시아 왕에게 전하는 전언을 실토하지 않을 몇 명을 작은 배에 태워 왕에게 보냈다. 그중에는 그의 심복인 시킨노스도 있었다. 이들이 아티카 지역에 도착했을 때 다른 사람들은 배에 남고, 시킨노스만 배에서 내려 크세르크세스를 만났다.

> "아테네의 장군이자 그리스 전체 동맹국 중 가장 고귀하고, 가장 현명한 테미스토클레스께서 저를 전하께 보내어 이렇게 전하라 하셨습니다.
>
> '아테네인 테미스토클레스는 전하께 호의를 보이고자 그리스인이 전하의 배를 추격하고 헬레스폰토스의 부교를 파괴하고 싶어 했을 때 그들을 저지시켰습니다. 이제 누구도 전하를 방해하지 않을 것이니 편안히 귀국하십시오.'"

이렇게 전하고 그들은 배를 타고 돌아갔다. 테미스토클레스의 탐욕은 끝이 없었다. 그는 페르시아 왕에게 보냈던 사자들을 다른 섬들에 보내 협박하게 했다. 그들은 돈을 요구하면서 만일 테미스토클레스가 요청한 돈을 주지 않는다면 그리스 함대를 이끌고 섬을 공격, 점령할 것이라고 위협했다. 이렇게 해서 테미스토클레스는 카리스토스인과 파로스인에게서 엄청난 액수의 돈을 거둬들였다. 이들은 안드로스섬이 페르시아의 편을 들어 포위 공격을 당했고, 그리스 지휘관 중 테미스토클레스가 가장 존경받고 있다는 것을 알고 두려워서 돈을 주었다. 다른 섬들도 돈을 주었다고 확실하게 말할 수는 없지만, 카리스토스인과 파로스인 외에 다른 섬의 주민들도 돈을 주었을 것이라고 나는 추측한다. 카리스토스인은 돈을 지급했지만, 불운을 미룰 수 없었다. 반면 파로스인은 테미스토클레스를 매수해 그리스군의 공격을 피할 수 있었다. 테미스토클레스는 안드로스섬을 기지로 하여 그리스의 다른 지휘관들 몰래 섬의 주민들로부터 돈을 갈취했다.

살라미스 해전 후 페르시아군의 상황

크세르크세스는 해전을 치른 지 며칠 후 왔던 길을 따라 보이오티아로 퇴각했다. 마르도니오스는 왕을 안전하게 퇴각시키고 싶었고, 계절도 전쟁에 적합하지 않다고 생각했다. 테살리아에서 겨울을 보내고, 내년 봄에 펠로폰네소스를 다시 공격하는 것이 더 낫다고 생각한 것이다. 페르시아군이 테살리아에 도착하자 마르도니오스는 불사의 부대라고 불리는 병력 전원을 자신의 군대에 편입시켰다. 다만 불사의 부대 지휘관이었던 히다르네스는 왕의 곁을 떠나지 않겠다고 하여 제외되었다.

다음으로 페르시아 흉갑병, 기병 1,000명, 메디아인, 사카이인, 박트리아인, 인디아인 등이 제공한 보병과 기병을 뽑았다. 그 외 동맹군 중 용모가 뛰어나거나 군공을 세운 것으로 알려진 사람들을 종족별로 소수 뽑았다. 수적으로는 다른 어느 종족보다 페르시아인이 가장 많았고, 그다음으로 메디아인이 많았다. 메디아인은 페르시아인 만큼 많았지만, 전투력은 그보다 떨어졌다. 마르도니오스의 병력은 기병을 포함해 총 30만 명이 되었다.

마르도니오스가 자신 휘하의 병력을 선발하고, 크세르크세스가 테살리아에 머무르고 있을 무렵 델포이의 신탁이 스파르타인에게 전달되었다. 신탁의 내용은 스파르타인이 레오니다스 왕을 살해한 것에 대한 보상금을 크세르크세스에게 요구하고, 그가 주는 것을 그대로 받으라는 것이었다.

이에 스파르타인은 곧바로 크세르크세스에게 사절을 보내 보상을 요구했다. 사절은 페르시아 전체 병력이 아직 테살리아에 있다는 것을 발견하고, 크세르크세스를 알현해 말했다.

"메디아의 왕이시여! 우리 스파르타는 그리스를 방어하다 전사하신 우리 왕의 죽음에 대한 보상을 요구합니다."

크세르크세스는 웃으면서 한동안 아무 말이 없다가 마침 옆에 서 있던 마르도니오스를 가리키며 말했다.

"여기 있는 마르도니오스가 스파르타인에게 합당할 만큼의 보상을 해 줄 것이오."

사절은 이 말을 듣고 돌아가 스파르타에 전했다.

크세르크세스는 마르도니오스를 테살리아에 남겨두었다. 그는 전속력으로 달려 45일 만에 헬레스폰토스의 도해 지점에 도착했다. 병력 일부만이 그와 함께 왔다. 행군 도중 페르시아군은 어느 지역이든, 어떤 종족이든 도착하는 지역의 수확물을 빼앗아 먹었다. 도착 지역에 아무것도 없다면 들판의 풀을 먹었고, 나무껍질을 벗겨 먹었다. 그들은 굶주림 때문에 어떤 것도 남겨두지 않았다. 페르시아군에 역병과 이질이 발생하여 다수가 죽었다. 크세르크세스는 병든 병사들을 뒤에 남겨두었고, 행군 도중에 있는 도시의 주민들에게 그들을 돌보게 했다.

페르시아군은 헬레스폰토스에 도착하자 배를 타고 아시아의 아비도스로 건너왔다. 부교가 폭풍으로 이미 파괴되어 이용할 수 없었기 때문이다. 그들은 아비도스에서 행군 때보다 더 많은 음식을 먹었다. 과식하고 마시는 물도 바뀌어 많은 병사가 죽었다. 살아남은 병사들은 크세르크세스와 함께 사르디스로 갔다.

다른 이야기도 전해진다. 크세르크세스는 아테네에서 퇴각하여 에이온에 이르렀을 때 더 이상 육로로 행군하지 않았다고 한다. 그는 히다르네스에게 군대를 이끌고 헬레스폰토스로 가라고 하고, 자신은 페니키아의 함선을 타고 아시아로 항해했다. 항해 도중 갑자기 강한 바람이 불어 파도가 심하게 쳤다. 갑판에 페르시아인이 너무 많아 배가 무거웠기 때문에 폭풍우가 더 거세지자 크세르크세스는 두려웠다. 왕은 선장을 불러 살 수 있는 방도가 무엇이냐고 큰 소리로 말했다. 선장은 대답했다.

"왕이시여! 배에 탄 이 많은 사람을 어찌하지 않는 한 방도가 없습니다."

이 말을 들은 크세르크세스는 페르시아인에게 말했다.

"페르시아인이여! 왕에 대한 그대들의 충성심을 증명할 때가 지금인 것 같소. 내 목숨이 그대들의 손에 달려 있소."

왕의 말을 들은 페르시아인이 왕에게 부복한 후 바다에 뛰어들었다. 이로써 배가 가벼워져 무사히 아시아에 도착했다고 한다. 크세르크세스는 뭍에 내리자마자 왕의 생명을 구한 선장에게 황금 화관을 하사했고, 곧바로 많은 페르시아인을 죽인 죄로 그의 목을 베었다.

크세르크세스의 귀국에 관한 이 두 번째 이야기는 나에게 전혀 신빙성이 없어 보인다. 만일 선장이 그런 식으로 크세르크세스에게 말했다면 왕이 갑판 위에 있던 페르시아인과 우수한 페르시아인을 배 안으로 들여보내고, 그와 같은 수의 페니키아인 노잡이들을 바다에 던졌을 것이라는 나의 주장에 이의를 제기할 사람은 아무도 없을 것이다.

이미 말했던 것처럼 진실은 크세르크세스가 육로로 아시아로 돌아갔다는 것이다. 이 주장에 유력한 증거도 있다. 크세르크세스가 귀국 도중 아브데라에 들러 그 주민들과 우호 관계를 맺고, 황금 검과 황금 실로 수를 놓은 두건을 선사한 것은 알려진 사실이다. 아브데라는 크세르크세스가 배를 탔다고 전해지는 에이온보다 헬레스폰토스에 더 가까운 곳에 있었다.

한편 그리스군은 전리품을 분배했다. 분배가 끝나자 그들은 이번 전투에서 가장 큰 공적을 세운 사람에게 상을 수여하기 위해 코린토스 지협으로 갔다. 지휘관들이 지협의 포세이돈 제단에 모이자 자신들 가운데 1등과 2등에 투표했다. 그들은 각자 자신의 이름에 투표했는데, 자신이 최고의 무훈을 세웠다고 생각한 것이다. 그들 대부분은 테미스토클레스를 2등으로 뽑았다. 그들은 각자 한 표씩만 얻었지만, 테미스토클레스는 월등한 표 차이로 2등이 되었다.

그리스인은 질투심으로 인해 1등을 결정하지 못하고, 각자 고국으로 돌아갔다. 테미스토클레스가 그리스 전체에서 가장 현명한 인물이라는 칭송이 널리 퍼졌다. 테미스토클레스는 자신의 명성에도 불구하고 살라미스에서 싸웠던 사람들에게서 상을 받지 못하자 즉시 스파르타로 갔다. 그곳에서 명예를 얻지 않을까 하는 생각에서였다. 스파르타인은 그를 환대해 주었고, 그에게 큰 명예를 주었다. 그들은 에우리비아데스에게 무훈상으로 올리브 나뭇가지로 만든 월계관을 수여했다. 테미스토클레스에게도 그의 현명함과 영민함을 인정하여 에우리비아데스의 것과 같은 월계관을 주었다. 스파르타인은 가장 훌륭한 전차도 상품으로 그에게 주었다.

마르도니오스의 전투 준비

마르도니오스 휘하의 육군은 테살리아와 마케도니아에서 겨울을 나고 있었다. 살아남은 크세르크세스의 함대는 살라미스에서 후퇴하여 왕과 그의 군대를 아비도스로 호송해 준 후 키메에서 겨울을 나고 있었다. 봄이 되자마자 그들은 일부 함선들이 겨울을 났던 사모스섬에 집결했다. 선원들 대부분은 페르시아인과 메디아인이었다. 그들은 살라미스에서 심각한 패전을 겪은 후라 더 이상 서쪽으로 나가지 않았다. 누구도 그들에게 그렇게 하도록 강요하지도 않았다. 그들은 사모스섬에 정박해 있으면서 이오니아인이 반란을 일으키지 않도록 경비하고 있었다. 이들 함대의 총수는 이오니아 함대를 포함하여 300척에 달했다. 페르시아 함대는 그리스인이 이오니아로 가고 싶지 않고, 자신들의 나라를 지키는 데 만족할 것이라 생각했다. 페르시아인은 자신들이 살라미스에서 도주할 때 그리스인이 자신들을 추격하지 않고 전투가 끝난 것에 더 기뻐한다는 사실을 알았다. 그들은 바다에서는 승리할 자신이 없었지만, 육지에서는 마르도니오스가 쉽게 이길 것이라고 예상했다. 그래서 사모스섬에 정박해 있으면서 적에게 피해를 주는 방안을 계획하고, 마르도니오스 군대의 진행 상황을 알리는 소식에 귀를 기울이고 있었다.

봄이 되었고, 테살리아에 마르도니오스의 군대가 있었으므로 그리스군도 행동을 개시했다. 육군은 아직 집결하지 않았지만 110척에 이르는 함대는 아이기나로 갔다. 총지휘관은 스파르타의 왕족인 레오티키데스였다. 아테네 함대의 지휘관은 아리프론의 아들인 크산티포스였다. 그리스 함대는 델로스섬보다 더 동쪽으로는 가지 못했다. 그들은 이들 지역에 대해 아는 바가 없었고, 적의 무장한 병력이 곳곳에 있지 않을까 두려워했기 때문이다. 페르시아군도 두려움에 사모스섬보다 더 서쪽으로는 감히 항해하지 않았다. 양측이 중간 지대를 두게 된 배경은 두려움에 있었다.

그리스인이 델로스섬으로 항해하는 동안 마르도니오스와 육군은 테살리아에서 겨울을 나고 있었다. 그는 사방의 신탁소를 돌아다니면서 가능한 한 신탁을 모두 알아 오라고 지시했다. 그가 신탁으로 무엇을 알고 싶어

했는지 나는 알 수 없다. 내 추측에는 현재의 상황을 알고 싶어서 파견했을 것이다.

마르도니오스는 적어 온 신탁을 모두 읽은 후 마케도니아 아민타스의 아들인 알렉산드로스를 아테네에 사절로 보냈다. 알렉산드로스는 아테네에 도착해 다음과 같이 전했다.

"아테네인이여! 마르도니오스는 크세르크세스 왕에게 다음과 같은 전언을 받았다고 나에게 말했다.

'아테네인이여! 나 크세르크세스는 그대들이 나에게 저지른 모든 과오를 용서해 줄 것이다. 마르도니오스여! 내가 명하노니 그대는 그들의 영토를 그들에게 돌려주고, 그들이 원하는 땅을 골라 더 갖게 하고, 그들의 법대로 살 수 있도록 독립을 보장해 주어라. 만일 그들이 나의 조건을 받아들인다면 그대는 내가 불태웠던 모든 신전을 재건해 주어라.'

왕의 전언에 따라 나 마르도니우스가 명한다.

'나 마르도니오스는 이런 지시를 받았으니 아테네인이 나를 방해하지 않는다면 나는 왕의 전언에 복종할 것이오. 내가 그대들에게 묻겠소. 그대들은 왜 미친 듯이 페르시아 왕에 대항해 전쟁을 감행하는가? 그대들은 왕을 이길 수 없고, 언제까지고 버틸 수 없소. 그대들은 왕의 군대가 얼마나 많은지, 어떤 일을 이룩했는지 보았고, 지금 내가 얼마나 많은 병력을 거느리고 있는지 들었을 것이오. 만일 그대들이 우리를 제압하여 정복한다면, 그대들이 제정신이라면 그런 희망을 품지 않겠지만, 그렇다면 이보다 몇 배나 더 많은 병력이 또 올 것이오. 그대들은 왕에게 저항할 생각을 하지 마시오. 그랬다가는 나라를 잃고, 위험의 구덩이에 스스로 빠질 것이오. 그러니 화평하시오. 왕께서 그런 방식으로 화평을 제시했으니 그대들은 명예롭게 화의할 수 있소. 그대들은 신뢰와 정직 속에서 자유를 지키면서 우리와 동맹을 맺으시오.'"

알렉산드로스는 계속해서 말했다.

"이것이 마르도니오스가 아테네인에게 전하라고 나에게 말한 전갈이오. 내가 아테네인에게 선의를 품고 있다는 것은 말하지 않겠소. 그대들이 이미 알고 있기 때문이오. 다만 나는 그대들에게 마르도니오스의 제안을 받아들이라고 청하고 싶소. 내가 보기에 그대들은 언제까지고 크세르크세스와 싸울 수 없을 것이오. 내가 그대들에게 그럴 힘이 있다고 생각했다면 이런 전언을 그대들에게 전하지도 않았을 것이오. 만일 그대들이 그들이 제안한 이런 조건으로 곧바로 동맹을 맺지 않는다면 나로서는 그대들이 심히 염려스러울 수밖에 없소. 그리스의 모든 동맹국 중 그대들이 행군로 가장 가까이에 살고 있고, 그대들의 나라가 전장에 적합하니 파멸을 피할 수 없을 것이오. 마르도니오스의 제안을 받아들이시오. 위대한 대왕이 그리스 국가 중에서 그대들의 잘못만 용서할 준비가 되어 있고, 그대들과만 친구가 되기를 원하니 얼마나 기쁜 일이오."

알렉산드로스가 아테네에 와서 이렇게 말하기 전에 스파르타인은 알렉산드로스가 아테네와 페르시아가 화의를 맺게 하려고 아테네로 왔다는 말을 들었다. 그들은 아테네가 페르시아와 화평할까 심히 두려워 곧바로 아테네에 사절을 파견하기로 했다. 이로써 아테네는 페르시아와 스파르타 양측의 사절들을 동시에 접견하게 되었다. 아테네는 스파르타인이 페르시아 사절이 강화조약을 맺으려고 왔다는 소식을 듣는다면 자신들도 곧바로 사절을 파견하리라는 것을 알았기 때문에 페르시아와의 협상을 지연시키고 있었다.

알렉산드로스가 말을 마치자 스파르타 사절이 말했다.

"스파르타인이 우리를 파견하여 아테네인이 그리스를 배반하는 행동을 하지 않도록, 페르시아의 제안을 수락하지 않도록 요청하게 했소. 그런 일은 다른 그리스인에게 부당하고 불명예스러운 일이지만 그대들에게는 특히 그러하오. 우리가 원하지 않았던 이 전쟁을 촉발한 사람은 그대들이오. 처음 이 전쟁의 전장이 된 곳은 그대들의 영토였고, 이제는 전 그리스가 전쟁터가 되었소.

우리는 그대들이 두 번의 수확물을 약탈당하고, 그대들의 재정이 오랫동안 파탄 난 것을 보고 그대들에게 연민의 정을 느꼈소. 그 보상으로 우리 스파르타와 동맹국들은 전쟁을 지속하는 동안 전쟁을 수행하지 않는 그대들의 여자와 가족을 모두 부양할 것임을 선포하오. 마르도니오스의 제안을 전하는 마케도니아인 알렉산드로스의 감언이설에 넘어가지 마시오. 독재자는 독재자의 편을 들기 마련이오. 그대들은 페르시아인이 신뢰성도, 진실성도 없다는 것을 알 것이오."

아테네인은 알렉산드로스에게 다음과 같이 대답했다.

"우리도 메디아인의 국력이 우리보다 몇 배는 더 크다는 것을 알고 있소. 그래도 우리는 할 수 있는 한 최선을 다해 자유를 지키려고 노력할 것이오. 우리가 페르시아와 강화조약을 맺도록 우리를 설득하려고 하지 마시오. 우리는 따르지 않을 것이오. 그대는 마르도니오스에게 가서 우리가 크세르크세스와 강화협정을 맺을 생각이 없다는 말을 전하시오. 우리는 크세르크세스가 무시하면서 불태워버린 신전과 신상의 그 신들과 영웅들의 도움을 믿고 끝까지 항전할 것이오. 앞으로는 이런 제안을 가지고 아테네에 오지 마시오. 우리를 위하는 것처럼 하면서 우리에게 사악한 행동을 하라고 권유하지 마시오."

아테네인은 스파르타 사절에게는 다음과 같이 말했다.

"스파르타인이 우리가 페르시아와 강화협정을 맺을까 두려워하는 것은 인간으로서 당연한 일이오. 우리가 생각하기에 그러한 두려움은 우리를 모르고 하는 일이라 생각하오. 아테네인의 기질상 페르시아가 이 세상의 모든 황금과 경관이 뛰어난 땅을 준다고 해도 우리가 페르시아와 화의하여 그리스를 노예로 만드는 일은 하지 않을 것이오. 우리가 페르시아와 화의할 수 없는 이유는 여러 가지가 있소. 가장 우선적인 이유는 우리의 신상과 신전이 불타고 파괴되었으므로 이를 파괴한 자들과 평화협정을 맺기보다는 그 복수를 해야 하기 때문이오. 두 번째 이유는 모든 그리스인의 혈통이 같고, 언어가 같고, 신전과 축제가 같고, 생활방식이 같기 때문이오. 이를 배반하는 것은 아테네인에게 있을 수 없는 일이오. 이것은 꼭 알아두시오. 아테네는 한 사람만 살아있다고 해도 크세르크세스와 화의하는 일은 절대 없을 것이오.

스파르타가 우리의 황폐한 상황을 고려하여 우리의 가족을 부양해 주겠다고 한 제안에 대해 감사의 인사를 전하오. 우리는 스파르타에게 신세를 지지 않고, 우리 스스로 최선을 다해 견딜 것이오. 그러니 가능한 한 빨리 스파르타의 군대를 파견해 주시오. 추측하건대 페르시아 왕은 자신의 제안을 우리가 전혀 수락하지 않는다는 것을 알자마자 우리의 영토를 침입해 올 것이오. 그가 아티카 지역으로 오기 전인 지금이 우리가 보이오티아로 진군할 절호의 기회요."

스파르타 사절은 아테네의 대답을 듣고, 스파르타로 돌아갔다.

카 지역에 도착했을 때 과거처럼 한 사람도 보이지 않았다. 그가 듣기로 사람들 대부분은 살라미스섬에 갔거나 배에 타고 있었다. 그는 인적 없는 아테네를 점령했다. 크세르크세스가 아테네를 점령한 지 10개월 후 마르도니오스가 다시 장악했다.

아테네인이 살라미스섬으로 건너간 경위는 다음과 같다. 아테네인은 펠로폰네소스 원군이 올 것이라 여기고 한동안 아티카 지역에 머물러 있었다. 그러나 펠로폰네소스인은 꾸물거리면서 행동하지 않았고, 페르시아군은 보이오티아에 이미 와 있다는 소식을 듣자 재산을 챙겨 살라미스섬으로 건너갔다. 그러면서 그들은 스파르타로 사절을 보내 전했다.

> "스파르타가 페르시아군이 아티카 지역으로 침입하는 것을 수수방관했고, 우리를 도와 보이오티아에서 페르시아군에 맞서지 않은 것은 잘못이오. 스파르타는 페르시아가 자신과 같은 편이 되는 조건으로 우리에게 제안했던 것들을 기억해 주기 바라오. 만일 스파르타가 우리를 도우러 오지 않는다면 우리는 다른 자구책을 강구할 것임을 경고하오."

당시 스파르타인이 히아킨토스 제전을 벌이고 있어서 그들의 주요 관심사는 신에 대한 의무였다. 코린토스 지협에 건설 중이었던 방벽은 이제 거의 완성되어 가고 있었다. 아테네 사절들이 스파르타 감독관들을 만나 원군을 재차 요청하자 감독관들은 답변을 다음 날 하겠다고 미뤘다. 다음 날이 되면 그다음 날 답변하겠다고 했다. 그렇게 열흘이 지났다. 그 사이 펠로폰네소스인은 코린토스 지협에 방벽을 쌓는 일에 총력을 기울여 방벽을 거의 완성했다.

마케도니아의 알렉산드로스가 아테네에 왔을 때 아테네가 페르시아 편으로 넘어가지 않아야 한다고 주장했던 스파르타가 이제는 그렇게 신경 쓰지 않는 이유를 나는 명확히 알 수 없다. 아마도 코린토스 지협이 요새화되어 아테네가 더 이상 필요 없다고 생각했던 것 같다. 과거 알렉산드로스가 아테네로 왔을 때는 방벽이 아직 완성되지 않아 페르시아인을 두려워하여 아테네에 매달렸다는 것이 내가 생각한 이유이다.

스파르타에 있는 이방인 중 가장 권위가 있었던 테게아인 킬레오스는 감독관들에게 말했다.

"스파르타 감독관들이여! 만일 아테네가 페르시아의 동맹국이 되어 우리의 적이 된다면, 우리가 코린토스 지협에 아무리 견고한 방벽을 쌓았다고 해도 펠로폰네소스로 들어오는 관문들을 페르시아에 개방하는 형국이 될 것이오. 아테네가 그리스에 재난을 가져올 다른 대책을 강구하기 전에 그들의 요구를 들어주는 것이 좋소."

스파르타 감독관들은 킬레오스의 조언을 충심으로 받아들였다. 그들은 여러 국가에서 온 사절들에게 한마디도 하지 않고, 스파르타인 5,000명을 뽑아 날이 밝기 전에 출정시켰다. 병사 개개인에게 노예 7명을 딸려 보냈고, 클레옴브로토스의 아들 파우사니아스에게 지휘권을 맡겼다.

다음 날 날이 밝자 아테네 사절은 스파르타 원군의 출병 소식을 모른 채 감독관들에게 자신의 고향으로 돌아가겠다고 말했다. 감독관들이 이미 원군이 출발했다고 하자 그들은 서둘러 그 뒤를 따랐다. 페리오이코이라고 부르는 스파르타 선주민 5,000명이 그들과 동행했다. 이들은 코린토스 지협을 목표로 서둘러 진군했다.

아르고스인은 파우사니아스와 그 휘하의 부대가 스파르타에서 출발했다는 소식을 듣자마자 찾을 수 있는 가장 빠른 전령을 찾아 아티카 지역으로 보냈다. 전령이 아테네에 도착해 마르도니오스에게 전했다.

"마르도니오스여! 저는 아르고스인이 그대에게 보낸 전령입니다. 전언은 스파르타 젊은이들이 고국을 떠나 전쟁하러 오고 있고, 아르고스인이 그들의 출동을 막지 못했으니 잘 대처하시라는 것입니다."

아르고스 전령의 말을 들은 마르도니오스는 더 이상 아티카 지역에 머물고 싶지 않았다. 그는 이 소식을 듣기 전까지만 해도 아테네인의 계획이 무엇인지, 그들이 어떻게 나올지를 궁금해하면서 아티카 지역에 해를 가하거나 약탈하지 않았다. 아테네인이 혹시 페르시아와 강화조약을 맺지 않을까 추측한 것이다. 그가 아테네인을 설득하지 못했고, 상황의 내막이 밝혀지자 그는 파우사니아스의 부대가 지협에 도착하기 전에 아티카 지역에서 철수했다. 철수 전에 그는 아테네를 불태웠고, 남아 있는 성벽, 집, 신전 등 세워져 있는 모든 것을 부수고, 완전히 파괴했다.

마르도니오스가 아티카 지역에서 철군한 이유는 아티카 지형이 기병전에 적합하지 않았기 때문이고, 만일 전투에서 패배한다면 퇴로가 좁아 소수의 병력으로도 막을 수 있기 때문이다. 그는 테바이로 퇴각하여 우호적인 국가 옆에서, 기병에 적합한 지형에서 싸우려고 계획했다. 마르도니오스는 철수하는 동안 스파르타 병력 1,000명이 선발대로 메가라에 도착했다는 소식을 들었다. 이 소식을 듣자 그는 군대를 메가라로 돌렸다. 그의 기병들이 먼저 가서 메가라를 점령했다.

마르도니오스는 그리스군이 코린토스 지협에 집결했다는 전갈을 받았다. 이에 그는 테바이 아소포스강을 따라 나무들을 베면서 진지를 구축하도록 했다. 페르시아군이 공사하고 있는 동안 친페르시아파인 테바이의 아타기노스라는 사람이 마르도니오스와 페르시아 요인 50명을 연회에 초청했다. 연회는 테바이에서 열렸다.

다음 이야기는 오르코메노스의 유명 인사인 테르산드로스라는 사람에게 내가 직접 들은 것이다. 테르산드로스에 따르면, 자신도 테바이의 명사 50명과 함께 연회에 초청되었다. 페르시아인과 테바이인이 따로 앉지 않고 한 명씩 섞여서 앉았다고 한다. 식사가 끝나고 주연이 벌어졌을 때 한 페르시아인이 그의 옆에 앉아 그리스어로 어느 나라 출신이냐고 물었다. 테르산드로스는 오르코메노스 출신이라고 대답했다. 그러자 그 페르시아인은 말했다.

> "그대가 나와 함께 식사도 하고 술도 한 인연으로 내가 기념될 만한 생각을 말해주겠소. 그대가 미래를 미리 알아 안전을 위한 적절한 처신을 취하기를 바라오. 그대는 이 연회에 있는 페르시아인과 저기 아소포스 강변에 주둔한 페르시아 병사들을 보았소? 그대는 머지않아 이들 중 소수만 살아남는 것을 보게 될 것이오."

그 페르시아인은 이 말을 하면서 하염없이 눈물을 흘렸다. 테르산드로스는 놀라 말했다.

> "그렇다면 마르도니오스와 그 휘하의 지휘관들에게 이 사실을 알리면 되지 않소?"

그 페르시아인은 대답했다.

> "신의 뜻을 인간이 바꿀 수는 없는 법이오. 때로는 아무도 진실을 믿으려 하지 않소. 알면서도 어찌할 힘이 없다는 것은 인간에게 가장 고통스러운 일이오."

테르산드로스는 나에게 이 이야기를 하면서 자신이 플라타이아 전투

전에 여러 사람에게 이 이야기를 전해주었다고 덧붙였다.

에리트라이 전투(기원전 479년 8월)

마르도니오스가 보이오티아에 주둔해 있을 때 그 지역에서 페르시아 편을 든 모든 그리스인이 병력을 제공했다. 그 사이 스파르타군이 코린토스 지협에 도착하여 진을 쳤다. 나머지 펠로폰네소스인은 스파르타군이 진격하는 것을 보고 나서야 그들에게 뒤지지 않아야겠다고 생각했다. 스파르타군은 지협을 떠나 엘레우시스로 진군했다. 살라미스에서 건너온 아테네군도 이곳에서 합류했다. 그리스군은 보이오티아의 에리트라이에 이르렀을 때 페르시아군이 아소포스 강변에 주둔하고 있다는 것을 알았다. 그래서 적군 맞은편의 키타이론 언덕 기슭에 포진했다.

그리스군이 평지로 내려오지 않자 마르도니오스는 기병대 전체에게 공격을 지시했다. 기병대의 지휘관은 저명한 페르시아인 마시스티오스였다. 페르시아 기병대는 분대별로 그리스군을 공격했다. 기병대는 그리스군에게 엄청난 피해를 주었고, 그리스군을 여자들이라고 놀렸다.

그리스군 중 메가라인이 공격에 가장 노출된 지점에 포진해 있어서 적의 기병대의 지속적인 공격을 받았다. 공격의 압박을 버텨낼 수 없었던 메가라인은 그리스 지휘관들에게 전령을 보내 전했다.

> "메가라인이 동맹군들에게 전하오. 우리가 공격의 압박을 엄청나게 받았지만, 지금까지는 인내와 용기로 버텨왔소. 하지만 이제는 우리만으로 처음의 위치를 지키면서 페르시아의 기병대를 막을 수 없소. 만일 원군을 보내주지 않는다면 우리는 이 지점을 포기하겠소."

전령의 보고를 받은 파우사니아스는 다른 그리스 부대에 그 지점으로 가서 메가라를 도울 의향이 있는지를 물었다. 다른 모든 부대는 원하지 않았지만, 아테네군만 그 역할을 맡겠다고 했다. 그들은 정예부대 300명을 뽑아 파견했다. 이렇게 자원한 아테네군이 에리트라이에 있는 모든 그리스군을 지키게 되었고, 궁수들도 함께 갔다.

오랫동안 전투가 벌어졌고, 종결되었다. 페르시아 기병대가 분대별로 공격할 때 선두에 있던 마시스티오스의 말이 옆구리에 화살을 맞았다. 말이 고통에 못 이겨 앞발을 들고 뒷발로 서버리자 마시스티오스가 말에서 내동댕이쳐졌다. 그가 말에서 떨어지자 아테네 군인들이 즉시 그에게 달려가 그의 말을 사로잡고, 저항하는 그를 죽이려 달려들었다. 그가 황금 비늘이 번쩍이는 갑옷을 입고, 그 위에 자주색 옷을 걸치고 있어서 아테네 군인들이 아무리 내리쳐도 갑옷 때문에 그를 죽일 수 없었다. 그 이유를 파악한 누군가가 그의 눈을 찔렀다. 결국에 그는 쓰러져 죽었다.

이런 일이 일어나는 동안 나머지 페르시아 기병대는 이 사실을 알지 못했다. 기병들은 말머리를 돌려 다시 공격하느라 여념이 없어 마시스티오스가 낙마하여 살해당하는 것을 보지 못했다. 그들은 재차 공격하려고 멈추었을 때 자신들에게 명령을 내리는 자가 없자 마시스티오스가 죽었다는 사실을 알았다. 상황을 파악한 그들은 서로 격려하면서 시신을 찾기 위해 모두 달려 나갔다.

아테네군은 기병대가 분대별이 아니라 전군이 공격해 오는 것을 보고, 나머지 그리스군에게 큰 소리로 도움을 요청했다. 그리스의 전체 보병 부대가 도우러 오면서 마시스티오스의 시신을 둘러싸고 치열한 전투가 벌어졌다. 아테네 군인 300명이 홀로 싸울 때는 전황이 나빠 시신을 빼앗길 뻔했다. 그러나 그리스 본대가 도우러 오자 페르시아 기병대는 더 이상 버틸 수 없었다. 그들은 도움을 요청할 수도, 시신을 찾아갈 수도 없었다. 오히려 죽은 마시스티오스 외에 다른 전사자들이 더 발생했다. 그들은 2스타디온(400m) 뒤로 물러나 어찌해야 할지를 의논했다. 그들은 자신들에게 명령을 내릴 지휘관이 없으므로 마르도니오스에게 가서 상황을 보고하기로 했다.

기병대가 진지로 돌아와 소식을 전하자 마르도니오스와 전체 군대는 마시스티오스의 죽음에 깊은 애도를 표했다. 그들은 슬픔의 표시로 자신들의 머리카락과 말, 운반용 동물의 갈기를 자르며 통곡했다. 이들의 통곡 소리가 보이오티아 전역에 퍼졌다. 마시스티오스는 전체 페르시아인과 왕이 마르도니오스 다음으로 존경하는 인물이었다.

페르시아군이 자신들의 관습에 따라 마시스티오스의 죽음을 기리는 동안 그리스군은 적의 기병들의 공격을 버텨냈을 뿐 아니라 기병들을 물리치기까지 했다는 사실에 고무되었다. 그들은 마시스티오스의 시신을 수레에 싣고, 전체 대열 앞으로 지나갔다. 마시스티오스는 체격이 좋고 외모가 준수하여 볼 만한 가치가 있었다. 전군이 마시스티오스를 보기 위해 대열을 이탈할 정도였다.

플라타이아에서의 양군의 규모

그리스군은 언덕을 내려와 플라타이아로 진군하기로 했다. 그들이 보기에 플라타이아는 특히 물이 풍부해서 진지를 구축하기에 에리트라이보다 더 적합했다. 그들은 부대별로 플라타이아의 가르가피아샘으로 가서 주둔하기로 했다. 그곳은 낮은 언덕과 평지로 이루어져 있었다.

부대를 배치하는 동안 테게아군과 아테네군 사이에 설전이 벌어졌다. 그들은 서로 예전과 지금의 업적을 들먹이며 스파르타가 맡은 우익 반대편의 좌익을 맡겠다고 주장했다. 먼저 테게아군이 말했다.

"먼 옛날부터 펠로폰네소스군이 출전할 때면 언제나 우리가 좌익을 맡아왔소. 스파르타인이여! 우리는 그대들과 경쟁할 생각이 없소. 그대들이 어느 쪽 날개를 원하든 우리는 그대들의 선택에 맡길 것이오. 그러나 다른 쪽 날개는 항상 그래왔듯이 우리의 자리요. 아테네군이 아니라 우리가 그 자리에 더 적합하오. 예나 지금이나 아테네는 그 자리를 맡을만한 수훈이 없소."

이 말에 아테네군이 답변했다.

"우리는 다른 그리스인보다 더 많은 수훈을 세웠지만, 알려진 수훈이 아무것도 없다고 하니 우스운 일이오. 우리가 마라톤 전투에서 한 역할만 놓고 보더라도 우리는 그 자리를 차지할 명예, 그보다 더한 명예를 얻을 자격을 갖추었소. 모든 그리스 국가 중에 우리만 단독으로 페르시아에 맞서서 46개 종족을 무찔렀소. 이 공적 하나만으로도 그 자리를 차지할 권리가 우리에게 있지 않겠소? 스파르타인이여! 우리는 어떤 자리에서, 어떤 적과 맞서더라도 여러분이 적합하다고 생각하는 자리를 흔쾌히 받아들일 준비가 되어 있소. 여러분이 우리에게 어떤 자리를 주더라도 우리는 최선을 다할 것이오. 우리가 따를 것이라는 사실을 알고 명령하시오."

아테네의 말을 들은 스파르타 전군이 테게아군보다 아테네군이 좌익을 맞는 것이 더 좋다고 큰소리로 외쳤다. 이렇게 해서 아테네군이 테게아군을 누르고 좌익을 차지하게 되었다.

그리스군의 병력은 다음과 같다. 우익은 스파르타군 1만 명이 맡았다. 이들 중 스파르타인은 5,000명이었다. 스파르타인 1명당 7명씩 총 35,000명의 경무장한 노예가 배치되었다. 그 옆에 중무장한 테게아군 1,500명, 그 옆에 코린토스군 5,000명이 배치되었다. 그 옆으로 순서대로 여러 국가의 병사들이 배치되었고, 제일 좌익에 아테네군 8,000명이 포진했다. 플라타이아에 집결한 중무장 병사와 경무장 병사를 모두 합친 그리스군의 총수는 1,800명이 모자라는 110,000명이었다. 이곳에 먼저 와 있던 테스피아이인을 합치면 꼭 110,000명이 되었다. 테르모필라이 전투에서 살아남은 테스피아이인 1,800명이 미리 와 있었다.

그리스군은 모두 아소포스강 쪽으로 진지를 구축했다. 마르도니오스 휘하의 페르시아군은 마시스티오스의 죽음에 대한 애도를 마친 후 그리스군이 플라타이아에 있다는 소식을 들었다. 그들도 아소포스 강변 그리스군 가까이 포진했다. 마르도니오스는 페르시아군을 스파르타에 맞서게 배치했다. 페르시아군의 수가 스파르타군보다 월등히 많아 더 많은 대열을 이루었고, 테게아인 맞은편까지 더 넓게 포진했다. 마르도니오스는 병력을 배치할 때 페르시아군 중 최정예부대는 스파르타를 상대하도록, 더 허약한 부대는 테게아를 상대하도록 했다. 페르시아인 오른쪽으로 메디아인, 박트리아인, 인디아인, 사카이인 순으로 배치했다. 사카이인, 보이오티아인, 테살리아인, 포키스인, 마케도니아인이 아테네인, 플라타이아인, 메가라인을 상대하게 배치했다. 이들은 모두 보병이고, 기병대는 따로 배열했다. 이미 말했듯이 마르도니오스의 병력은 총 30만 명이었다.

양군의 신탁 내용

양군이 종족별로, 부대별로 군대를 배치한 다음 날 양군은 제의를 드렸다. 그리스군에서 제의를 집전한 사람은 테이사메노스였다. 그는 예언자로서 그리스군과 동행했다. 이때 그는 제물의 내장으로 점을 쳐보았다.

> "그리스군이 방어하면 길하고, 아소포스강을 건너 먼저 공격하면 흉하다."

이것이 그리스군의 점괘였다. 마르도니오스도 제의 때 점을 보았다.

"그가 먼저 공격하려고 하면 흉하고, 방어만 하면 길하다."

그도 이런 점괘를 받았다. 양군 다 공격하면 불리하다는 전조를 받은 것이다. 이에 누구도 선제공격하지 못하고 대치하기만 했다.

점괘로 인해 양군이 대치한 지 8일째 되는 날이었다. 티마게니다스라는 테바이인이 마르도니오스에게 키타이론산의 진입로를 점령하면 각처에서 유입되는 그리스인을 많이 죽일 수 있다고 조언했다. 이 조언을 좋은 책략이라고 여긴 마르도니오스는 밤이 되자 플라타이아로 통하는 키타이론산의 진입로로 기병대를 파견했다. 기병대를 파견한 것이 성과가 없지는 않았다. 펠로폰네소스에서 그리스군 주둔지로 군량을 수송하기 위해 평지로 나오던 운반용 동물 500마리와 많은 사람을 사로잡았기 때문이다. 페르시아군은 포획물을 챙긴 후 사람과 동물을 닥치는 대로 살육했다. 그들은 살육에 지치자 남은 사람과 동물을 한데 모아 마르도니오스가 있는 진영으로 끌고 갔다.

이 일이 있고 난 후에도 양군은 이틀 동안 서로 싸움을 걸지 않았다. 페르시아군이 그리스군의 공격을 유도하고자 아소포스강까지 왔지만 어떤 군대도 실제로 강을 건너지는 않았다. 양군이 대치한 후 처음 10일 동안 벌어진 일은 이것이 전부였다.

11일째 되는 날 그리스군의 수는 더 늘어났고, 마르도니오스는 이렇게 전투가 지연되는 것에 몹시 초조해졌다. 그는 파르나케스의 아들로서 크세르크세스의 신임을 상당히 받았던 아르타바조스와 상의했다. 아르타바조스의 의견은 페르시아 전군이 가능한 한 빨리 여기 주둔지를 떠나 테바이성 안으로 가자는 것이었다. 그곳에는 병사들의 식량도 풍부하고, 운반용 동물들이 먹을 것도 많다는 것이었다. 그곳에서 편안히 자리 잡고서 다음과 같은 일을 하여 이 원정을 끝내자고 했다. 즉 페르시아군이 가지고 있는 다량의 금과 은제 술잔을 아낌없이 모든 지역의 그리스인, 특히 그리스 국가의 주요 인사들에게 보내자는 것이었다. 그러면 그리스인이 곧바로 자유를 포기할 것이고, 페르시아군은 전투하는 위험을 무릅쓰지 않아도 된다는 견해였다.

마르도니오스의 견해는 더 강렬하고, 더 급진적이고, 더 비타협적이었다. 그의 주장은 페르시아의 전투력이 그리스보다 더 강하니 그리스군이 계속 유입되는 것을 방관하지 말고, 가능한 한 빨리 전투를 벌여야 한다는 것이었다. 점괘는 무시하고, 페르시아의 관습에 따라 전투를 하자는 것이었다. 마르도니오스가 자기 생각을 말하자 누구도 이의를 제기하지 않고 그의 견해를 따랐다. 페르시아 왕의 명령에 따라 군대 지휘권을 받은 사람은 아르타바조스가 아니라 마르도니오스였기 때문이다.

마르도니오스는 페르시아군 장교들과 자신과 함께 있는 그리스군 지휘관들을 소집하여 페르시아군이 그리스에서 파멸할 것이라는 신탁을 아느냐고 물었다. 소집된 지휘관들이 일부는 신탁을 몰라서, 일부는 신탁을 입 밖으로 내는 것 자체가 위험하다고 생각해서 마르도니오스의 말에 아무도 대꾸하지 않았다. 마르도니오스가 말했다.

"그대들이 모르거나 말하는 것을 두려워하니 잘 알고 있는 내가 말하겠소. 페르시아인이 그리스에 와서 델포이 신전을 약탈할 것이고, 약탈 후에는 모두 파멸할 운명이라는 신탁이 있었소. 우리가 이 신탁을 알고 있기에 우리는 신전에 접근하지도, 신전을 약탈하지도 않을 것이오. 그러면 우리를 기다리는 파멸은 없을 것이오. 그대들이 페르시아가 번성하기를 원한다면 우리가 그리스를 정복할 것이라는 사실에 기뻐해 주시오."

마르도니오스는 이렇게 말한 후 다음 날 아침 일찍부터 시작될 전투에 만반의 준비를 하라고 명령했다. 마르도니오스가 페르시아인에게 말한 신탁은 내가 알기로 페르시아인이 아니라 전설적인 일리리아인에 해당하는 것이었다. 실제로 플라타이아 전투에 관한 신탁은 다음과 같은 것이었다.

"보이오티아의 테르모돈 강변과
풀이 무성한 아소포스 강둑에
그리스인이 싸우기 위해 모이고,
낯선 말을 하는 자들의 울부짖음이 울려 퍼질 것이다.
많은 메디아인 궁수가
운명의 날이 될 전투에서
최후의 죽음을 맞이할 것이다."

이 신탁이 페르시아인에 관한 것임을 나는 알고 있다.

플라타이아 전투(기원전 479년 8월)

마르도니오스가 훈시하고 난 후 밤이 되자 양군은 보초병들을 배치했다. 밤이 깊어 양 진영이 고요해지고, 병사들은 깊은 잠에 빠졌다. 이때 마케도니아 왕으로서 아민타스의 아들인 알렉산드로스가 아테네 진영으로 말을 타고 와서 지휘관들과의 면담을 요청했다.

보초병들 대다수가 자신의 자리를 지키고, 나머지 병사들이 지휘관들에게 달려갔다. 그들은 페르시아 진영에서 어떤 사람이 말을 타고 와서 다른 말은 하지 않고, 지휘관들의 이름을 부르면서 그들과 면담하고 싶다고만 말했다고 보고했다. 보고를 받은 지휘관들은 곧바로 보초병들과 함께 초소로 갔다. 그들이 도착하자 알렉산드로스가 말했다.

"아테네인이여! 내가 비밀스럽게 전하는 이 말을 파우사니아스 외에는 누구에게도 말하지 마시오. 그렇지 않으면 당신들 때문에 나는 파멸할 것이오. 진실로 내가 그리스 전체를 걱정하지 않았다면 이렇게 말하러 오지도 않았을 것이오. 조상으로 따지자면 나도 그리스인인지라 그리스가 자유를 잃고 노예가 되는 것을 차마 보지 못하겠소.

내가 말하고자 하는 것은 마르도니오스와 휘하의 군대가 제의에서 길조를 얻지 못했다는 것이오. 길조만 얻었으면 벌써 전투를 시작했을 것이오. 이제는 점괘를 무시하고 내일 새벽에 공격하는 것이 그의 목표가 되었소. 내가 짐작하기에 그리스군의 수가 점점 늘어나는 것에 두려움을 느낀 것 같소. 그러니 그대들에게 전투 준비를 촉구하오. 만일 마르도니오스가 지체하면서 공격을 개시하지 않는다면 그대들은 여기에서 끈기 있게 기다리시오. 그에게는 식량이 며칠 분밖에 없기 때문이오. 이 전쟁이 그대들이 원하는 방향으로 끝나면 그리스를 위해 위험을 무릅쓴 나를 노예 상태에서 구해줄 방안을 생각해보시오. 나는 마케도니아의 왕 알렉산드로스요."

이렇게 말한 후 그는 말을 타고 페르시아 측 자신의 진영으로 돌아갔다. 아테네 지휘관들은 우익으로 가서 알렉산드로스에게서 들은 것을 파우사니아스에게 말했다. 전갈을 받은 파우사니아스는 페르시아인이 두려워 아테네 지휘관들에게 다음과 같이 말했다.

"내일 새벽에 전투가 시작되면 아테네인이 페르시아군에 맞서시고, 우리 스파르타는 보이오티아인과 다른 그리스인을 상대하겠소. 이유는 그대들이 마라톤에서 메디아인과 싸운 경험이 있어서 그들의 특성과 전투 방식에 대해 알지만, 우리는 그들과 싸운 경험이 없어서 그들을 모르기 때문이오. 보이오티아인과 테살리아인이라면 우리는 경험이 많소. 그러니 위치를 바꿉시다. 우리가 좌익을 맡을 테니 그대들이 우익을 맡으시오."

아테네 지휘관들이 말했다.

"처음 그대가 페르시아인 맞은편에 배치되는 것을 보고, 우리 역시 그대가 말한 것과 같은 제안을 하고 싶었소. 그러나 우리가 그대를 불쾌하게 할까 봐 두려워 말을 하지 못했소. 이제 그대가 자발적으로 그런 제안을 하니 우리는 기꺼이 그 제안을 받아들여 그렇게 할 생각이오."

아테네와 스파르타 모두 만족해하면서 날이 밝자 서로 자리를 바꾸었다. 보이오티아인이 이것을 보고, 마르도니오스에게 보고했다. 이를 들은 마르도니오스도 자리를 바꾸어 페르시아인이 스파르타인 맞은편에 있도록 배치했다. 적군의 행동을 본 파우사니아스는 적군 모르게 움직일 수 없다는 것을 깨닫고, 스파르타군을 다시 우익으로 돌렸다. 마르도니오스도 똑같이 페르시아군을 다시 좌익으로 돌려 스파르타군을 상대하게 했다.

마르도니오스는 스파르타에게 전령을 보내 도전해 오기를 기대하고 있고, 싸울 각오가 충분히 되어 있다는 전갈을 전했다. 스파르타에게서 아무런 답변이 없자 마르도니오스는 적군이 기가 죽었다고 생각하여 기뻤고, 승리한 것 같은 착각에 고무되었다. 이에 그는 기병대를 보내 그리스를 공격하게 했다. 기병대는 말을 타고 가서 활을 쏘고 투창을 던져 전체 그리스군에게 피해를 주었다. 그들은 기마 궁수였으므로 대적하기 쉽지 않았다. 또 그들은 전체 그리스군의 수원이었던 가르가피아샘을 오염시키고, 파괴했다. 샘 가까이에는 스파르타군이 주둔해 있었고, 다른 그리스군은 아소포스강 가까이에 있었다. 페르시아 기병대가 화살을 쏘아대는 통에 그리스군은 아소포스강에서 물을 길어올 수 없었다. 결국은 샘으로 갈 수밖에 없었는데, 샘도 오염되어 있었다.

식수가 바닥나고, 페르시아 기병대의 공격으로 곤경에 처하자 그리스군 지휘관들은 우익의 파우사니아스에게 가서 이런저런 문제에 대해 논의했다. 내가 말한 것 외에 그들을 괴롭히는 다른 문제들도 있었다. 그것은 바로 식량이 바닥났다는 것이다. 식량을 구하러 펠로폰네소스로 보낸 사람들이 페르시아의 기병대에 막혀 그리스군 진영으로 올 수 없었다.

그리스군 지휘관들은 페르시아군이 이날 더 이상 공격해 오지 않으면 섬으로 이동하기로 했다. 이 섬은 플라타이아 쪽으로, 아소포스강과 그리스군이 진을 치고 있는 가르가피아샘에서 10스타디온(2km) 떨어진 곳에 있었다. 키타이론산에서 평지로 흐르는 아소포스 강줄기가 두 갈래로 나뉘어 약 3스타디온(600m) 흐르다가 다시 한 갈래로 합쳐져서 흐르는데, 그렇게 해서 형성된 땅을 섬이라고 불렀다. 그 장소로 이동하기로 계획한 이유는 그 지역에 사용할 물이 풍부하고, 지금처럼 적의 기병대와 대면하고 있지 않아서 공격당하지 않을 것이기 때문이다. 페르시아군이 눈치를 채고 기병대를 보내 혼란을 일으키지 않도록 야밤에 이동하기로 했다. 또 그리스군이 섬이라 부르는 지역에 도착하게 되면 군대의 절반을 키타이론산으로 보내 펠로폰네소스로 식량을 구하러 갔다가 갇혀 오지 못하는 아군의 병력을 데려오기로 했다.

이런 계획을 세운 그 날도 온종일 적의 기병대의 끊임없는 공격에 시달렸다. 날이 저물자 적의 기병대는 살육을 멈추었다. 이동하기로 했던 밤이 되자 군대 대부분이 출발했다. 출발하자마자 일부 병력은 페르시아 기병대의 공격에서 벗어난 것에 기뻐하며 플라타이아로 도주했다. 그들은 플라타이아 앞의 헤라 신전에 도착했다. 그곳은 가르가피아샘에서 20스타디온(4km) 떨어진 곳에 있었다. 그들은 헤라 신전 옆에 주둔했다.

마르도니오스는 그리스군이 밤에 철수하여 주둔지가 비어있다는 전갈을 받았다. 그리스군이 도주한다고 생각한 그는 전속력으로 아소포스강을 건너 그리스군을 추격했다. 그가 목표로 삼은 것은 스파르타군과 테게아군이었다. 평지로 향하던 아테네군은 중간에 있는 언덕에 가려 보이지 않았기 때문이다. 페르시아군이 그리스군을 추격하는 것을 보자 페르시아의 다른 동맹군도 군기를 들어 신호를 보내 추격했다. 그들은 빨리 달리면서 대열이나 대형도 지키지 않았다. 그들은 그리스군을 완전히 섬멸한 것처럼 소리를 지르면서 돌진했다.

기병대가 공격해 오자 파우사니아스는 아테네군에 급히 전령을 보냈다.

"아테네인이여! 우리 스파르타인과 그대 아테네인은 다른 그리스군에게 배신당했소. 그들이 간밤에 도망쳐 버렸소. 우리가 해야 할 일은 최선을 다해 서로를 지키는 것이오. 지금 적군이 우리를 공격하니 도우러 와 주시오. 만일 어떤 사정이 있어서 도우러 오는 것이 불가능하다면 그대의 궁수만이라도 보내주시오."

전령의 전갈을 들은 아테네군은 전력을 다해 스파르타군을 돕기 위해 출발했다. 하지만 페르시아 편에 가담해 있던 다른 그리스군이 공격해 와서 도우러 갈 수 없었다. 스파르타인과 테게아인은 고립되어 버렸다. 중무장 병사와 경무장 병사를 합쳐 스파르타군은 50,000명이었고, 테게아군은 3,000명이었다. 그들은 마르도니오스와 그 휘하의 병사들과 교전할 때 행운을 얻기 위해 신께 제의를 드렸다. 제의에서 불길한 전조를 받았다. 제의를 지내는 동안 그들 중 많은 병사가 살해되었고, 훨씬 더 많은 수의 병사가 상처를 입었다. 페르시아군이 방패를 세워 보호막을 치면서 화살을 비오듯 퍼부었다.

궁지에 몰린 파우사니아스는 고개를 돌려 플라타이아의 헤라 신전을 향해 여신의 이름을 부르면서 희망이 사라지지 않도록 해 달라고 기도했다. 기도를 마친 직후 행한 제의에서 길조가 나타났다. 이제 스파르타군이 적을 공격했고, 페르시아군도 활을 내려놓고 백병전에 돌입했다. 페르시아군은 용기와 힘에서 그리스군에 뒤지지 않았지만 중무장하지 않았고, 훈련하지 않았으며, 전술도 뒤떨어졌다. 그들은 혼자서, 혹은 10명 정도 한꺼번에 스파르타군에 돌진하다 살육되었다.

백마를 탄 마르도니오스는 가장 용감한 페르시아 정예부대 1,000명의 호위를 받으면서 싸웠다. 그가 나타나는 곳 어디서나 페르시아군이 적을 강하게 압박하고 있었다. 그가 살아있을 때는 페르시아군이 자신의 자리와 목숨을 지키면서 많은 스파르타군을 쓰러뜨렸다. 적의 표적이 되었던 마르도니오스가 살해되었다. 가장 강력했던 그의 호위대도 궤멸하자 나머지 부대는 스파르타군에게 굴복했다. 그들이 패한 가장 큰 이유는 중무장한 적군을 상대로 갑옷을 입지 않은 경무장 상태로 싸웠기 때문이다.

페르시아군이 플라타이아에서 스파르타군에게 격퇴되자 살아남은 페르시아군은 자신들의 주둔지와 이전에 테바이 지역에 세워놓았던 목책으로 도주했다. 그들은 망루에 올라가 스파르타군의 공격에 대비해 목책을 최대한 강화했다. 아직 아테네군이 오지 않은 상황에서는 페르시아군이 유리했다. 스파르타군에게는 성곽 공방전을 할 기술이 없었기 때문이다. 그러나 아테네군이 도착하자 성곽 공방전이 벌어졌고, 장시간 계속되었다. 아테네군이 용기와 노력으로 목책을 기어 올라가 허물자 다른 그리스군이 목책 안으로 물밀 듯 들어갔다. 목책이 허물어지자 페르시아군은 단결하지 않았고, 누구도 방어할 생각도 하지 않았다. 그들은 좁은 공간에 많은 병력이 갇혀 두려워하고 있었다. 그리스군은 닥치는 대로 살육했다. 아르타바조스와 함께 도망간 40,000명을 제외하고, 그리스로 온 30만 명 중 살아남은 자는 3,000명도 되지 않았다. 그리스 측의 사망자는 스파르타인 91명, 테게아인 16명, 아테네인 52명이었다. 페르시아군에서 가장 잘 싸운 병사는 페르시아 보병과 사카이 기병이었다. 가장 용감하게 싸운 사람은 마르도니오스라고 한다. 그리스군에서는 테게아인과 아테네인이 가장 잘 싸웠고, 가장 용감하게 싸운 사람은 스파르타인이었다.

미칼레 전투(기원전 479년 8월)

플라타이아 전투가 이른 새벽에 벌어졌고, 같은 날 오후에 미칼레 전투가 벌어졌다. 사모스섬에 정박해 있던 페르시아 함대는 그리스 함대가 델로스를 출발하여 사모스로 오고 있다는 소식을 접하자 전 함대를 아시아 대륙 쪽으로 옮겼다. 그들은 바다에서는 그리스를 당할 수 없으므로 해전을 피하기로 했다. 대륙 쪽으로 이동한 것은 크세르크세스의 명령에 따라 미칼레에 남아서 이오니아를 지키고 있던 페르시아 육군의 보호를 받기 위해서였다. 미칼레에 있는 육군은 60,000명에 달했고, 지휘관은 페르시아에서 가장 용모가 뛰어나고, 가장 키가 큰 티그라네스였다. 함대 지휘관들의 계획은 육군이 보호하는 동안 함선들을 해변으로 끌어올리고, 방벽을 세워 함선과 병사들을 보호하는 것이었다.

그리스군은 페르시아군이 대륙으로 가버린 것을 알게 되자 적이 도망갔다는 사실에 애석해했다. 이런 상황에서 그리스로 돌아가야 할지 헬레스폰토스로 가야 할지 결정할 수 없었다. 결국에 그들은 아무것도 하지 않은 채 대륙으로 항해하기로 했다. 그들은 적선에 오를 때 사용할 널빤지를 포함하여 해전에 필요한 장비들을 챙겨 미칼레로 갔다. 그들이 적의 진영으로 다가가도 누구도 나오지 않았다. 그리스 함대의 총지휘관인 스파르타인 레오티키데스는 함선들이 방벽 안 해변에 올라가 있고, 육군이 해변을 따라 경비하고 있는 것을 보았다. 이에 그는 전령을 보내 이오니아 해안 가까이에서 큰소리로 외치라고 했다.

"이오니아인이여! 내 말을 알아듣는 사람은 들으시오. 페르시아인은 내가 여러분에게 말하는 것을 알아듣지 못하오. 전투가 시작되면 먼저 여러분의 자유를 생각하시고, 그다음에는 '헤라'가 암호라는 것을 기억하시오. 내 말을 들은 사람들은 이를 듣지 못한 사람들에게 전해주시오."

이 행동은 예전에 아르테미시온 해전에서 테미스토클레스가 했던 행동과 같은 목적을 가지고 한 것이다. 전령의 소리를 페르시아군이 알아듣지 못하면 이오니아인을 설득할 수 있고, 페르시아군에게 보고되면 그들이 그리스 동맹국인 이오니아인을 불신하게 만들려는 것이었다.

레오티키데스의 권고 후 그리스군은 함선들을 해안으로 출항시켰다. 페르시아인은 그리스인이 전투를 준비하면서 이오니아인에게 소리치는 것을 보았다. 이에 그들은 먼저 사모스인을 무장 해제시켰다. 과거 사모스인이 아티카 지역에 남아 있다가 크세르크세스에게 사로잡힌 아테네 포로 500명을 풀어준 적이 있었기 때문이다. 또 밀레토스인에게 미칼레산 정상으로 가는 길을 경비하게 했다. 그들이 주변 지리에 밝다는 이유를 내세웠지만, 진짜 이유는 그들을 페르시아군과 분리하기 위해서였다. 페르시아군은 기회만 있으면 반기를 들 것으로 예상하는 이오니아인에게 이런 조치를 한 후 방패를 세워 울타리를 만들었다.

그리스군은 전투 준비를 끝내자 페르시아군을 향해 진격했다. 그리스군의 절반을 차지하고 있던 아테네군은 해안을 지나 평지로 진격하고 있었다. 스파르타군과 그들 곁의 병력은 협곡과 언덕을 지나 진격하고 있었다. 양군의 진군 거리의 차이로 스파르타군이 우회하고 있는 동안 다른 쪽의 그리스군은 이미 교전에 들어갔다. 페르시아군이 방패를 세워 만든 울타리가 싸우는 동안 그들을 지켜주었다. 하지만 아테네군과 그 이웃 병사들이 자신들이 승리할 것이라고 서로 격려하면서 열성적으로 밀어붙이자 전투 양상이 바뀌기 시작했다. 그들은 페르시아의 방패 울타리를 무너뜨리고, 적군 속으로 한꺼번에 몰려 들어갔다. 한동안 자신의 자리를 지키면서 잘 버티고 있던 페르시아군은 결국 방벽 안으로 도주했다. 아테네군, 코린토스군, 시키온군, 트로이젠군 순으로 방벽 안으로 따라 들어갔다. 방벽도 함락되자 페르시아인을 제외한 모든 병사가 싸움을 포기하고 도주했다. 페르시아인은 소수가 연대하여 방벽 내부로 들어오는 그리스 병사들에 맞서 싸웠다. 이때 페르시아 함대의 지휘관들은 도주했고, 육군의 지휘관들은 살해당했다.

아테네와 이웃한 병사들이 페르시아군과 싸우고 있을 때 스파르타군이 다른 그리스군과 함께 전장으로 와서 나머지 전투를 마무리 지었다. 페르시아군에서 복무했지만 무장 해제당한 사모스인은 전세가 백중지세였던 처음부터 그리스군을 도왔다. 다른 이오니아인도 사모스인을 보고 페르시아군을 공격했다. 밀레토스인에게 미칼레산 정상으로 가는 길을 경비하게 한 이유는 페르시아군에게 불행한 일이 생기면 그들의 안내로 미칼레산 정상으로 안전하게 피신하기 위해서였다. 하지만 밀레토스인은 도주하는 페르시아군을 적지로 잘못 안내하더니 마침내 살해해 버렸다. 이오니아인은 이런 방식으로 페르시아에 두 번째 반기를 들었다.

이 전투에서 가장 큰 수훈을 세운 것은 아테네군이었다. 그다음으로 코린토스, 트로이젠, 시키온 순이었다. 그리스군은 저항하거나 도주하는 페르시아인 대부분을 살육한 후 전리품을 해안가로 옮겼다. 그들은 함선과 방벽을 불태운 후 출항했다. 그리스군은 사모스에 도착하여 사모스, 키오스, 레스보스 등의 이오니아 지역과 동맹국 서약을 맺었다. 동맹을 맺은 후 그리스군은 부교를 파괴하러 헬레스폰토스로 출항했다. 도주하여 미칼레산으로 들어갔던 페르시아인 소수는 무사히 사르디스로 갔다.

크세르크세스의 사랑

크세르크세스는 살라미스 해전에서 패한 후 줄곧 사르디스에 머물러 있었다. 이때 왕은 역시 그곳에 와 있던 동생 마시스테스의 아내에게 연모의 감정을 느꼈다. 그는 여러 번 전갈을 보냈으나 그녀를 설득하지 못했다. 동생인 마시스테스 때문에 강제로 취할 수도 없었다. 그녀도 왕이 자신에게 폭력을 사용할 수 없다는 것을 알고 있었기에 거절할 수 있었다. 크세르크세스는 다른 방법으로 자신의 목적을 달성하고자 했다. 그 방법은 자신의 아들 다리우스와 동생 마시스테스의 딸을 결혼시키는 것이었다. 그렇게 하면 동생의 아내를 더 쉽게 취할 수 있을 것으로 생각했다. 그는 관습대로 그 둘을 결혼시킨 후 수사로 함께 갔다.

크세르크세스는 수사에 도착하여 아들의 아내를 집안으로 맞아들이자 마시스테스의 아내에 대한 마음은 온데간데없어졌다. 오히려 그는 아들 다리우스의 아내이자 마시스테스의 딸인 아르타인테에게 구애하여 그녀를 취했다. 시간이 지나면서 다음과 같은 방식으로 진실이 드러났다. 크세르크세스의 아내인 아메스트리스가 여러 색깔로 수놓은 보기 좋은 큰 겉옷을 짜서 크세르크세스에게 주었다. 크세르크세스는 그 옷을 마음에 들어 하면서 입고 아르타인테에게 갔다. 그녀와 즐겁게 시간을 보낸 그는 애정에 대한 보답으로 그녀가 원하는 것은 무엇이든지 주겠다고 말했다. 그는 그녀가 원하는 것이라면 무엇이든지 줄 생각이었다. 그런데 이것이 그녀와 그녀의 집안에 화가 될 운명이었다. 그녀는 크세르크세스에게 물었다.

"정말 제가 요청하면 무엇이든지 저에게 주시겠습니까?"

크세르크세스는 그녀가 무엇을 요청할지를 모른 채 그러겠다고 대답했다. 그가 맹세하자 그녀는 대담하게도 크세르크세스가 걸치고 있는 겉옷을 달라고 했다. 그는 주지 않으려고 이런저런 핑계를 대보았다. 아메스트리스가 이미 자신이 바람을 피우고 있다고 의심하고 있었다. 그런데 겉옷을 주면 자신의 바람을 증명할 증거로 삼을 것이므로 두려웠다. 그는 대신 그녀에게 도시들과 많은 양의 황금, 그녀만이 지휘할 수 있는 군대를 주겠다고 제안했다. 페르시아에서 군대는 가장 적절한 선물이었다. 그러나 그는 그녀의 마음을 바꿀 수 없었고, 결국 그녀에게 겉옷을 주었다. 그녀는 그 선물이 마음에 꼭 들어 그것을 입고 돌아다녔다.

아메스트리스는 며느리가 크세르크세스의 겉옷을 가지고 있다는 소문을 들었지만, 그녀를 화나게 한 사람은 며느리가 아니었다. 그녀는 며느리의 어머니가 저지른 일이라고 생각하고, 마시스테스의 아내를 파멸시킬 음모를 꾸몄다. 그녀는 남편인 크세르크세스가 주최하는 왕의 연회를 고대했다. 이 연회는 1년에 한 번 왕의 탄신일에 개최되었다. 이날 왕은 머리에 기름을 바르고, 페르시아인에게 선물을 나누어주었다. 이날을 기다려온 아메스트리스는 크세르크세스에게 마시스테스의 아내를 선물로 달라고 요청했다. 크세르크세스는 아메스트리스가 요구하는 목적을 알고 있었기에 동생의 아내를 주는 것은 무섭고도 사악한 일이라고 생각했다. 무엇보다도 동생의 아내는 이 일과 무관했기 때문이다.

아메스트리스가 고집을 꺾지 않는 데다 페르시아 왕의 연회에서 선물로 요구하는 것은 반드시 내어주는 것이 법이었다. 크세르크세스는 어쩔 수 없이 동의하여 동생의 아내를 아메스트리스에게 주었다. 그는 그녀에게 원하는 대로 하라고 했다. 그리고 그는 동생을 불러오라고 해 다음과 같이 말했다.

"마시스테스야! 너는 다리우스의 아들이자 나의 아우이고 좋은 사람이다. 내 말을 들어라. 너는 이제 너의 아내와 헤어져라. 대신 내 딸을 줄 테니 그녀와 결혼해라. 너를 위해서라도 내 딸을 취하라. 너의 아내를 버려라. 네가 그녀와 함께 하는 것은 나의 뜻이 아니다."

마시스테스는 깜짝 놀라 말했다.

"왕이시여! 아내와 헤어지라니요. 어찌 저에게 그런 가당치 않은 분부를 내리십니까? 저는 아내에게서 장성한 아들들과 딸들을 얻었고, 그중 한 명을 전하 아들의 부인으로 주었습니다. 저는 아내와 함께 사는 것에 만족합니다. 저에게 아내를 버리고 전하의 따님과 결혼하라는 명령을 거두어주십시오. 오! 왕이시여! 전하의 따님과 결혼하는 것이 저에게는 무한한 영광이지만, 저는 그런 일을 하지 않을 것입니다. 전하는 사윗감으로서 저만큼 훌륭한 사람을 찾으실 수 있을 것입니다. 제가 아내와 함께 살도록 허락해 주십시오."

마시스테스의 말을 들은 크세르크세스가 몹시 화를 내며 말했다.

"마시스테스야! 네가 자초한 일이 벌어질 것이다. 나는 너를 내 딸과 결혼시키지 않을 것이고, 너의 아내와도 함께 살지 못하게 할 것이다. 이로써 너는 너에게 주는 제안을 받아들이는 법을 배울 것이다."

이 말을 들은 마시스테스는

"왕이시여! 설마 저를 죽이시지는 않겠지요?"

하면서 밖으로 나갔다.

크세르크세스가 마시스테스와 이런 대화를 하는 동안 아메스트리스는 크세르크세스의 근위병들을 불러 마시스테스의 아내를 잔인하게 죽이도록 했다. 근위병들은 그녀의 가슴을 절단하여 개에게 던졌다. 그녀의 코와 두 귀, 입술과 혀를 잘라 또 그렇게 했다. 아메스트리스는 이렇게 난도질한 마시스테스의 아내의 시체를 그녀의 집으로 보냈다.

마시스테스는 아내의 일을 전혀 몰랐으나 불길한 느낌이 들어 집으로 달려갔다. 그는 아내의 시체를 보자 즉각 아들들과 의논한 후 아들들을 포함, 다른 사람들과 함께 박트라로 갔다. 박트라 지역에서 반란을 일으켜 페르시아 왕에게 최대한 타격을 주기 위해서였다. 내 생각에 그가 제때 박트라와 사카이로 갔더라면 그는 반란을 성공시켰을 것이다. 그 지역의 주민들이 마시스테스를 좋아했고, 그가 박트라 지역의 총독이었기 때문이다. 그러나 이는 소용없는 일이 되었다. 크세르크세스가 그가 의도한 바를 예견하고, 그가 가는 방향에 그를 죽일 군대를 미리 파견해 놓았던 것이다. 이것이 크세르크세스의 사랑과 마시스테스의 죽음에 관한 이야기이다.

그리스-페르시아 전쟁의 종결

그리스군은 미칼레를 출항하여 헬레스폰토스의 아비도스로 갔다. 그들은 부교가 아직 온전하게 있는 줄 알고 그곳으로 갔지만, 실제로 부교는 이미 파괴되어 있었다. 펠로폰네소스군은 그리스로 돌아가기로 했으나 일부 아테네군은 아비도스에서 세스토스로 가서 이들 지역을 포위, 공격했다. 세스토스에는 견고한 성벽이 있었기 때문에 인근 지역의 사람들은 그리스군이 헬레스폰토스로 온다는 소식을 듣자 이 지역으로 모여들었다.

포위 공격이 늦가을까지 계속되자 아테네인은 고향에서 멀리 떨어져 있고, 성채를 장악할 가능성도 없어 보여 걱정했다. 이에 그들은 지휘관들에게 그리스로 돌아가자고 탄원했다. 지휘관들은 도시를 장악하거나 아테네 본국에서 귀환 명령이 오기 전까지 그렇게 할 수 없다고 거절했다. 아테네인은 현재의 역경을 끈기 있게 견딜 수밖에 없었다.

성벽 안에 있는 사람들의 상황도 최악으로 치닫고 있었다. 그들은 식량이 부족하여 침대의 가죽끈까지 삶아 먹었다. 이조차 떨어지자 세스토스를 지배하고 있던 페르시아 지휘부는 도주해 버렸다. 날이 밝자 성벽을 지키고 있던 군인들은 아테네인에게 상황을 알리고, 성문을 개방했다. 아테네인 대부분은 도망자들을 추격했고, 나머지는 도시를 장악했다. 아테네인은 추격하여 잡은 도망자들을 처형한 후 고국으로 돌아갔다.

옛날에 아르템바레스라는 페르시아인이 키루스 대왕에게 다음과 같은 제안을 한 적이 있었다.

"왕이시여! 제우스 신이 페르시아인에게, 페르시아인 중에는 키루스에게 지배권을 주었습니다. 그러니 전하께서는 우리가 가진 이 좁고 척박한 땅을 버리고, 더 나은 땅을 차지하도록 하십시오. 우리 국경선 너머에는 많은 땅이 있고, 더 먼 지역에도 땅이 많습니다. 만일 우리가 이들 지역을 차지한다면 우리는 더 많은 명성을 얻을 것입니다. 지배하는 종족이 그런 일을 하는 것은 당연한 일입니다. 우리가 이렇게 많은 종족과 전체 아시아를 지배할 좋은 기회가 지금 말고 언제 또 오겠습니까?"

이 말을 들은 키루스는 그 제안이 그리 놀랍지 않다고 하면서 말했다.

"그대는 그대의 제안대로 추진해 보아라. 다만 그렇게 하면 우리는 더 이상 지배종족이 아니라 피지배 종족이 될 준비를 해야 할 것이다. 부드러운 땅은 부드러운 남자를 낳는 법이다. 훌륭한 작물들과 용감한 전사들은 그런 부드러운 땅에서 나오지 않는다."

그 페르시아인은 자신의 말보다 키루스 대왕의 말이 더 맞는다고 생각하여 물러났다. 비옥한 땅을 일구면서 다른 사람의 노예로 사는 것보다 척박한 산악지대에서 살면서 지배자가 되는 것이 더 낫다고 생각한 것이다.*

* 헤로도토스는 척박한 산악지대에 있는 페르시아가 여전히 강국으로 존속했음을 암시하면서 『역사』를 끝맺었다.

기원전 454년 이전 그는 고향에 가서 다시 한번 독재자 타도 운동에 동참했고, 성공을 거두었다. 그러나 동료 시민들의 질시를 느껴 고국을 떠났다. 이후 그는 이집트와 바빌론을 포함한 유프라테스강 유역, 마케도니아로 여행했다. 기원전 445년 아테네로 이주하여 아테네 정치가들과 친분을 쌓았다. 기원전 443년경 그리스인이 세운 도시인 이탈리아 남부의 투리오이로 이주했다.

헤로도토스의 사망에 대해서는 기록이 다양하다. 투리오이에서 사망하여 광장에 묻혔다는 기록이 있다. 마케도니아의 펠라에서 죽었다고도 하고, 아테네에서 전염병에 걸려 죽었다고 추측하기도 한다. 그가 아테네에 있었던 시점을 기준으로 할 때 사망 시점은 기원전 420년대 중반일 것이다. 그가 기원전 425년 이후의 일에 대해서는 『역사』에서 전혀 언급하지 않았기 때문이다.

헤로도토스의 『역사』는 기원전 440년경에 서술되었다. 헤로도토스는 사모스섬에 있으면서 『역사』를 구상했고, 여러 지역을 돌아다니면서 얻은 경험을 토대로 투리오이에서 이를 완성했다. 그는 유럽, 아시아, 아프리카 등지를 10여 년간 여행한 후 자신의 여행 경험과 만난 사람들로부터 전해 들은 이야기, 개인적인 호기심 등을 종합하여 글을 적었다.

헤로도토스가 『역사』를 쓰는 데 직접적인 자극을 받은 것은 아이스킬로스(Aeschylos 기원전 525?-455?)의 희곡 『페르시아인』이다. 그리스-페르시아 전쟁에 직접 참전한 아이스킬로스는 크세르크세스의 인간적인 비극을 통해 승리한 아테네인의 자부심을 고취하는 글을 썼다. 이에 비해 헤로도토스는 전쟁의 원인, 정치체제, 인간의 본성, 국가의 흥망 등을 종합적으로 고찰하여 전쟁사를 서술했다. 이 점에서 그가 아이스킬로스보다 더 포괄적으로 접근했다고 볼 수 있다. 『역사』에는 개인적인 경험과 신탁이라는 모호한 내용에 의존하면서도 전쟁을 통해 시대를 통찰하려는 저자의 의지가 고스란히 녹아있다.

2. 『역사』의 저술 목적과 의의

헤로도토스는 『역사』를 쓴 이유를 명백하게 밝히고 있다.

"이 글의 목적은 인간이 행한 일들이 시간이 지나면서 잊히는 것을 방지하고, 그리스인과 이방인의 위대하고도 경이로운 행위들이 그 영광을 잃어가지 않도록 하며, 특히 이들이 서로 전쟁하게 된 원인이 무엇인지를 밝히는 데 있다."

『역사』의 주인공은 그리스인과 이방인, 즉 페르시아인이고, 주제는 이들이 싸우는 일, 즉 그리스-페르시아 전쟁이다. 서술 시기는 페르시아를 강국으로 만든 기원전 546년 키루스의 치세부터 기원전 479년 페르시아가 미칼레와 세스토스에서 패배한 시기까지 80년의 기록이다.

서술 목적은 위대하고 경이로운 일을 기록하여 잊지 않도록 하려는 것이다. 당시 페르시아는 이집트에서부터 인도에 이르기까지 지중해와 인도양의 모든 세계를 지배하는 최대 강국이었다. 소규모 국가들의 연합인 그리스군이 강력한 페르시아군에게 승리를 거둔 사건은 "위대하고도 경이로운 행위"이지 않을 수 없었다. 이런 전쟁을 잊지 않기 위해 헤로도토스 자신이 탐구한 것을 공포한 글이 『역사』이다. 그는 『역사』 서문에서 "이 글은 할리카르나소스 출신의 헤로도토스가 제출하는 탐구서이다."라고 했다. 그는 저술의 표제로 『히스토리아이(ιστοριαι)』라는 낱말을 사용했다. 그가 관찰하고 탐구하여 알아낸 바를 기록한다는 뜻이었다. 역사학에서 역사를 지칭하는 '탐구'의 고전적 의미는 사실을 발견하는 동시에 사실들의 인과

관계를 설명하는 것이다.

『역사』가 가지는 첫 번째 특징은 인간에게 초점을 맞춘 서술이라는 것이다. 이제까지 서양에서는 구술문화의 전통 속에서 형성된 신화가 이야기의 주제였고, 서사시의 형태로 전승되었다. 이에 반해 헤로도토스에게 주인공은 신이 아니라 인간이었다. 『역사』 속에는 신탁 이야기들이 무수히 많이 나왔지만, 이것은 신의 의지를 밝히려는 것이 아니라 인간사를 설명하기 위한 하나의 수단일 뿐이었다. 또 그는 인간의 과거 행적을 탐구했고, 서술 방식도 운문이 아니라 산문을 택했다. 관점과 서술 방식의 차별화가 『역사』의 특징이다.

『역사』의 두 번째 특징은 방대한 자료 조사와 분석에 있다. 헤로도토스는 테르모필라이, 살라미스, 플라타이아 등 전장을 직접 탐사하면서 얻은 경험과 그 과정에서 들은 잡다한 이야기까지 모두 기록했다. 그는 "직접 가서 보고 듣고 탐구함으로써 최대한 알아냈다."라고 말했다. 그러면서도 자신이 들은 이야기의 사실 여부를 나름대로 분석하려고 노력했다. 예를 들어 나일강의 범람 이유에 대해 계절풍 탓이라는 주장은 근거가 미약하다고 했다. 녹은 눈 때문이라는 주장은 개연성이 있지만, 그래도 자신이 보기에는 수분을 방출하는 태양 때문이라고 분석했다. 오늘날 역사서술의 기본적인 방식인 자료 조사와 분석이 헤로도토스의 『역사』부터 시작되었다고 해도 과언이 아니다.

『역사』의 세 번째 특징은 탐구하려는 내용이 명확하고, 그것에 맞추어 서술했다는 것이다. 그리스인과 이방인 사이의 전쟁이 어떠했는지, 전쟁의 원인이 무엇이고, 전쟁을 어떻게 설명해야 하는가에 관해 글을 쓴 사람이 헤로도토스가 최초는 아니었다. 밀레토스 출신의 헤카타이오스(Hecataeos 기원전 550?-476?), 리디아 출신의 크산토스(Xanthos ?-?), 레스보스 출신의 헬라니코스(Helanicos ?-?) 등 많은 사람이 그리스-페르시아 전쟁, 페르시아인, 동부 국가들의 전쟁에 관해 글을 썼다.

그 이전의 역사가들이 있었지만, 헤로도토스는 최초의 역사가, 즉 '역사의 아버지'로 지칭된다. 헤로도토스를 그렇게 지칭한 사람은 기원전 1세기 로마의 정치가인 키케로(Marcus Tullius Cicero 기원전 106-43)이다. 그는 "역사의 아버지 헤로도토스의 책에는 믿을 수 없는 이야기가 무수히 들어 있다."라고 했다. 그렇게 지칭한 이유는 헤로도토스가 과거의 많은 사건, 다양한 사람, 많은 지역을 주제 의식을 갖고 하나의 이야기로 엮었기 때문이다.

헤로도토스는 과거 사건을 목격했던 사람들의 증언과 구할 수 있는 자료들을 바탕으로 사건의 인과관계를 해명하는 이야기를 썼다. 그의 방대한 글이 산만하게 흐르지 않고, 구조적으로 연결된 것도 전쟁의 인과관계를 규명하려는 뚜렷한 목적의식이 있었기 때문이다. 가령 크로이소스가 페르시아에 패전하여 리디아가 멸망한 원인은 5대 선조인 기게스의 죄에서 유래했다. 기게스가 헤라클레스 가의 칸다울레스 왕에게서 왕위를 찬탈할 때 신탁의 내용이 기게스의 5대손이 보복을 당한다는 것이었다. 또 크세르크세스가 그리스를 공격한 배경에는 20년 전의 이오니아 반란, 이를 응징하려던 다리우스 왕의 패전이 있었다. 헤로도토스는 현재 개개인의 행동과 사건들이 이전의 사람과 사건의 결과로 나타난다는 것을 밝히고자 했다.

『역사』의 네 번째 특징은 시대순으로 기술했다는 것이다. 헤로도토스는 기원전 546년 키루스의 리디아 정복부터 기원전 479년 그리스-페르시아 전쟁의 종말까지 각 치세를 시대순으로 연결했다. 이런 연대기적 서술방식은 펠로폰네소스 전쟁사를 쓴 투키디데스(Thucydides 기원전 460?-400?)에게 이어졌고, 이후 여러 사가에게 정치사를 서술하는 방식으로서 영향을 끼쳤다. 헤로도토스가 사람과 사건 간의 인과관계를 연대기적으로 설명한 것은 결론적으로 역사서술이라는 새로운 장르를 탄생시켰다.

3. 『역사』의 구성

헤로도토스는 『역사』를 전체 한 권으로 서술했다. 기원전 2세기의 학자 아리스타르코스(Aristarchos 기원전 220?-143?)는 헤로도토스의 글에 주석을 붙이면서 9권으로 나누고, 각 권에 뮤즈의 이름을 붙였다. 현재는 9권으로 나뉜 저서가 상용되고 있다.

헤로도토스가 사건이 발생한 연도를 기록하지 않았지만, 그리스-페르시아 전쟁의 과정이 시간순으로 배열되어 있어서 이해하기는 어렵지 않다. 총 9권에서 핵심은 6-9권에 해당하는 기원전 490-479년 다리우스와 크세르크세스의 그리스 침입이다. 1-5권은 그러한 침입의 배경에 해당하는 부분이다. 『역사』에는 4명의 페르시아 왕의 정복 과정이 기술되어 있다. 1권에는 키루스 왕의 업적을, 2권과 3권의 앞부분에는 캄비세스 왕의 업적을 다루고 있다. 3권의 뒷부분과 4-6권에는 다리우스 왕의 업적과 1차, 2차 그리스-페르시아 전쟁이 서술되어 있다. 7-9권은 크세르크세스 왕과 3차 그리스-페르시아 전쟁의 과정을 설명한 것이다.

『역사』의 전체 내용은 다음과 같다.

1권은 리디아의 크로이소스 왕과 페르시아의 키루스 왕에 관한 내용이다.

1) 리디아 왕 크로이소스의 정복 과정: 크로이소스는 페르시아와의 전쟁에 앞서 신탁을 구했다. 그가 거대한 제국을 멸망시킬 것이라는 신탁을 자신이 페르시아 제국을 무너뜨린다는 것으로 해석하여 전쟁을 감행했다.

2) 크로이소스와 키루스의 대결: 프테리아 전투에서 양군은 격렬한 전투를 했지만, 승부를 결정짓지 못했다. 키루스는 크로이소스가 병력을 더 모으기 전에 수도인 사르디스로 출병했다. 사르디스가 함락되었고, 크로이소스는 생포되어 키루스의 조언자로 남았다. 그가 거대한 제국을 멸망시킨다는 신탁을 들었을 때 그 제국이 자신의 제국인지, 페르시아 제국인지를 물었어야 했다. 그의 성급함이 리디아의 멸망으로 이어진 것이다.

3) 키루스 즉위까지 메디아의 역사: 메디아는 데이오케스, 프라오르테스, 키악사레스, 아스티아게스로 왕위가 이어졌다. 키루스는 아버지 쪽으로 페르시아인이고, 어머니 쪽으로 메디아의 아스티아게스 왕의 외손자였다. 그는 페르시아와 메디아의 왕이 되었고, 리디아를 정복함으로써 전 아시아의 지배자가 되었다.

4) 키루스의 정복 과정: 키루스의 군대는 유프라테스강을 건너 바빌론을 정복했다. 이어서 마사게타이를 공격하여 여왕 토미리스와 치열한 백병전을 벌였지만, 키루스는 전사했다.

2권에서는 키루스의 아들 캄비세스의 정복 대상인 이집트에 대해 밝히고 있다.

1) 이집트의 지리와 풍습: 이집트의 땅은 광활하고, 토양은 충적토이다. 1년을 열두 부분으로 나눈 최초의 사람들이 이집트인이었다. 나일강은 주기적으로 범람하는데, 그 이유가 계절풍 때문인지, 나일강물이 대지를 둘러싼 대양에서 나오기 때문인지, 녹은 눈 때문인지, 태양의 작용 때문인지는 논란이 있다.

2) 이집트의 종교: 헤로도토스는 자신이 조사한 바에 따라 그리스 신의 이집트 기원설을 주장했다. 그에 따르면, 리비아 기원의 포세이돈, 헤라 등 일부 신을 제외하고, 디오니소스를 포함하여 거의 모든 신이 이집트에서 만들어져 그리스인에게 전해졌다.

3) 이집트 왕들의 계보: 초대 왕 민 왕은 나일강 하류를 막아 간척지를 조성, 도시 멤피스를 건설했다. 이후 330명에 달하는 전체 왕을 거론하지 않았지만, 대표적인 업적을 남긴 왕인 세소스트리스 왕과 프로테우스 왕에 관해서는 설명했다. 이후 에티오피아군이 이집트를 장악함으로써 에티오피아 출신 왕이 50년 동안 이집트를 통치했다. 에티오피아 왕이 철수한 후 프삼메티코스 왕은 청동 투구로 헌주하는 문제로 반란을 일으켜 왕이 되었고, 아마시스 왕도 반란을 통해 왕위를 차지했다.

3권에는 캄비세스 치세부터 다리우스의 즉위 과정까지 서술되어 있다.

1) 캄비세스의 정복 과정: 페르시아가 이집트와 정략결혼을 요구했고, 이 문제로 두 나라 사이에 반감이 생겼다. 양국의 전쟁은 페르시아의 승리로 종결되었다. 캄비세스는 이집트 점령 후 암몬과 에티오피아 원정을 계획했으나 모래바람과 군수품 부족으로 원정을 포기했다.

2) 다리우스의 즉위 과정: 캄비세스가 혈족 살해라는 악행을 저지르는 동안 마고스 사제들이 반란을 일으켰다. 캄비세스가 병사한 후 마고스들이 키루스의 아들이라고 사칭하여 통치했다. 사칭한 사실을 알게 된 페르시아 귀족 7명이 마고스들을 축출했다. 이들은 민주정, 과두정, 군주정 중 어느 정치체제를 만들지를 심각하게 논의했고, 결론은 군주정이었다. 자발적으로 사퇴한 1명을 제외하고, 나머지 6명 중 누구를 왕위에 앉히는가의 문제는 해가 뜬 후 성 밖에서 제일 먼저 우는 말의 주인을 왕으로 옹립하는 것으로 해결했다. 그 결과 다리우스가 왕이 되었다. 즉위 후 다리우스는 사모스를 공격했고, 바빌론을 점령했다.

4권은 다리우스가 스키타이를 공격하는 과정을 담고 있다.

1) 스키타이의 역사: 스키타이가 헤라클레스의 후손이라는 설과 킴메리아인이 떠난 자리를 차지했다는 설이 있는데, 헤로도토스는 후자의

설을 지지했다.

2) 스키타이의 풍습: 스키타이는 도시도, 성벽도 건설하지 않고, 말을 타고 다니는 유목민이어서 쉽게 정복되지 않았다. 스키타이인은 적병의 머리 가죽을 말려 말에 달고 다녔다. 스키타이에는 예언가들이 많았는데, 왕이 병이 들면 명망 있는 예언가들을 불러 거짓 맹세를 한 자를 지목하여 벌을 주었다.

3) 스키타이와의 전쟁: 페르시아는 스키타이를 공격했지만, 적의 추격으로 철수했다. 이오니아인의 도움으로 페르시아군은 무사히 고국으로 돌아올 수 있었다.

5권에서는 트라키아, 마케도니아, 낙소스 원정과 밀레토스의 반란 과정을 설명하고 있다.

1) 트라키아와 마케도니아 원정: 페르시아군은 헬레스폰토스의 도시인 페린토스를 점령한 뒤 트라키아 지방의 도시들을 연이어 차지했다. 마케도니아에 사절들을 보내 복종의 표식인 흙과 물을 요구했다. 마케도니아가 그 요구에 응한 후 베풀어진 연회에서 페르시아 사절들은 여자들의 연회 참석과 잠자리 요구 문제로 살해되었다.

2) 낙소스 원정: 평민들에게 추방된 낙소스 망명자들이 밀레토스의 임시 참주인 아리스타고라스에게 낙소스 점령을 요청했다. 밀레토스와 페르시아가 연합하여 낙소스를 4개월 동안 포위 공격했지만 결국 실패했다.

3) 밀레토스의 반란: 원정 실패의 책임을 추궁당할까 두려웠던 아리스타고라스는 페르시아에 반기를 들었다. 반란을 성공시키기 위해 원정군이 필요했던 그는 스파르타에 군대를 요청했다. 스파르타가 3개월이라는 먼 거리로 인해 난색을 보이자 아리스타고라스는 정치적 분쟁을 겪고 있던 아테네로 갔다. 그는 아테네인을 설득, 20척의 함선을 받았다. 아테네인과 이오니아인이 사르디스를 점령, 방화했다. 이들은 페르시아군의 반

격으로 후퇴했다. 트라키아를 수중에 넣고자 했던 아리스타고라스는 트라키아의 공격을 받아 사망했다.

6권에서는 다리우스가 밀레토스의 반란을 진압하고, 두 차례에 걸쳐 그리스를 공격하는 과정을 그리고 있다.

1) 밀레토스 점령: 페르시아군의 공격에 밀레토스를 포함하여 이오니아인은 항전을 결의했다. 해전에서는 이오니아인의 단결력 부족으로 페르시아군이 승리했다. 육전에서도 페르시아군이 밀레토스를 포위 공격하여 장악했다.

2) 1차 페르시아 함대의 그리스 침입: 밀레토스 반란에 원군을 보낸 그리스를 응징하기 위해 다리우스가 함대를 파견했다. 하지만 아토스 반도에서 강력한 폭풍으로 함대가 파손, 원정대는 실패했다.

3) 2차 페르시아 육군의 마라톤 전투: 군대를 재정비하여 재침입한 페르시아군은 마라톤 평야로 진입했다. 아테네 지휘관인 밀티아데스는 중앙 대신 양익을 강화하는 방식으로 수적인 열세를 만회했다. 아테네군은 중앙이 밀리는 동안 양익의 병사들이 페르시아군의 측면을 치고, 중앙을 원조하는 전술로 승리했다.

7권에서는 크세르크세스가 즉위하여 그리스를 침입하는 과정과 경로를 육군 위주로 설명하고 있다.

1) 3차 페르시아군의 그리스 침입 결정: 다리우스 사망 후 즉위한 크세르크세스는 그리스 원정에 반대하는 의견을 듣고 원정군을 파견하지 않으려 했지만, 꿈에 나타난 환영으로 원정을 결정했다.

2) 그리스 침입 경로: 다리우스 때처럼 아토스 부근에서 폭풍우로 난파하는 것을 막기 위해 운하를 팠다. 육군이 아시아에서 유럽으로 가기 위해 헬레스폰토스에 배를 연결한 부교를 건설했다. 강한 폭풍으로 부교

가 부서지자 크세르크세스는 헬레스폰토스에 채찍 형벌을 가하고, 족쇄 한 쌍을 던졌다. 그는 부교를 다시 건설하여 유럽으로 갔다.

3) 테르모필라이 전투: 그리스 육군은 테르모필라이의 좁은 진입로를 막고, 함대는 아르테미시온으로 집결하기로 했다. 레오니다스 왕이 이끄는 스파르타 전사 300명을 포함한 그리스 육군은 페르시아군을 잘 막아냈다. 하지만 산속의 샛길을 활용하여 페르시아군이 양방향에서 공격해오자 그리스군은 대패했다.

8권은 페르시아 함대의 침입 경로와 그리스군의 대응을 해전 위주로 서술하고 있다.

1) 아르테미시온 해전: 페르시아군은 일부는 아르테미시온에 있는 그리스 함대를 정면에서, 다른 일부 함대는 에우리포스 해협을 돌아 배후에서 양쪽으로 공격하려고 했다. 아르테미시온의 그리스 함대는 선제공격했고, 좁은 공간에서 자유로이 움직일 수 없었던 페르시아 함대에 대해 승리했다. 에우보이아를 우회하려던 페르시아 함선들은 폭풍우로 난파되었다.

2) 살라미스 해전: 테르모필라이에서 승리한 페르시아 육군은 아테네를 점령했다. 페르시아와 그리스 양군은 해전의 장소를 논의했는데, 양군 모두 살라미스섬을 최적의 장소로 꼽았다. 살라미스 앞바다에서 아테네군 대 페니키아군, 스파르타군 대 이오니아군이 대결했는데, 그리스 연합군이 승리했다. 패전한 크세르크세스는 헬레스폰토스의 부교가 파괴됨으로써 퇴로가 차단될까 두려웠다. 그는 재대결을 원하는 마르도니오스의 요청에 따라 육군 30만 명을 남겨주고, 아시아로 돌아갔다.

9권에서는 잔존한 마르도니오스의 군대를 그리스가 격파하면서 그리스-페르시아 전쟁을 승리로 이끄는 상황을 설명했다.

1) 에리트라이 전투: 테살리아에서 겨울을 보낸 페르시아군은 봄이 되자 아테네로 진격, 점령했다. 그리스군이 코린토스 지협에 집결하자 페르시아군이 추격했다. 에리트라이에서 벌어진 대결에서 페르시아군이 패배했다.

2) 플라타이아 전투: "먼저 공격하면 흉하고, 방어만 하면 길하다."라는 신탁에 따라 양군이 모두 선제공격하지 못했다. 대치한 지 11일째 되는 날 식수난을 겪은 그리스군이 밤에 이동했고, 페르시아군이 이를 추격했다. 양군의 백병전에서 중무장하지 않았고, 훈련하지 않은 페르시아군이 패배했고, 마르도니오스는 전사했다.

3) 미칼레 전투: 그리스군은 잔존한 페르시아 육군과 사모스에서 온 해군을 미칼레에서 섬멸했다. 사모스인, 이오니아인, 밀레토스인이 페르시아군에서 이탈하면서 전투는 페르시아의 패전으로 끝났다. 세스토스 역시 아테네군이 점령하면서 그리스-페르시아 전쟁은 종결되었다.

헤로도토스가 밝혀낸 그리스-페르시아 전쟁의 원인은 인간의 오만과 신의 징벌이었다. 밀레토스의 반란에 원군을 보내주었던 아테네에 대한 페르시아의 응징과 영토 팽창 욕구, 대군을 믿고 승리를 장담했던 페르시아 왕의 오만이 전쟁으로 이어졌다.

헤로도토스에 따르면, 키루스가 바빌론을 공격하고, 다리우스가 이집트를 공격한 것보다 더 큰 문제는 크세르크세스였다. 그는 그리스까지 공격하여 태양 아래 있는 모든 곳을 손에 넣으려는 욕심과 자만심에 심취되어 있었다. 크세르크세스가 폭풍을 일으켜 헬레스폰토스 해협의 다리를 파괴한 바다에 채찍 형벌 300대를 가하면서 "네가 원하든, 원하지 않든 크세르크세스 왕은 너를 건너갈 것"이라는 "야만스럽고 불손한 말"은 그의 오만을 단적으로 드러낸 것이다.

전쟁이 페르시아의 패배로 끝난 이유는 왕의 오만에 대한 신의 징벌이었다. 헤로도토스에 따르면, 살라미스에서의 해전이 페르시아를 패배시킨다는 신탁의 해석은 신이 페르시아를 징벌할 것임을 분명히 암시한 것이다. 신탁은 헤로도토스가 신의 섭리, 인간사에 대한 신의 간섭, 운명과 필연성을 강조하기 위한 장치였다.

4. 『역사』에 대한 평가

역사 연구의 선구자로 칭송받는 헤로도토스에게도 여러 가지 평가가 따라다닌다. 첫 번째 평가는 헤로도토스는 역사가가 아니라 '이야기꾼'이라는 것이다. 키케로가 헤로도토스의 책에는 "믿을 수 없는 이야기가 무수히 들어 있다."라고 한 것처럼 그는 들었던 이야기를 검증하지 않았다. 그는 자신이 알고 있는 것을 나열한 단순한 이야기꾼에 불과하다는 평가이다.

하지만 기원전 5세기 그리스인은 자신들의 과거나 이웃 국가의 과거를 잘 알지 못했다. 헤로도토스도 직접 여행하면서 자료를 수집할 수밖에 없는 상황이었다. 그렇게 방대한 자료를 수집하는 열의를 보건대, 또 수집한 자료를 사람과 사건의 인과관계라는 일관된 주제 의식을 가지고 엮은 것을 보건대, 그를 단순한 이야기꾼으로 보기는 어렵다.

헤로도토스를 이야기꾼으로 비난받게 했던 방대하면서도 잡다한 이야기들이 빛을 보게 된 것은 20세기 이후였다. 정치사 위주의 전통적인 연구 방법이 한계에 부딪히면서 인류학, 지리학, 민속학 등에 관심이 높아졌다. 6-9권은 그리스-페르시아 전쟁사에 초점이 맞추어져 있지만, 그 이전의 서술에서는 다양한 민속학적 자료들이 기록되어 있었다. 스키타이와 같이 기록으로 잘 알 수 없는 종족도 『역사』를 통해서 세상에 자세히 알려졌다. 그리스와 이방인의 전쟁을 설명하는 데 곁가지처럼 보였던 풍습과 종족에 관한 기록들이 다양한 학문의 발전에 공헌했다.

헤로도토스의 『역사』는 고대의 정치는 물론 제도, 종교, 신화, 문화, 풍습, 지리, 동식물 등을 알게 해 주었다. 가령 이집트 따오기의 모습, 아라비아인이 육계를 수집하는 방법, 엘리스 지방에서 노새가 태어나지 않는 이유에 대한 기록은 헤로도토스의 개인적인 관심사이자 기원전 5세기 그리스인의 세계관을 보여준다.

두 번째 평가는 헤로도토스는 '거짓말쟁이'라는 것이다. 이런 비난은 고대부터 계속 이어져 17세기 프랑스 문인 비베(J. Vivet)가 "헤로도토스를 역사의 아버지가 아니라 거짓말쟁이의 아버지라고 부르는 것이 더 타당하다."라고 말할 정도로 거셌다. 헤로도토스가 비난을 받게 된 이유는 그가 직접 여러 지역을 여행하면서 관찰, 탐문하여 썼다는 이야기가 거짓일 가능성이 있기 때문이다.

헤로도토스를 거짓말쟁이라고 비난하는 것은 현대적인 시각일 가능성이 있다. 오늘날처럼 방대한 자료가 있는 상황에서는 비교, 비판할 논거가 많이 있으나 당시 지리적, 경제적 여건상 자료 수집도 어렵거니와 이를 비판하는 데는 한계가 있었다. 여러 한계에도 불구하고 그는 자신의 글이 역사적 진실을 추구하고 있다는 점을 강조했다. 그는 자주 "내가 확실하게 알고 말하는 것이다.", "내 생각에 이 이야기는 믿을만하다."라는 식으로 비판의식을 드러냈다. 그가 자신의 자료가 불완전하다고 인정하고, 가능한 한 정확한 사실을 기록하려고 노력했다는 점은 존중받아야 한다. 그는 자신이 본 것, 누군가에게 들었던 것, 전통적으로나 관행적으로 인정되는 것을 명확히 구분하여 밝히고 있다.

세 번째 평가는 헤로도토스는 '서구우월주의자'라는 것이다. "그리스인과 이방인의 위대하고도 경이로운 행위"를 적는다는 『역사』의 서문을 볼 때 그가 그리스와 이방인에게 객관적인 자세를 견지하리라 생각된다. 하지만 그의 글을 전체적으로 볼 때 의식적이든 무의식적이든 그리스인을 옹호하는 듯한 태도를 보이는 구절들이 많다.

헤로도토스에게 있어서 그리스인과 페르시아인의 시각 차이의 핵심은 자유와 노예에 대한 것이다. 그리스인이 막강한 전투력을 유지하는 이유는 자유를 누리고 있기 때문이었다. 반면 페르시아 왕이 대군을 거느리고 있음에도 전투력이 저하되고 그리스에 패배하는 이유는 전제적인 왕과 노예 상태로 전락한 병사 때문이었다. 자유를 추구하는 그리스인이 전제적인 페르시아에 대항하는 것은 당연하고, 자유를 위해 전쟁하는 것은 정당할 수밖에 없다는 것이 헤로도토스의 시각이었다. 헤로도토스는 신탁을 빗대어 그리스의 자유를 칭송했다. 그는 그리스의 승리는 당연하고, 그것이 신의 뜻임을 강조하고자 했다.

헤로도토스가 글을 쓴 시점은 그리스-페르시아 전쟁 이후 아테네가 최고의 번영기를 누리던 때였다. 전쟁 이후 아테네는 페르시아의 재침입을 막고자 한다는 명분으로 주변 국가들과 동맹을 맺었고, 동맹의 맹주 역할을 했다. 동맹국으로부터 거두어들인 기금을 델로스섬의 아폴론 신전에 두었기 때문에 이 동맹은 델로스 동맹으로 불렸다. 상공업이 발달해 있었던 아테네는 델로스 동맹국들과의 교역으로 경제적인 번영을 누렸다. 그리스-페르시아 전쟁, 특히 살라미스 해전의 승리의 주역이었던 노잡이들이 정치적 발언권이 커지면서 민주정도 발전했다. 독재에 대해 반기를 들어 망명했던 경험이 있는 헤로도토스로서는 국왕이 강력한 권력을 행사하는 페르시아보다 경제적, 정치적으로 번영하는 그리스에 우호적일 수밖에 없었다.

그러나 헤로도토스는 그리스인이건 이방인이건 각자가 가진 고유의 가치를 드러내고자 했다. 그리스인을 찬미하고 이방인을 비난하는 이분법적인 사고를 가지지 않았다. 예를 들어 그는 그리스 세계에서 이방인에 해당하는 스키타이인의 지혜와 풍습을 칭찬했다. 리디아와 이집트의 건축기술에 대해 칭찬했고, 경매를 통한 바빌론의 결혼 풍습에 대해서도 긍정적으로 평가했다. 그는 어느 나라나 가장 좋은 것을 자신의 관습으로 선택할 것이므로 다른 사람들의 신앙이나 관습을 비웃는 일은 미친 행동이라고까지 말할 정도로 타인과 타국의 관습에 우호적이었다.

헤로도토스는 이집트 신과 그리스 신이 그 이름이나 제례에서 유사하므로 그리스의 종교 관념이 이집트에서 유래한 것이라고 주장했다. 그의 주장은 오늘날 그리스 문명이 아시아와 아프리카에서 기원했다는 학설의 모태가 되었다. 헤로도토스가 친그리스적인 개인의 성향을 넘어서 그리스인과 이방인 모두에게 공정하면서도 객관적인 자세를 취하려고 노력한 것은 사실이다.

지난 세기까지 역사에서의 주된 경향은 사료에 대한 철저한 검증을 통해 분석적이고 객관적인 역사를 서술하는 것이었다. 1990년대 소련 해체 이후 동서의 대립, 공산주의와 민주주의의 대립이 약화되면서 역사에서는 객관적이고, 이념적인 분석이 줄어들었다. 대신 헤로도토스식의 서술 방식, 즉 정치, 외교, 군사, 사회, 문화, 종교, 성 등을 모두 아우르는 다차원적이고, 다문화적인 서술 방식이 주류를 이루고 있다. 헤로도토스의 『역사』는 끈질긴 생명력을 가지고 오늘날에도 재생되고 있다.

페르시아 제국 연대기

기원전 750년경: 페르시아인이 아시아에서 이란 지역으로 이주함

기원전 727-675년경: 메디아가 데이오케스 치세 때 이란 북서부를 통합함

기원전 559년: 메디아의 4대 왕 아스티아게스 치세에 외손자인 키루스가 반란을 일으켜 페르시아를 건국함

기원전 539년: 키루스가 바빌론을 정복함

기원전 530년: 캄비세스의 치세가 시작됨

기원전 525년: 페르시아가 이집트를 정복함

기원전 522년: 아케메네스 가문의 다리우스가 즉위함. 다리우스가 키루스와 혈족이라 주장함으로써 키루스 왕부터 "아케메네스 왕조 페르시아"라고 불림

기원전 520년: 다리우스가 스키타이인과 전쟁함

기원전 515년경: 다리우스가 수도를 파사르가다이에서 페르세폴리스로 옮김

기원전 499년: 소아시아 이오니아 지역의 식민시들이 페르시아에 대항한 반란을 일으킴. 아테네인 밀티아데스가 이 반란을 지지함

기원전 498년경: 이오니아인과 그리스 동맹군들이 침입, 사르디스를 불태움

기원전 492년: 페르시아군이 낙소스로 침입, 낙소스 주민들은 도망감. 페르시아군이 주거지를 불태움. 이것은 페르시아군이 그리스 지역을 침입한 첫 번째 사례임

기원전 490년 9월: 아테네군이 아테네 북쪽에 있는 마라톤에서 페르시아군에게 승리함

기원전 486년: 크세르크세스의 치세가 시작됨

기원전 485년: 크세르크세스가 바빌론을 파괴함

기원전 480년 7월: 크세르크세스가 운하를 완성하고, 헬레스폰토스에 부교를 만듦

기원전 480년 8월: 크세르크세스가 이끄는 페르시아군이 스파르타의 레오니다스 왕이 이끄는 그리스 연합군과 테르모필라이에서 전투함. 이 전투에서 페르시아군이 승리함. 동일한 시기에 아르테미시온에서 그리스 함대와 페르시아 함대의 해전이 발발함. 전투 후 그리스군은 살라미스섬에 집결함

기원전 480년 9월: 살라미스 해전에서 테미스토클레스가 이끄는 그리스 연합 함대가 페르시아군에게 승리함. 크세르크세스는 아시아로 퇴각함

기원전 479년 8월: 페르시아 육군이 플라타이아에 주둔함. 마르도니오스가 이끄는 페르시아군이 패배함. 그리스군이 페르시아의 잔존 세력을 미칼레 전투에서 격파함

기원전 465년: 크세르크세스가 사망하고, 그의 아들 아르타크세르크세스가 즉위함

기원전 449년경: 이오니아 식민시들이 페르시아에서 독립함

기원전 449-448년: 그리스와 페르시아가 평화협정을 체결함

기원전 412년: 스파르타가 페르시아와 동맹함

기원전 336년: 다리우스 3세의 치세가 시작됨

기원전 334년: 마케도니아의 알렉산드로스 3세가 페르시아와 전쟁을 시작함

기원전 333년 11월: 다리우스 3세가 이수스 전투에서 알렉산드로스 3세에게 패배함

기원전 331년 10월: 알렉산드로스 3세가 가우가멜라 전투에서 승리함

기원전 330년: 다리우스 3세가 사망하고, 알렉산드로스 3세가 페르시아를 정복함. 페르세폴리스가 불탐

참고문헌

참고문헌

김경현, 「헤로도토스를 위한 변명」, 『서양고전학연구』 24, 2005, 265-302쪽.

김봉철, 「헤로도토스와 그리스 신화서술 - 제우스 서술을 중심으로」, 『서양고대사 연구』 27, 2010, 263-295쪽.

_____, 「지중해세계 최초의 역사서, 헤로도토스의 『역사』」, 『서양사론』 109, 2011, 319-340쪽.

_____, 「헤로도토스의 역사서술과 그리스 신화」, 『서양고대사연구』 32, 2012, 35-70쪽.

_____, 「헤로도토스의 『역사』에 나타난 다문화 인식」, 『서양사론』 135, 2017, 133-167쪽.

_____, 「두 시공간을 잇는 작업, 헤로도토스 『역사』의 번역」, 『서양고대사연구』 52, 2018, 177-214쪽.

김성언, 「헤로도토스의 「역사」와 에스더서에 나타난 조언 장면(advice scene) 연구 - 크세르크세스와 그의 조언자들을 중심으로 -」, 『구약논단』 25, 2019, 148-172쪽.

니콜라스 세쿤다 저, 정은비 역, 『마라톤 BC 490: 페르시아 제국의 무패 신화를 깨뜨린 마라톤 전투』, 서울: 플래닛미디어, 2007.

이순호, 『페르시아 전쟁 최초의 동서양 문명 충돌, 지금의 세계를 만들다』, 서울: 책과함께, 2006.

윤진, 「헤로도토스의 『역사』에 나타난 문학적 장치로서의 신탁과 꿈」, 『서양고대사연구』 17, 2005, 29-52쪽.

정인철, 「여행기와 지리서로서의 헤로도토스의 『역사』」, 『문화 역사 지리』 30,

2018, 28-45쪽.

최자영, 「페르시아 왕의 개인적 오만과 아테네의 패권주의- 헤로도토스와 투키디데스에 보이는 오만(hybris)의 개념 차이를 중심으로」, 『서양고대사연구』 30, 2012, 33-66쪽.

Baragwanath, E., *Motivation and Narrative in Herodotus*, Oxford: OUP Oxford, 2008.

Dewald, C. & Marincola, J., *The Cambridge Companion to Herodotus,* Cambridge: Cambridge University Press, 2006.

Holland, T. & Cartledge, P., *The Histories*, London: Penguin Classics, 2015.

Kapuscinski, R., *Travels with Herodotus*, New York: Vintage Books, 2008.

Maccauley, G. C., *The Histories*, Scotts Valley: CreateSpace Independent Publishing Platform, 2017.

Mikalson, J. D., *Herodotus and Religion in the Persian Wars*, Chapel Hill: University of North Carolina Press, 2012.

Rahe, P. A., *Grand Strategy Classical Sparta Persian*, New Haven: Yale University Press, 2017.

Roberts, J. T., *Herodotus: A Very Short Introduction*, Oxford: Oxford University Press, 2011.

Shepherd, W., *The Persian War in Herodotus and Other Ancient Voices*, Oxford: Osprey Publishing, 2019.

Thomas, R., *Herodotus in context: ethnography, science and the art of persuasion*, Cambridge: Cambridge University Press, 2002.

Waterfield, R. & Dewald, C., *The Histories*, Oxford: Oxford University Press, 2008.

색인

색인